東アジア共同体シリーズ 第2巻

アジアの地域協力

危機をどう乗り切るか

羽場久美子 編著

明石書店

"Japan at the Turning Point——
Pax Americana or Pax Asiana
< Beyond the historical and territorial problems>"
APEC
INDONESIA 2013
East Asian Collaboration Forum Main Theme II
Date & Time : 9:30~13:30 July 13th 2014
Place : International Conference Hall, 17th Bldg,
Aoyama Gakuin University

Overall Host: Kumiko Haba (Professor of Aoyama Gakuin University)

Part I Key Note Speech 9:30-10:40

Opening Remarks

Haruo Nishihara (former President of Waseda University)
"East Asian Regional Cooperation and The Juridical Role of Japan"

Bate Gill (Chief Executive Officer of the United States Studies Centre, Professor of The University of Sydney)
"The U.S. Rebalance Strategy toward the Asia-Pacific"

Jin Dou (President of the Society of Chinese Professors in Japan)
"China's response to the New Development of Asia Pacific Cooperation"

Andrey Belov (Professor of Fukui Prefecture University)
"Russian Far East in Northeast Asia Economic Cooperation"

Part II 10:40-11:30

Susumu Yabuki (Emeritus Professor of Yokohama City University)
"The normalization talk of Kakuei Tanaka and Zhou Enlai, and the Senkaku/Diaoyu islands issue"

Jianjiian Wang
"Trend of the Taiwan Cross-Strait Relations and the Future of East Asia"

Part III Panel Discussion 11:40-13:00

Mitsuru Okada (Kyodo News)
"Denationalize the Senkaku/Diaoyu Islands Issues-Under the Centennial Power Shift in the East Asia".

Hitoshi Hirakawa (Emeritus Professor of Nagoya University, Professor of Kokushikan University, President of ISAC)
"The Theories of East Asian Community and ASEAN"

Hiroshi Onishi (Professor of Keio University)
"The China-image in Japan"

Juro Nakagawa (President of Business Intelligence Society of Japan, Research Professor of Nagoya City University)
"TPP and safety of foods in Japan"

Part IV General Overview and Comments 13:00-13:30

Bates Gill, Jin Dou, & Kumiko Haba

Closing Remarks 13:30-13:40

Makoto Taniguchi (ex-ambassador extraordinary and plenipotentiary of the United Nations, Adviser of ISAC)

Reception 14:00-16:00

If you would like to paticipate, please send your name and affiliation to the e-mail address:eu.and.asia@gmail.com

Organizers : International Academic Society for Asian Community, Aoyama Gakuin University
Co-organizer : The Society of Chinese Professors in Japan
Sponsors : One Asia Foundation, Kashiwa Publisher
Contributor : Tokyo Club
Collaboration with : The Asahi Shimbun, Japan-China Friendship Association, International Center for Chinese Studies of Aichi University, Waseda Institute of Contemporary Chinese Studies, The Council on East Asia Community, The Japan Forum on International Relations

本書は、「一般財団法人ワンアジア財団」の助成を受けて出版された。

はじめに

東アジア共同体シリーズ第2巻
アジアの地域協力――危機をどう乗り切るか

本東アジア共同体シリーズ全3巻は、2013年から2015年の3年間、一般財団法人ワンアジア財団からの基金をいただいて、アジアの地域統合と地域協力及び地域共同について、日本及び世界の国際関係を踏まえながら、皆さんとともに考えていく、ということで、寄付講座を立ち上げました。貴重な講座を3年間開催することをご援助いただきました一般財団法人ワンアジア財団と青山学院大学には心より感謝いたします。

東アジア共同体シリーズ第1巻は、『アジアの地域統合を考える―戦争をさけるために』と題して、日本と世界を代表する錚々たる方々に来ていただき、講演を頂戴いたしました。

時は、丁度民主党が政権から下野したばかりの2013年4月に始まりました。

鳩山元内閣総理大臣が、最初の講演をされた時は、まだ鳩山政権の熱気が冷めやらず、仙波学長とともに青山学院大学の構内を歩かれる鳩山総理大臣の背後には、数十人の職員や学生さんたちが集まってきました。講堂では1200人に及ぶ学生さんと職員・教員たちの熱気の中、「東アジア共同体は実現しうるのだ」「大きな過ちを認め、それを超えて協働するのだ」と、アウンサン・スーチーさんの例を引きながら、鳩山さんから力強いお話をいただきました。
以下、次の方々に講演をしていただいております。
鳩山由紀夫　元内閣総理大臣
藤崎一郎　前駐米日本大使館特命全権大使
程　永華　駐日中華人民共和国大使館特命全権大使
天児　慧　早稲田大学大学院アジア太平洋研究センター教授
申　珏秀　前駐日韓国大使館特命全権大使
李　鐘元　早稲田大学大学院韓国研究所所長
伊藤憲一　日本国際フォーラム会長・代表理事、東アジア共同体評議会名誉会長
明石　康　国連元事務次長、国際文化会館館長
鄭　俊坤　一般財団法人ワンアジア財団主席研究員
青木　保　文化庁元長官・国立新美術館館長
羽場久美子　世界国際関係学会前副会長・東アジア共同体評議会副議長・青山学院大学教授
第1巻には、ハーバード大学で行われた『大国政治とアジア地域主義の未来』と題する講演会で、講演していただきました、ハーバード大学ケネディ・スクールのジョセフ・ナイ教授、当時アメリカで特任全権大使を務めておられた藤崎一郎大使、元ASEAN事務総長のスリン・ピッツワンなど、世界を動かす政策決定者の方々のアジアの地域統合に関するそれぞれのスタンスからの各講演も収録

されております。

また、当時尖閣諸島問題で揺れていた時代に青山学院大学に600冊の中国の文化・歴史の書籍を寄贈して来てくださった、程永華・中華人民共和国特命全権大使、温かい真摯なご講演で学生たちの心を打った申玨秀・大韓民国特命全権大使の講演も収録されております。

だんだんきな臭くなるアジアの政治情勢の中で、戦争をさけるために、アジアの地域統合をどう実現するかについて、実践的政策論を含めて、活発な議論が行われました。

東アジア共同体シリーズ第2巻は『アジアの地域協力―危機をどう乗り切るか』と題して、特に不安定化する東アジアの情勢を反映しつつ、東アジアの平和構築をどう確立して行くか、TPPはどうなるのか、域内経済統合をどう確立するか、という実践的な課題を踏まえて、次の方々が講演されています。

西原春夫　早稲田大学元総長
篠原尚之　IMF（国際通貨基金）元副専務理事
谷口　誠　岩手県立大学前学長
河合正弘　東京大学公共政策大学大学院教授
佐藤洋治　一般社団法人ワンアジア財団理事長
王　敏　法政大学日本学研究所教授

青木　保　　文化庁元長官・国立新美術館館長
羽場久美子　世界国際関係学会前副会長・東アジア共同体評議会副議長・青山学院大学教授
劉　江永　　清華大学当代国際関係研究員副院長

ここには、2017年の世界国際関係学会（ISA年次大会）、ワシントン郊外のバルティモアで行われた国際会議で、会長副会長パネル「アジアはアメリカをしのぐか」でおこなわれた、ジョセフ・ナイ、ハーバード大学ケネディスクール教授、田中明彦JICA元理事長、現政策大学院大学学長、及びオブザーバー研究財団名誉フェローのK・V・ケサヴァンの論文も収録され、多面的な視野から検討されています。

東アジア共同体シリーズ第3巻では、『アジアの地域共同―未来のために』と題し、未来に向けての展望が語られます。

ここでは、次の方々に講演していただきました。

鳩山由紀夫　元内閣総理大臣
谷口　誠　　OECD事務局元事務次長
藤崎一郎　　全駐米日本大使館特命全権大使
西原春夫　　早稲田大学元総長
河合正弘　　東京大学公共政策大学大学院教授
篠原尚之　　IMF（国際通貨基金）元副専務理事

孫崎　享　外務省元国際情報局長
田中俊郎　慶応義塾大学元理事・名誉教授
朱　建栄　東洋学園大学教授
岩谷滋雄　日本外務省、日中韓協力事務局長
羽場久美子　世界国際関係学会前副会長・東アジア共同体評議会副議長・青山学院大学教授

それぞれ非常に具体的に、どうして行くべきかの方向性・政策提言を行っています。

本東アジア共同体シリーズ全3巻を合わせて読んでいただくことで、アジアの地域統合、地域協力、地域共同について、現状分析、危機の諸問題、未来に向けての政策提言と、総合的に、グローバル時代の地域統合・地域協力・地域共同に関する学びができる形になっています。是非合わせて読んでいただきたい。

言葉は平易な口語調であり、緊張にあふれる現状の問題を、皆様、わかりやすく語りかけられているので、一般書としても読みやすいものになっている。是非、アジアの共同や統合を考える多くの機会に、参考書やテキストとしても使っていただければあり難い。

ワンアジアの授業の中では、この講義を学び、アジア各国を訪れ、あるいは日本で交流し、協力関係を築いた学生たちに、懸賞論文を書いていただき、3年にわたり、優秀な論文を表彰させていただ

いた。またそのために、佐藤洋治理事長はじめ、ワンアジアの方々の、懸賞論文表彰式へのご臨席と表彰をいただきました。合わせて感謝申し上げます。

一般財団法人ワンアジア財団、また本寄付講座を遂行させていただいた青山学院大学、さらに国際政治経済学部の三者に、心より感謝いたします。世界に広がるアジアの地域統合の研究、アジアの文化・学術交流の経験を各国各大学で拡大発展させている、一般財団法人ワンアジア財団に改めて感謝致します。

アジア各国の若者、大学、市民の交流のさらなる発展を祈念いたします。

ありがとうございました。

２０１８年2月23日

北朝鮮の参加を受け入れた平昌オリンピックの成功を祝い

さらなるアジアの地域協力・地域交流の発展を願って

青山学院大学　国際政治経済学部　教授

編著者　羽場　久美子

東アジア共同体シリーズ

第2巻

アジアの地域協力——危機をどう乗り切るか

目次

はじめに　東アジア共同体シリーズ第2巻
アジアの地域協力——危機をどう乗り切るか 03

第1章　アジア太平洋の国際関係と中国・北朝鮮
——対立をいかに共同に変えるか
世界国際関係学会前副会長・青山学院大学教授・羽場久美子 13

第2章　アジアにおける平和構築と東アジア共同体
——法の立場から
早稲田大学元総長・西原春夫 35

第3章　アジアの経済発展とＩＭＦ（国際通貨基金）の役割
ＩＭＦ（国際通貨基金）元副専務理事・篠原尚之 65

第4章　米国の戦略とＴＴＰ
——日本の採るべき対応

第5章　アジアの経済発展と域内経済統合
岩手県立大学前学長・谷口　誠 103

第6章　アジア共同体の創成と課題
東京大学公共政策大学院特任教授・河合正弘 135

目　次

第7章　アジア文化交流の歴史と未来
一般社団法人ワンアジア財団理事長・佐藤洋治　165
法政大学日本学研究所教授・王敏
文化庁元長官、国立新美術館館長・青木　保　191

＊　＊　＊

第8章　アメリカの指導力と自由主義的な国際秩序のゆくえ
ハーバード大学ケネディ・スクール特別功労教授・ジョセフ・ナイJr　229
第9章　変化する世界システムの中の日本の安全保障政策
国立大学法人政策研究大学院大学学長・田中明彦　251
第10章　アジアとインドの関係における戦略的変化
オブザーバー研究財団名誉フェロー・K・V・ケサヴァン　269
第11章　論争と史料　中日領土問題についての新見解
――釣魚島問題の真相
清華大学当代国際関係研究院副院長・劉江永　279

あとがき　319
講演者紹介　322

（なお、個々の講師の見解は自由な個人の意見である）

第1章

アジア太平洋の国際関係と中国・北朝鮮
——対立をいかに共同に変えるか

羽場久美子

1．アジア太平洋の国際関係、世界の中での米中関係の変容

この講義は皆さんにアジアの国際関係を知っていただき、国際社会の平和と発展を考えていただくために行うものです。

アジアおよび世界のアジア政策決定を行っている先生方の講義を積極的かつ主体的に聞く中で、緊張する東アジア情勢を解決する道筋をそれぞれが学び、考察し検討することができれば、ありがたく思います。

現在、アジア太平洋をめぐる国際情勢が、百年に一度の転機を迎えています。それはまさに第一次世界大戦前夜のような状況に近似しているといえます。

２０１８年は、第一次世界大戦終焉百年ですが、それに匹敵するかもしれないような、成長する新興国と、衰退する大国の頭打ち状況が広がっています。そうした中、両者の境界線上で、「偶発的」かつ「必然的」な、大国と新興国との力関係をめぐる戦争が始まる可能性があります。

今一つには、21世紀に急成長してきた中国とインド、とりわけ中国の急速な国際舞台への登場です。加えて、その中国政府がそれぞれ非常に慎重に、境界線の対立と紛争を避けつつ、西に向かって、戦後アメリカが行ったマーシャルプランのように、新興国に対し元《ゲン》による投資やインフラ整備を行いつつ、１００年計画の壮大な「陸と海のシルクロード構想」を進めているからでもあります。

中国が賢いのは、ソ連と異なり、体制間、イデオロギー間の対立を避けつつ、資本主義とグローバリゼーションの盟主であるアメリカに対し、資本主義とグローバル化の競争を仕掛け、資本主義的手段を使って勝ち進んでいるからです。また少なくともアメリカおよび日本との間の紛争をさけ、ＥＵ（欧州連合）と連携しつつ東南アジア、西アジア、中央アジア、中東、さらに旧東欧諸国に対して、投資とインフラ整備、資金援助によってその影響力を拡大しているからでもあります。

〈力関係の変容――「トゥキディデスの罠」〉

古代から、パワーが転換するときに戦争が必然的に起こることを、国際政治では「トゥキディデスの罠」と論じられてきました。これは、トゥキディデスがアテネとスパルタの戦争を例にとり、成長する新興国と、衰退する大国との間に、必然的にパワーと領土をめぐって戦争が不可避な状態にまで対立が高揚し、多くの場合実際に戦争に至ってきたことを指します〔1〕。

グレアム・アリソンによれば、２０１５年にオバマと習近平が極秘で会談したとき、この「トゥキディデスの罠」を回避する言及がなされ、その後アリソンは、米国家安全保障会議（ＮＳＣ）にまねかれ、この罠についてホワイトハウスで解説したとされています〔2〕。

中国は、オバマとの会談以降「新型国際関係」を打ち出し、戦争ではなくアメリカとの共存を前提とし、習近平は、むしろ日米との対立を避けるために、西に向かう「シルクロード構想」を打ち出すことになりました。

〈エネルギーの共同〉

２０１7年11月のトランプ大統領と習近平国家主席の会談でも、習近平は、２５３５億ドル（28兆7８００億円）という巨額な商談により貿易不均衡を是正する経済協力を行うことを約束しました〔3〕。シェールガスの開発プロジェクトや発電や化学コンビナートなど、ＥＵ並みのエネルギー共同に８３7億ドル、中国石油化工集団（シノペックグループ）が４３０億ドルを投じる液化天然ガス事業は１万２０００人の雇用を生みます〔4〕。また中央アジアに対しても、カザフスタンに50億ドル、キルギスに30億ドル、近年はアフガニスタンに７０００万ドルなど巨額の投資とインフラ整備エネルギー投資を行っています。

一帯一路構想は１００年計画、といわれます。それが重要であるのは、冷戦期に軍事力とイデオロ

図　GDP (PPPベース) 統計のシーソー (INF、2017年10月。数字、年号、倍率は筆者が調査の上修正)

ギーでアメリカに対抗したソ連と異なり、政治・軍事的にはアメリカを避けて西に向かい、また新興国や途上国に対し万里の長城のような道路と鉄道網のインフラ整備を実現し、またEUに学んでエネルギーの開発と共存に力を注いでいるからであります。

中国の経済力がたとえ１００年持たないにしても、中国が作った道路、鉄道、エネルギー共同は中国の成果として残ります。歴史的な紛争地域にインフラ投資によって、コンピュータのネットワーク構築、脳のシナプスの拡大のように、容易に崩れることのない地球規模のネットワーク計画を打ち立てているのです。

中国はそれを実行するために、ＡＩＩＢ（アジアインフラ投資銀行）を設立し、イギリスをはじめとする欧州のほとんどの国を組み入れながら、ＥＵの中でも格差と遅れの広がる中東欧に大型の投資を行っています。こうして欧州の東から西までを貫き、シルクロードの終着点としようとしているのです。中国のインフラ整備と投資の大計画は、海洋においてはその強引さ故に一部軋轢と問題を起こしていますが、欧米の歴史的な植民地政策や侵略および紛争による支配と外交に比較すれば、21世紀の現在ゆえの制約はあれ、より現地のインフラ整備やエネルギー開発に配慮しつつ、多くの成果を生みだしているといえましょう。

先のグレアム・アリソンは2月の出版記念講演の中で「このように急速な成長を見せた国は歴史上例がない」、と述べて、ＧＤＰ（ＰＰＰベース）統計のシーソーについて論じています（前頁の図）。１９９１年には中国はアメリカの５分の１に過ぎなかったが、１９９９年には日本と、２０１３年にはアメリカと同等になり、２０１７年には日本の４・３倍、アメリカの１・２倍になっています。またこうした中で「米中戦争」が起こる可能性があると論じました〔5〕。グレアム・アリソンの講演のパネルに同席した中国の政治学者呉軍華も、「習近平は、米中の戦争への罠は避けるだろう」と言いつつも、現在はまだ準備が必要なのであって、「中国の夢」「戦略的機会（strategic opportunity）」の時期が到来したら……（やる可能性もある）。」と含みを残していました〔6〕。

２．〈中国とロシアの共同と競争――上海協力機構（ＳＣＯ）〉

中国の海と陸のシルクロード（一帯一路構想 One Belt One Rode）

中国のシルクロード（一帯一路）構想とは、２０１３年に習近平が提唱し、カザフスタンのナザルバーエフ大学とインド議会で演説した内容を基礎とすると言われています。海と陸双方のインフラ整備、ネットワーク構築の大構想です〔7〕。図に見るように、一つには、中国の西安からウルムチ、中央アジア、キルギス、カザフスタンをとおり、ドゥシャンベからウズベキスタン、トルクメニスタ

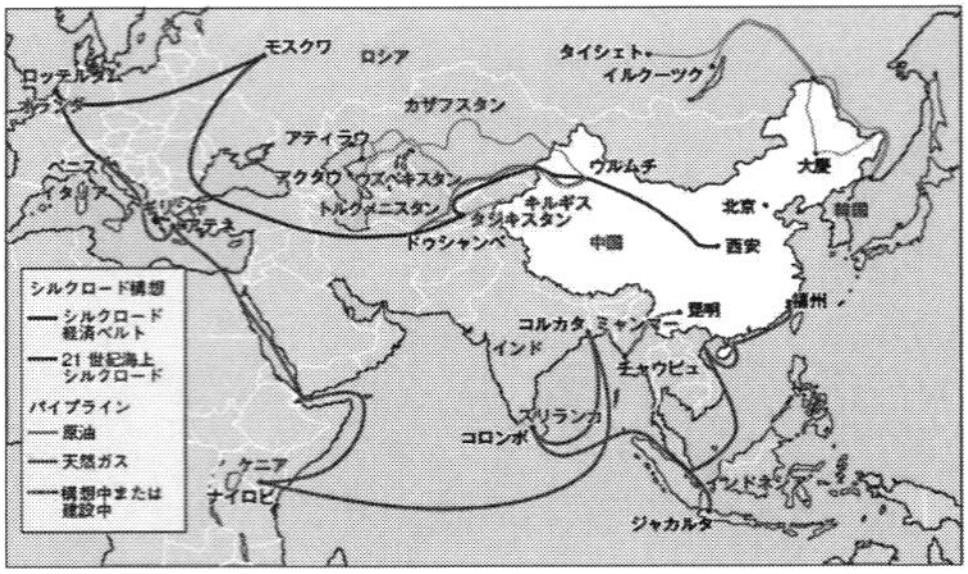

一帯一路構想（出典：防衛省防衛研究所『東アジア線戦略概観 2015』105 頁、『新華網』、Wall Street Journal より作成）

ン、中東をとおり東欧のほとんどの国を通り、モスクワもつなぎ、オランダ、イギリスに至る陸のルートです。これは陸の帝国、中国が歴史的に使ってきたルートでもあります。今一つは、福州から南シナ海、インドネシア、ジャカルタ、スリランカをとおり、ケニア、ナイロビから、ボスポラス海峡を抜け、ギリシャ、イタリア、オランダに至る海のルートです。

まさに地球を半周する大インフラ投資計画です。ＡＩＩＢは、ＡＤＢ（アジア開発銀行）の「ワシントンコンセンサス」（民主主義、自由主義、法の支配などを実行する制度改革を行うことを条件とする貸し付け）に対抗して、借り受け国に対する体制改革を強いない、ウィン・ウィン関係を基礎とした共同発展計画とされています。

中国の一帯一路構想に呼応する形で、ロシアもこの間「ユーラシア連合構想」を打ち出して、中国と軍事・産業・エネルギーの共同を進めています。

ロシアは、ウラジオストクを起点として、中国・ロシア・韓国・モンゴルなどと連携し、さらに中央ユーラシア、イスラム諸国との連携、「ユーラシア連合」を、２０１５年５月に中国のシルクロード構想と連携することをプーチンが提案しました。そして、ＳＣＯ（上海協力機構）を軸にそれを打ち立てました。またそれを基礎に２０１６年６月には「ユーラシア経済同盟」に、「大ユーラシア経済パートナーシップ」を掲げ、中国やインドをとりこんで、ＴＰＰに対抗しようとしました〔８〕。

しかしロシアの構想は、軍事力・政治戦略においては長けているものの、経済面では韓国のＧＤＰとほぼ同等であり、必ずしも経済・金融面での周密な連携計画がないのです。むしろソ連時代の社会主義経済圏の再編を、相変わらずエネルギー、軍事力によって補完するものに見え、この点では中国のほうが、経済的にも先見性においても一手も二手も上回っているように見えます。

３．中国の経済成長とその歴史的強さ

中国のこの間の経済成長は著しいものがあります。

次頁の図は、２０１０年と２０１６年のＧＤＰ比較ですが、２０１０年、中国がアメリカを追い抜いた時には日本と中国の経済力にはほとんど差がありませんでした。ところが２０１６年たった６年間で、中国は日本の３倍近くに成長し、２０１０年にアメリカの３分の１から３分の２へと迫りました。

ＰＰＰベースのＧＤＤでは、２０１４年にアメリカに並び、２０１６年にはアメリカを３兆ドルほど追い越し、日本の４・３倍に至っています（図ＰＰＰベースのＧＤＰ）。

さらに、経済成長率を見ると、頭打ちといわれる中国の成長率はインドと並び、６・７〜６・８％、対して、先進国のＧＤＰは、イギリス、ドイツ、アメリカが、１・６〜１・８％、経済回復が著しいとアベノミクスを謳歌している日本は、先進国の中でも最下位、１５５位で、０・９９９％です。

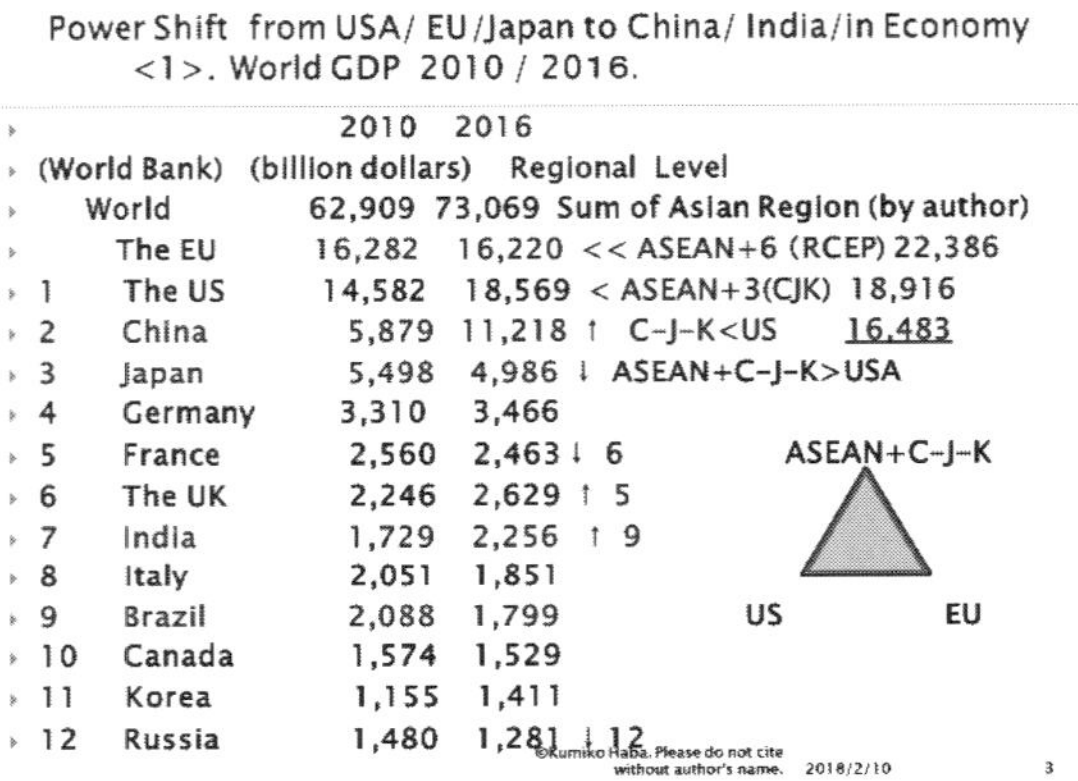

Power Shift from USA/ EU /Japan to China/ India/in Economy
<1>. World GDP 2010 / 2016.
2010 2016
(World Bank) (billion dollars) Regional Level
World 62,909 73,069 Sum of Asian Region (by author)
The EU 16,282 16,220 << ASEAN+6 (RCEP) 22,386
1 The US 14,582 18,569 < ASEAN+3(CJK) 18,916
2 China 5,879 11,218 ↑ C-J-K<US 16,483
3 Japan 5,498 4,986 ↓ ASEAN+C-J-K>USA
4 Germany 3,310 3,466
5 France 2,560 2,463 ↓ 6
6 The UK 2,246 2,629 ↑ 5
7 India 1,729 2,256 ↑ 9
8 Italy 2,051 1,851
9 Brazil 2,088 1,799
10 Canada 1,574 1,529
11 Korea 1,155 1,411
12 Russia 1,480 1,281 ↓ 12
ASEAN+C-J-K
US
EU
©Kumiko Haba. Please do not cite without author's name.
2018/2/10
3

図　２０１０年と２０１６年のGDP比較（出典：IMF, 2010, 2016）

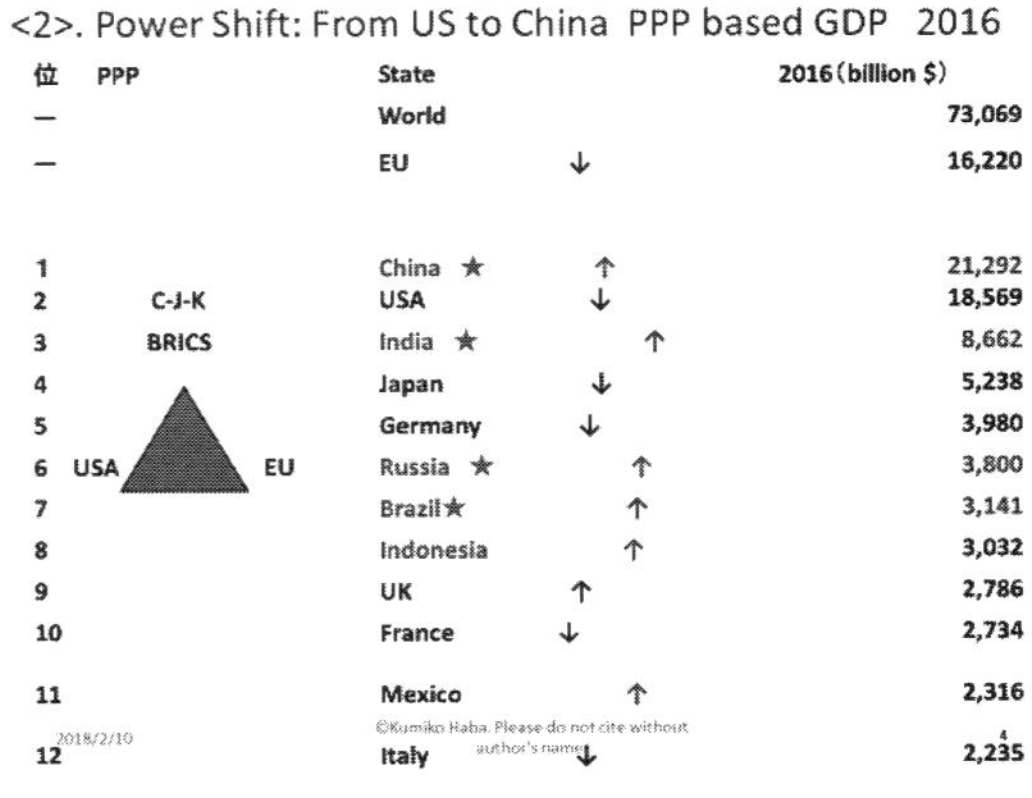

<2>. Power Shift: From US to China PPP based GDP 2016
位 PPP State 2016 (billion $)
— World 73,069
— EU ↓ 16,220
1 China ★ ↑ 21,292
2 C-J-K USA ↓ 18,569
3 BRICS India ★ ↑ 8,662
4 Japan ↓ 5,238
5 Germany ↓ 3,980
6 USA EU Russia ★ ↑ 3,800
7 Brazil★ ↑ 3,141
8 Indonesia ↑ 3,032
9 UK ↑ 2,786
10 France ↓ 2,734
11 Mexico ↑ 2,316
12 Italy ↓ 2,235
2018/2/10
©Kumiko Haba. Please do not cite without author's name
4

図　PPPベースのGDP（IMF, 2016）

２０１７年秋に「大使と語る」の講演会で来日した、日本の最友好国の一つともいえるタイの元外務大臣ピロミャは私との私的な話で「日本の時代は終わった。日本はもはや金がない」と率直に語っています〔9〕。日銀による円の増刷と円安は日本大企業の経済にとっては好景気かもしれませんが、海外から見たとき、友好国からもその凋落は目に余るものがあることを、率直に認識する必要があるのではないでしょうか。

表３　世界の経済成長率：**IMF World Economic Outlook Databases 2017.4.**

新興国

順　位	国　名	成長率	上昇下降国数
1	ナウル	10.3%	↑ +100
2	イラク	10.0%	↑ +40
7	カンボジア	7.0%	↑ +5
8	ラオス	6.9%	→
9	バングラデシュ	6.9%	↑ +7
11	フィリピン	6.8%	↑ +17
12	インド	6.8%	↓ -5
13	中国	6.7%	↑ +2

（出典：IMF 2017）

表４　先進国の経済成長率：出典同上

順　位	国　名	成長率	上昇下降国数
128	イギリス	1.8%	↓ -7
129	ドイツ	1.8%	↑ +8
131	アメリカ	1.6%	↓ -21
148	フランス	1.23%	↓ -7
155	日本	0.999%	↓ -12
189	南スーダン	-13.8%	↓ —20
190	ベネズエラ	-18.0%	↓ -6
（190 か国）			

（出典：IMF 2017）

表2GDP in the world—Western Europe, US, China, India, Japan
(%, fron 0 AD to 2030: $)

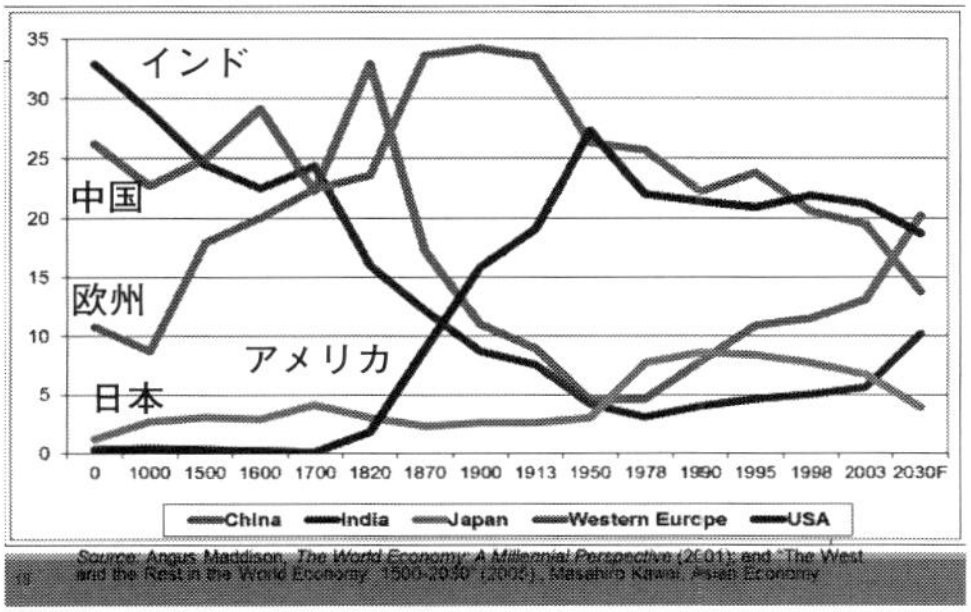

図　世界経済統計（出典：Angas Maddison, *The World Economy: A Millenial Perspective* (2001) and The West and the Rest in the World Economy, 1500-2030 (2005). Masahiro Kawai, Asian Economy.)

有名なアンガス・マディソンのメガ・コンピュータにより換算された「世界経済統計（西暦０年から２０３０年）」によれば、西暦０年から１８２０年までの１８００年の間、インドと中国のＧＤＰはまさに世界の二大超大国として、世界ＧＤＰの５割から６割を占めています（前頁図）。

欧州とアメリカが現在のように世界経済の６割を占める時代は、ようやく19世紀から20世紀にかけてです。我々の通常認識の９割以上を占める「欧米近代」主導の世界観は、高々この２００年間に過ぎません。また、世界の頂点を極めるアメリカの時代は、この経済統計を見る限り、20世紀に入ってからの高々１００年、あるいはより正確には戦後70年に過ぎません。１８２０年頃まで、「アメリカはほとんど無に等しかった。」(10)、と統計を通じて、アンガス・マディソンは主張しています。

4．北朝鮮問題の危機と核爆発の危険――対立は、米中から、日本・北朝鮮へ

中国がアメリカとの関係で対立する兆しを見せないばかりか、欧米、アジア、アフリカ、あらゆる領域で、インフラ、エネルギー、投資、教育・研究において著しい成長を遂げる中、北東アジアで新たに登場して来たのが、北朝鮮の脅威です。

中国と異なり、日本の安倍政権はアメリカ・トランプの軍事外交を支援し、積極的に日本の軍事化を進めてきました。戦争が起こるとしたら、「トゥキディデスの罠」を認識している米中韓ではなく、北朝鮮をめぐる局地戦争の可能性のほうが高いと言われます。

日本の影響力の縮小と中国の拡大、朝鮮半島の不安定化の中で、日本の境界線をめぐる緊張関係は

高まっています。しかし中国とは異なり、日本においては緊張を緩和させる努力は十分ではありません。むしろ集団安全保障の強化や、自衛隊を憲法９条に明記する国民投票の導入など、緊張を高める方向でしか機能していない姿勢が危ういと思われます。

北方領土問題、竹島問題、尖閣問題、境界線を巡る緊張関係は北東アジアでは収まる方向には向かっていません。

北朝鮮の核ミサイルの度重なる実験も、北東アジアの緊張関係を増幅させています。

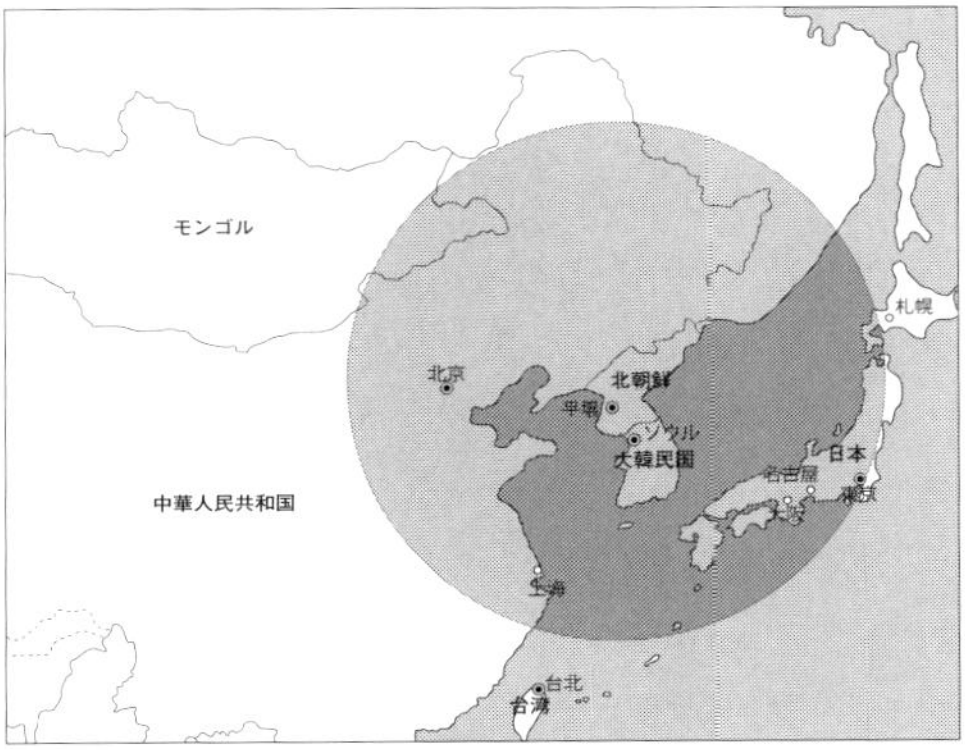

図　北朝鮮からの射程距離。　円の半径= **1301.47km**（出典：地図蔵、http://japonyol.net/editor/article/striking-distance.html を基に筆者作成）

北朝鮮のミサイル問題は、アメリカが東アジアに介入する、リバランス政策、ピボット戦略を実行させ、中国による北朝鮮への圧力や制裁を実行させることで、中国と北朝鮮の関係を分断させようとする側面があります。

アメリカがリバランス政策を大きく超えて、トランプの言う先制攻撃に発展する可能性も無視できません。対立の構図が、米中から、米・北朝鮮へ、あるいは日・北朝鮮の対立へと発展する可能性があります。

北朝鮮の平壌から１３００キロ圏の円を描くと、およそ１９６キロの韓国・ソウルは元より、中国の北京、上海、ウラジオストクを含め、日本列島の北海道以外のほとんどが、平壌から１３００キロ圏に含まれます。

北朝鮮の核格納庫が何らかの形で爆発（誤爆）するようなことがあれば、これらの地域が確実に放射能で汚染されることになります（北朝鮮から1300km 地図）。〔11〕

日本列島の農業地帯や関西・中国・四国・九州を含め、計り知れない打撃を受けます。

チェルノブイリの事故後30年たっても、1000から2000km離れたノルウェーのトナカイから安全基準の2000倍の放射能が検出されたことが近年報道されました〔12〕。

チェルノブイリ事故当時1000〜2000km離れたスウェーデンでもチェルノブイリの後で放射能漏れが測定され、当事国内の原発が漏れたのではないかと調査し、これがチェルノブイリ事故の第1報につながったとされます。

当時トナカイの肉78％が廃棄処分された〔13〕などの状況を鑑みれば、北東アジアで中規模の核戦争、あるいは核爆発が1、2回起こっただけでもどうなるか、という問題を本気で考えるべきでしょう。

ミサイルへの防災訓練を学校や都市で行っている場合ではありません。本当にミサイルが飛んできたら、アジアの経済発展は中国を含めひとたまりもなく崩壊します。そして欧米地域は安泰であり、何一つ被害はこうむりません。これらを考えると戦争にどう備えるかではなく、いかに戦争を防ぎアジアの安定と平和と繁栄を守るかを、マクロな見地から真剣に考える必要があります。

韓国、中国、ロシアなどの近隣国がこぞって主張するように、対話の場の制度化を、冷戦期に形成された欧州のＯＳＣＥ（全欧安保協力機構）にならい、早急に検討する時期に来ていると言えましょう。

5. 北極海航路――新たな勢力圏構想

最後に、地球温暖化の結果、急速に進展している、北極海航路―新たな勢力圏の構想について触れておきたいと思います。

地球温暖化に伴い北極海の海氷面積は過去35年間で約３分の２まで減少し、今世紀半ばまでには夏季の北極海の海氷がほぼ消失する可能性が高いと予想されています[14]。

そうした中、北極における環境の変化に伴う環境保全のルール作りが、北極評議会（ＡＣ）や国際海事機関（ＩＭＯ）などにより求められています。

今後も海氷面積が減少を続けると、ロシアのシベリアは凍土でなく新しい航路が開けます。これに中国も参与しようとしています。

北極海航路のメリットとして、一つには航行距離の大幅な短縮があります。これが確立されると、スエズ運河経由と比べてほぼ半分、４割減で航行できる点[15]、今一つには「チョーク・ポイント」といわれ

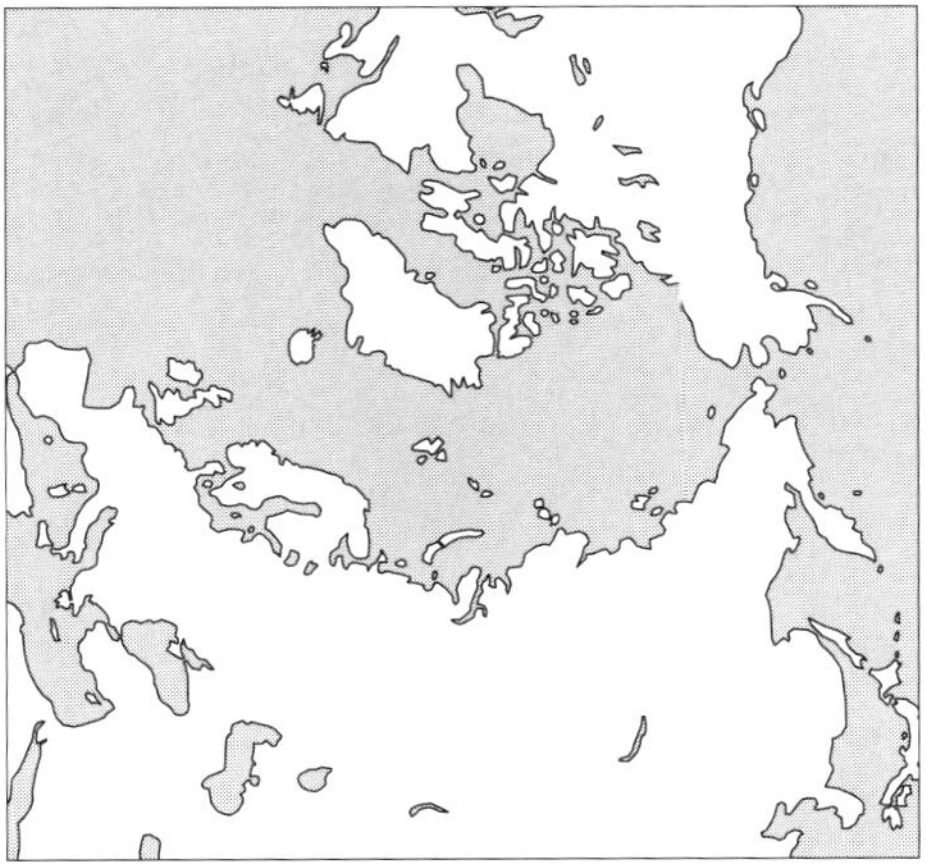

図　北極海地図

る航路上の難所がなく、海賊に襲われるなどのリスクが現時点ではほとんどないことなど、多くのメリットがあります(16)。

そうした中、北極に関する国際的ルール作りや多国間協力枠組みの拡大が、国際海事機関（AC）を中心に進んできました。当初ACは、カナダ、デンマーク、フィンランド、アイスランド、ノルウェー、ロシア、スウェーデン、米国の8か国が中心となる国際協議体として発足しました。

その後これにより広い枠組みで、英、仏、独、オランダ、ポーランド、スペイン6か国が加わり、さらに中国、日本、インド、イタリア、韓国、シンガポール6カ国が非北極圏のオブザーバー国として認定されました(17)。安全保障面では、ロシア・カナダが北極海を内水として主張し、アメリカ・EUの「航行の自由」を警戒したり、中国がアイスランドの広大な地を購入しようとしたりして問題となるなど、新たな駆け引きも始まっています(18)。

ここにも中国が拡大する経済力を背景に、もともと隣接の海ではない領域に、資本をもって大胆に介入していることがわかります。新たな領域である北極海航路にこそ、AC諸国およびオブザーバー諸国による多国間制度の枠組みと公正なリーダーシップが問われています(19)。

まとめと政策提言——アジアの安全保障の制度化と、地域・若者の連携を！

以上見てきたように、中国の国際関係における役割は、21世紀に入ってたった18年間で劇的に変化しました。この急速な変化に、周辺近隣国は元より、中国自体も十分対応しきれているとは言えません。

しかし中国は20世紀の戦争での屈辱的な敗北経験もあり、日本やアメリカで言われるほど、現時点で中国が軍事力強化だけで進んでいるとも思われません。むしろこれだけの経済力、国力、戦略力を持ちながら、意識的に、アメリカや近隣諸国、および欧州に対して大幅に譲歩し、相手方を富ませインフラを整備し、エネルギーを共同で開発して行くという姿勢は、深遠で戦略的で長期的でもあります。

それは、慢心して戦争を始め屈辱の歴史を再開することを二度と避けたいと考え、慎重に対処しようとする姿勢であります。呉軍華氏が言うように、将来もし準備が整えば、中国から戦争を仕掛けることがあるかもしれません。しかし少なくとも現時点では、日本のほうが、広島、長崎、福島と3度も大きな原爆や放射能被爆を体験したにもかかわらず、歴史の教訓に学んでいないように見えます。

二度の世界大戦で屈辱的結果をこうむり、欧米の自由主義的植民地政策に苦しんだ中国としてはまさにそれ故に社会主義体制を取り、ようやくアメリカに並ぶ実力を見につけることができました。そう簡単にアメリカに対して戦争を仕掛けるとは思えません。また民主化についても導入は慎重でありつづけると思います。

中国はまた、冷戦終焉後ソ連邦が民主主義を導入する中、いとも簡単にあっけなく解体した事実、その後エリツィンやプリマコフの体制が90年代を通じていかに「民主化」に苦労したか、最終的に政権を投げ出すまで、いかに体制転換に苦しんだかを目の当たりにして来ました。プーチンが独裁体制を再建して初めて、ロシアはようやく息を吹き返したことを考えると、日本の一部が言うような挑戦的戦争を中国が仕掛けるとは到底思えません。

むしろ戦争は、北朝鮮で起こる可能性があります。それも「北朝鮮ではなく、仕掛けるのはアメリカだ」と、アメリカの共和党ブレーン、ジェラルド・カーチスは指摘しています(20)。

戦争あるいは何らかの形での北朝鮮の核爆発は、日本にとって歴史上四度目の核被爆となります。北朝鮮での戦争有事は、核被爆、難民の流出、東アジアの不安定化と破壊など、東アジア諸国にとっても壊滅的打撃となります。とくに核爆発によるプルトニウムや放射能の拡散は、この豊かな農業・工業地域、豊かな自然の海洋を取り返しがつかないほどに汚染してしまうでしょう。東アジアの核戦争は、地対空ミサイルで解決できるものではありません。戦争の暴発はこの地域の国民の英知により何としても避ける必要があります。

北東アジアにとって巨大化した中国といかにつきあうかは、容易とは言えません。また中国指導部にとっても、13・8億の人口と世界最大の経済力を持つ自国をいかに脅威やおそれから戦争につき進ませないか、という極めて困難な命題を、これから実現して行かねばならないでありましょう。

必要なことは、一つには対話と相互信頼の継続です。しかしそれが極めて困難な現在、冷戦期に欧州にあったような、CSCE（全欧安保協力会議）、のちのOSCE（全欧安保協力機構）のような、体制が違っても、敵であってもとりあえず同じテーブルにつき、危機を回避するための話し合いができる環境を作ることが重要です（図）。

そのために、今回のようにオリンピックなどスポーツの場を、まさに「平和の祭典」として利用す

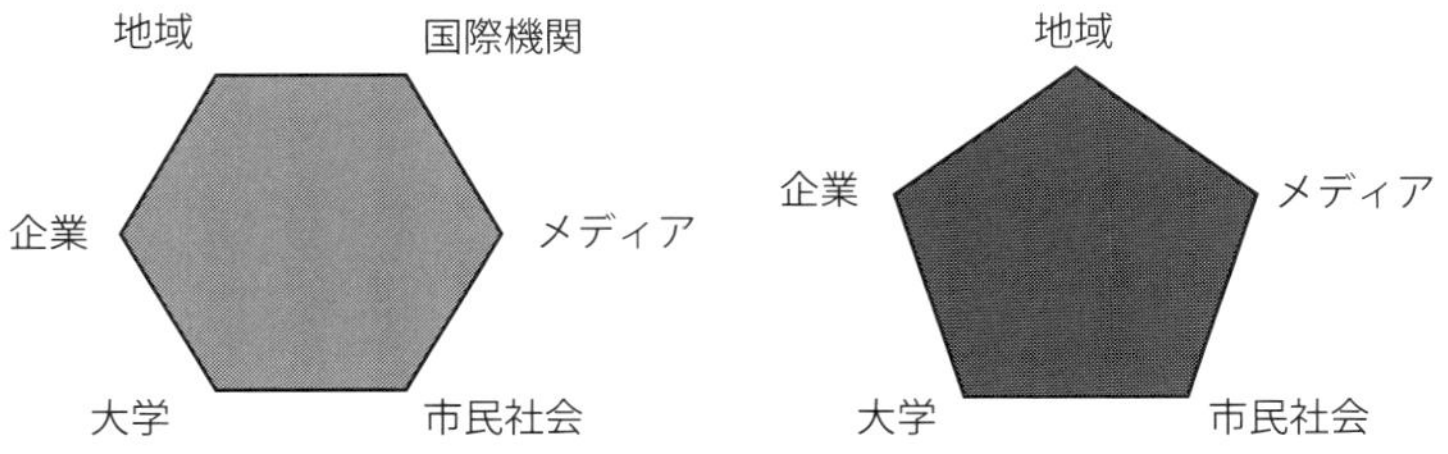

図　協力関係概念図

ることは重要な成果であると言えます。六者協議のうち、できるだけ多くの国により、将来北朝鮮も含めて、話し合いの場を制度化して行くことが重要であるでしょう。

〈東アジアでの戦争をさけるために〉

北東アジア、グローバル化時代の国境を超えた世界にとって、何より重要なことは、アジア太平洋地域を安定化させ、東アジアの繁栄と平和、経済発展を推進すること、核爆発の危険のある戦争を起こさないことです。これはロシア、中国、韓国、日本を含めて共通かつ最大の利害関心事項です。当のアメリカ大統領トランプが、核を使う可能性があるといっている以上、極めて深刻で緊急な事態であり、国連討議を含め早急に対処する必要があります。

　これらの国々の、政府が難しければ、地域、企業、大学、市民社会、メディア、国際機関などの五者、六者が連携した協力関係を構築して行く知恵と組織化が重要です。

　これらが連携して、まずは同一テーブルにつき、ネットワークを形成しこの地域における安全保障の制度化と地域レベルでの秩序体系を整備することが早急に必要であります。

可能ならばそれに政府・官僚も含めることが重要であると言えます。が、そうでなくともＮＧＯ、ＮＰＯレベルから始めることもできます。成長する新興国と衰退する先進国との軋轢が不可避であるのであれば、戦争が始まる前にこうしたネットワークづくりを行うことが重要です。あるいは第一次世界大戦、第二次世界大戦で、欧州やアメリカがやったように、たとえ戦争が始まったとしても、この地域の戦後秩序をどう作るかを、外からでなく中から構築していく努力を始めるべきでしょう。そのためには大学連携・シンクタンク連携、未来を担う若手をそこに入れていくことが不可欠となります。

図に見えるようにバイ（二国間関係）を超えたマルチラテラルな（多国間共同による）、五角形、六角形のネットワーク連携を確立していくことが重要です。

元ＡＤＢ研究所の所長、河合正弘氏が言うように、中国が圧倒的な世界経済の覇者となる前に、ＡＤＢとＡＩＩＢの協力関係の強化を行う必要があります。またアジアで自発的に準備されてこなかった、欧州のような共同の安全保障の制度化を、少なくとも大学レベル・研究所レベルで共同で検討し実現して行く必要があります。

その意味で、現在検討されている、京都大学、青山学院大学、中国外交学院、中国社会科学院、ロシア科学アカデミー極東支部、極東諸民族歴史・考古学・民俗学研究所、韓国のソウル大学、延辺大学、可能であれば将来北朝鮮の大学など、マルチの大学間・研究所間の連携と共同の議論、特にアジアの安全保障をめぐる議論と枠組み整備を、排他的になることなく包摂的に行っていくべきでありましょう。

先に触れたタイの元外務大臣でソ連・アメリカ・ＥＵの大使を務めたカシト・ピロミャ氏は、２０１７年11月、北朝鮮の問題について、次のように述べています。「北朝鮮と交渉を再開すべきである。北朝鮮の核保持は暫定的に認める。北朝鮮と韓国の間に、緩衝地帯を設け、国連ＰＫＯを入れる。韓国から米軍は撤退する。その上で、２００５年の六者協議の共同声明に戻り、対話を再開すべきだ。」と(21)。以上を韓国に提案するつもりだとも述べていました。むろんこの意見には反対もあるでしょう。

しかし対話の再開と具体的政策提言、という点で、傾聴に値すると言えるでしょう。韓国首脳は彼の言葉に耳を傾け、それは平昌オリンピックに北朝鮮を招待することを後押ししたかもしれません。こうした具体的対話の開始は意義あることと言えましょう。

一昨年、日本学術会議の大型プロジェクトの一環として、「欧州とアジアにおける地域行動および歴史的対立関係の修復に向けての総合的共同研究プロジェクト―シンクタンク形成と若手・女性研究者育成―」が承認・採択されました。日中韓の知的インフラ整備、安全保障の制度化、社会・市民共同意識の育成、大学間・企業間などのネットワーク形成、若手・女性の育成などを、個人研究者のレベルで、大学間連携として準備検討が開始されています(22)。

新興国と先進国のパワーの対峙する境界線である日本海で、中国の経済・軍事パワーと北朝鮮のミサイル、日本・アメリカ共同の軍事力整備により偶発的な戦争をひき起こさないためにも、この地域の各層の主体が真摯に現状の急速な変化に対応し、分析し、共同の話し合いと未来のアジアの見取り図を、地域・若者とともに構築して行くことが緊急の課題となっているのです(23)。

【注】

〔１〕トゥキディデス、久保正彰訳、『戦史』上中下、岩波文庫、１９６６～６７年。グレアム・アリソン、藤原朝子訳『米中戦争前夜』(Graham Allison, *Destined for War*) ダイヤモンド社、２０１７年。

〔２〕グレアム・アリソン、『米中戦争前夜』前掲書、および同氏講演、「新旧大国の衝突リスクと日本経済・金融市場へのインパクト」政策研究大学院大学、想海棟ホール、２０１８年２月９日。

〔３〕ロイター、２０１７年11月９日。https://jp.reuters.com/article/trump-asia-china-commerce-bargain-idJPKBN1D90JT、日本経済新聞、同日、https://www.nikkei.com/article/DGXMZO23307690Z01C17A1MM8000/

〔４〕日本経済新聞、同上。

〔５〕同アリソン講演、２０１８年２月９日。

〔６〕同パネルディスカッション、呉軍華談。

〔７〕一帯一路構想については、枚挙にいとまがないが、とりあえず、江原規由「中国の対外開放新戦略としての21世紀シルクロードＦＴＡ建設」『国際貿易と投資』№96、２０１４年。

伊藤亜聖「中国「一帯一路」の構想と実態：グランドデザインか寄せ集めか？」(特集「一帯一路」の経済効果)『東亜』２０１５を参照。 また筆者の論文として、以下を参照。羽場久美子「パワーシフトと、ＡＩＩＢ・シルクロード構想―欧州と中国の共同」季刊『国際貿易と投資』１００号記念増刊号「変革を待つＷＴＯ、拡大深化するＦＴＡ」国際貿易投資研究所（ＩＴＩ）２０１５年10月、羽場久美子「中国の対欧州戦略―英国の離脱で強まるＥＵとの関係、ＡＩＩＢ＆「一帯一路」構想に邁進」エコノミスト、２０１６年９月13日。

〔８〕「ロシア、プーチン大統領が、大ロシア経済構想」『毎日新聞』、２０１６年６月18日。https://mainichi.jp/articles/20160618/k00/00e/020/205000c

〔９〕タイ元外務大臣カシス・ピロミャ講演「ＡＳＥＡＮの役割とＥＵ、日本との関係」青山学院大学・公開講座「大使と語る」２０１７年11月11日。

〔10〕Angus Maddison, A World Economy, *A Millennium Perspective*, and "The West and the Rest of the World Economy, 1500-2030", 2005, Masahiro Kawai, Asian Development Bank Institute 作図。

〔11〕平壌から１３００キロ圏。北朝鮮からの射程距離１０００ｋｍ、より作図。https://japonyol.net/

editor/article/striking-distance.html

〔12〕「トナカイ肉の放射能濃度が急上昇、ノルウェー」AFP BB News, ２０１４年10月10日 オスロ／ノルウェー。 http://www.afpbb.com/articles/-/3028573

〔13〕「発生から2日後に発覚したチェルノブイリ原発事故 」「スウェーデンの今」２０１１年４月２日、http://blog.goo.ne.jp/yoshi_swe/e/9522cc95b6c61f7094f315eed776e2fd
ドミトロ・M・グロジンスキー「ウクライナにおける事故影響の概要」ウクライナ科学アカデミー・細胞生物学遺伝子工学研究所（ウクライナ）、京都大学原子炉実験所 http://www.rri.kyoto-u.ac.jp/NSRG/Chernobyl/saigai/Grod-J.html

〔14〕総合海洋政策本部「我が国の北極政策」平成27年（２０１５年）10月16日、1頁。

〔15〕同、４頁。

〔16〕吉田隆「北極海航路による貨物輸送の将来性」『基礎研アーカイブ』MS & AD 基礎研究所株式会社２０１７年1月24日、http://www.msadri.jp/research/201701/post-4.html

〔17〕北極圏の安全保障については、石原敬浩「北極海における安全保障環境と多国間制度」防衛省、『海幹校戦略研究』２０１４年６月（４－１）47頁、44～65頁が詳しい。http://www.mod.go.jp/msdf/navcol/SSG/review/4-1/4-1-4.pdf

〔18〕同、55～56頁。

〔19〕池島大策「第6章 北極のガバナンス―多国間制度の現状と課題」日本国際問題研究所、63～78頁。http://www2.jiia.or.jp/pdf/resarch/H24_Arctic/06-ikeshima.pdf

〔20〕ジェラルド・カーチス、NEASE NET 年次大会での国際会議パネルにて、２０１７年11月。

〔21〕Kasit Piromya, former Minister of Foreign Affairs, Thailand, 'ASEAN and Thailand Role and Relation with Japan'. 青山学院大学、講演後の私的会談の中での提案。来る韓国首脳との会合で、ソウルでこの提案を行うつもりである、と述べていた。２０１７年11月11日。

〔22〕計画番号９　学術領域番号11―２。
日本学術会議　大型研究プロジェクトマスタープラン、「欧州とアジアにおける地域協働及び歴史的対立関係の修復に向けての総合的共同研究プロジェクト―シンクタンク形成と若手・女性研究者育成」青山学院大学・京都大学共同。（参考、添付）２０１７年。

〔23〕本論文は、２０１７年ロシアのウラジオストクにおける日ロ極東学術交流会による日ロ極東学術シ

ンポジウムでの報告、また日韓労働通信社の講演「先進国危機、アジアの国際関係と中国・ロシア」を基礎としている。また拙稿「アジアの国際関係とロシア」*Aoyama Journal of International Studies*, Aoyama Gakuin University, No.5, 2018. を基礎とし、中国を中心に展開し直したものである。

第2章

アジアにおける平和構築と東アジア共同体

―法の立場から

西原春夫

◇

西原：ただいま羽場先生から大変ご懇篤なご紹介をいただきました西原でございます。今年、青山学院ではアジアの地域統合を考えるという、まさに現在の最も大事なテーマについて皆さんが、しかも、それぞれの第一人者から話が聞ける、これはその青山学院にとっては大変な幸せであると、こんなふうに私は見ておるわけでございまして、その一環として私が話をする資格があるのかどうか、よくわかりませんけれども、羽場先生からご招待をいただきましたので、日ごろ考えているところを皆さんに申し上げて、アジアの地域統合を考える上で、参考になればと、こう考えて、まかり出た次第でございます。

◇

レジュメを見ながら聞いていただきたいと思いますが、たとえば、第二回、鳩山由紀夫元総理大臣が東アジア共同体をどう再構築するか、こういうテーマで話をされました。また、ワンアジア財団の佐藤理事長もアジア共同体の創生と、こういう言葉を使っておられます。たとえば、国際アジア共同体学会という学会も設立されて、大いに活動しておりますけれども、いったいアジア共同体って何なんだ?ということになると、必ずしもはっきりしていないように思われる。私はまず、その点について話を始めたいと思います。

私は１９８２年から１９９０年まで、早稲田大学の総長を仰せつかって、早稲田はいかにあるべきか、ということを朝から晩まで毎日毎日考え続けるなかで、いったい日本はアジアの中でどういうふうになっていくんだ、世界の中でアジアはどういうふうになっていくんだ、ということも併せ考えないと、早稲田の行く方向もわからないと思ったんです。当時、１９８０年代は、まだまだ今みたいにアジアに共同体を作るという考え方は、まるっきりなかったんですね。しかしヨーロッパでは、ご承知のようにヨーロッパの地域統合がどんどん進んで、１９８０年代にもＥＥＣ、ヨーロッパ経済共同体というものが発足をして、それがさらに現在のようなＥＵ、ヨーロッパ共同体というようなもの、ユニオンに昇格しようと、通貨を統合しよう、関税を撤廃しよう、関所をなくそう、そういう動きがでてきておりました。

そこで当然、ヨーロッパでできることは、アジアでもできるんじゃないか、あるいはヨーロッパは人類の歴史のさきがけであるとするならば、アジアにもいずれそういうものができざるを得ないのではないであろうか、したがって、アジアがいったいどうなるか、その中で日本がどうあるべきかということを考える場合に、いったいヨーロッパ統合というものがどうしてできたのかということを根本的に考えないと我々の行く方向もわからない、こういうふうに考えるようになったんです。

皆さんご承知のようにヨーロッパ各国、戦争ばっかりしてきたわけでしょう？　ドイツとフランスだとか、イギリスとフランスだとか、もうしょっちゅう喧嘩ばっかりしてきた、戦争ばっかりしてきた。その戦争ばっかりしてきた仲の悪いヨーロッパが、通貨を同じくしてまで一つの地域統合という傘の中に入ろう、ＥＵという傘の中に入ろう、というふうになったのはいったいどういう理由なんだということを根本的に考えなければ、アジアもまたそういうものを作ることになるかどうかがわからん、こういうふうに考えたわけですね。

そこで早稲田大学としては、ちょうど私が総長の任期が終わったころに、ドイツのボン、いろんな理由からボンになったんですけれども、旧西ドイツの首都ボンに、早稲田大学ヨーロッパセンターを設立して、早稲田に所属するいろんな分野の先生方がそこへ行って、なぜヨーロッパは地域統合を進めるのか、ということを研究していただく、調査していただく、そういう研究調査機関を設立したんです。

そして私が総長退任後、１９９５年から９８年まで3年間、そのヨーロッパセンターの館長としてボンに滞在をしまして、そして文字通り、毎日毎日朝から晩までそのことを議論をしたり、人の話を聞いたり、講演を聞いたり、会議に出たり、本を読んだりして、考え続けたわけなんですね。その3年の経験というのは、大変役立った。

まず、その結論から申し上げたいと思うんです。結論は、このレジュメにあるように、地域的超国家組織の形成は、人類の歴史の必然的な方向である、というのでした。どうしてそう言えるのか？単純なんですね。国境を越える、というのは、昔はそう簡単にはできなかったんですよね。ところが、時代が進むにつれて、国境を越えるものがだんだん増えてきた。まず第一に人、物、お金、技術、ありとあらゆるものが、国境をたやすく越えるようになってきた、そして国境を越えるものの規模がどんどん大きくなってきた。そうしますとどうなるかといえば、国境は邪魔になるんですよ。国境を越えるものが増えれば増えるほど、国境は邪魔になる。邪魔になるからといって、国境がなくなるかというと、そう簡単にはなくならない。国、というものが、人間の国際的な活動の単位としてある以上は国境はなくならないけれども、抽象的な表現をとると、どんどん低くならざるを得ないんだと、こういうことなんですね。

そうすると低くなったままでいいのかというと、そうはいかない。つまり、国境が低くなるにつれて、さらに国境を越えるものの規模や種類が質量ともに増えてくると、国境を挟んだいろいろな諸問題、難しい諸問題を解決するのがその一つの国とか、あるいは相手の国との二国だけでは足りなくなってくる。そうすると、一つの地域、たとえばヨーロッパという地域でもって、国境を越えることに伴ういろいろな問題を共通に解決しようということにどうしてもならざるを得ないわけですね。それが地域的共同体形成のいちばん大きな原動力なんです。

それがなぜ必然的といえるかというと、これは皆さんよく覚えておいてください。人間が、国境を越えるようになってきた。あらゆるものが国境を越えるように、越えられるようになってきたのは、何が原動力かというと、科学技術でしょう。科学技術が発達することによって、国境が越えられるようになってきた、こういうことでしょう。昔は飛行機なんかないから、外国にたくさんの人が行くことはできなかった。ところが飛行機ができた、その飛行機がものすごく大きくなってきた、だんだんと安くなってきた、今では学生でもヨーロッパに行こう、アメリカに行こうとするとすぐ行ける、そういう状況になってきたのは、科学技術の発達の結果、飛行機というういわば道具ができた結果なんです。コンピューターという道具が発達することによって、いろんなものが、体は動かないけれども、お金も情報もどんどんと国境を越えると、こういうことになってきたわけですね。

科学技術の発達は、もういい加減この辺で止めたほうが人類のためになるんじゃないかと思うけれども、残念ながら科学技術はもう止まらないんですよ。私は思うに、人類にとって、セックスと同じなんですね。つまり、男女が存在する限り、セックスは、終わらない、なくならない。それと同じように、人類が存続する限り、科学技術も無限に発達する。ひょっとすると、科学技術の発達の結果、人類が滅びるかもしれないけれども、人類が滅びるまで発達を続けざるを得ないんだとさえ考えられる。

そうすると、どうです？　地域的な超国家組織はどうしても出来ざるを得ない、必然的だ、こういうふうに見ることができるわけでしょう？　それが私の結論なんです。そして、ヨーロッパが、そういった超国家的、地域的な超国家的組織を形成する最も恵まれた条件を備えていたから、ヨーロッパに初めてそれができた。けれどもこの傾向が人類普遍のものであるとするならば、ヨーロッパであろうと、アジアであろうと、アフリカであろうと、そういう傾向はなくならない、こういうふうに考えるわけですね。これが私の3年間の滞在の、非常に単純な結論なんです。

それでは、アジアでも、ヨーロッパのような共同体ができるのかというと、実はそう簡単ではない、ということなんですね。よく考えてみてください。レジュメの3にありますように、そもそもですね、共同体を形成するということ自体が実に大変なことなんです。アジアではもっと大変なんですね。皆さん誰でも知っている、国家権力ってありますね？　日本という国、中国という国、アメリカという国、それぞれの国が国家権力を持っている。国家権力は三つある。立法、司法、行政。この三権は非常に大事なものであって、国家が独占しているんですよ。国家が独占している非常に大事な国家権力。その一部を割いて上部団体に譲るのが共同体の形成手続きなんです。つまり、一定地域に属する国から国家権力の一部を譲られて、それらの国全体を覆う新たな立法、司法、行政機関、これを共同体というんですよ。現段階では各国の国家権力がものすごく大事ですから、そう簡単に上部団体に譲ることはできない、こういうことになってくるわけですね。

共同体を作ること自体が非常に困難だけれども、ヨーロッパの場合には比較的恵まれた条件があったために、それを克服して、ＥＵという組織を形成することができた。ところが、アジアになると、それ自体の厳しさに加えて、アジアなりの違う要因がそれに加わるわけでしょう？　ヨーロッパとアジアとの違い、いっぱいある。私は大きく三つがヨーロッパとの大きな違いだと考えるんですね。

たとえば歴史的に、ローマ帝国の中にドイツとフランスの一部が、イタリアとともに含まれていた時代があった。ローマ帝国滅亡後、カール大帝が作りあげたフランクという国があった。これはたった１００年しか続かないで、カール大帝が亡くなった後、子供が３人いたもんですから、フランクは三つに分裂をして、その一つがドイツ、その一つがフランス、その一つがイタリア、というふうになったことはご承知のとおりなんです。つまり、ドイツとフランスは民族がものすごく違うんだけども、歴史的に、一つの国の中に包括されていた、そういう時期があったんですね。アジアでは、そんな時期はないですね。一つにはそういう問題がある。

第二に、国家と国家を一つの上部団体にまとめ上げるためには、思想的なある種の共通分母がなければならないんですね。その共通分母、ヨーロッパにははっきり存在する。キリスト教なんですよ。政治思想はうんと違う、経済構造もうんと違うけれども、大部分の人がキリスト教の信者である。カソリックかプロテスタントかの違いはあるけれども、キリスト教徒である。これに対して、アジアの場合には、そういう共通分母がない。これが第二の根拠なんです。

第三として、ヨーロッパの場合には多少大きい国、小さい国、それぞれありますけれども、発展段階が比較的似ている。ところがアジアはどうでしょう？　発展段階がうんと違うんですよ。１００年の差がある。この差は大きいですね。

さらにアジアの場合には、中国という、際立った大国が中に入っているんですよ。ヨーロッパの場合は、そういう大国が入ってないんですね。ＥＵはロシアを入れませんから、大国がないんですよね。ところが、アジアの場合には、その他の国の全人口を含むぐらいの大国が含まれている。しかもその中国という国が、かつてアジアの文明の根源を提供した、アジア諸国に非常に強い影響を及ぼした超大国だということになると、共同体というのは元来、加盟国が平等でなければいけないわけですから、ものすごい大きい国と、ものすごく小さい国は一緒になりにくい、こういう側面があるわけでしょう？

のみならず、こういう問題もあるんですよ。皆さんがアジアの地域統合を考える場合、考えの中に入れなければいけないのは、たとえば、中国を中心とする一種の政治秩序がかつてあったことですね。いわゆる冊封、朝貢制度ですね。明《みん》時代。日本だってたとえば、金印。卑弥呼が中国の王様からはんこをいただいて、日本をあなたが統治してもよろしいと。そしてその代わりに毎年貢物をもって来なさい。それを誠実にやる限りは、私はあなたの国を侵さない、というようなことで秩序が成り立っていた。これを中国側では、アジア全体が一種の中華帝国であったという意識の意識の源になっているんですよ。それはあまり表には出さないけれども、なくはないんです。

そうすると、いいですか、アジア共同体というのと、中国が考える中華帝国というものが一致しちゃうんですよ。そういう傾向があるんです。中国はそれをはっきり言いませんよ、言わない。けれども、そういう傾向がある。その問題をどうするか、ということが、アジアにとってはたいへん大きな問題点なんです。だからもし鳩山元総理が、東アジア共同体を早くつくるべきだと言う場合に、鳩山さんとしては、今のような問題は、こういうふうにして解決できる、そしてその出来上がる共同体はこういうものだ、国家権力との関係はこうなる、ということを、全部明らかにした上で、共同体をつくる、というのでなければいけない、こういうことになってくるだろうと、私は思うんですね。

この第一の結論として私は、地域的超国家組織の形成それ自体は、人類の歴史のなりゆきであるけれども、ヨーロッパ共同体的なものを作るのは、アジアではそう簡単ではないし、現段階の政治構造を前提にする限り出来ていいものではない、というのが結論なんです。アジアの場合にはヨーロッパのように将来何年にこういう形の共同体を形成します、ということは言うべきでない、言っちゃいけないと考えているんです。そんなことを言い出すと必ず主導権争いが起こりますから、そんなことを言っちゃいけない。

それではどうしてそういう超国家組織を形成してゆくのかというと、アジアに共通な問題があるでしょう？　しかも、みんなが共通に困っている問題ってあるわけですよ。みんなが共通に困っている問題ほど、協議ができるでしょう？

話し合いができる。経済取引の問題、環境保全の問題、食糧の安全の問題、動物の伝染病の問題、いろいろあるわけですよ。みんなが共通に困っている問題ごとに、アジアで協議機関を作る。協議機関っていうのと共同体っていうのは違うんですよ。共同体ってのは国家権力の一部を集めて出来上がるものですからそう簡単ではないけれど、協議機関はそう難しくないですよね。協議機関についてこの問題点をどうするかっていうと当然、議論している国は、それを解決するためには共通のルールを作りましょう、アジアで共通のルールを作って、そしてそのみんながそれを守るようにしましょう、ということになってくるでしょう？　共通なルールって、言ってみると立法、ある種の立法権の形成なんですよ。上部団体に新たな立法権を認める、こういうことになってくるわけでしょう？　そうするとルールができますと、たとえば違反を取り締まるとか、そういう問題が出てくる。ルールの取り締まり、というのは行政の問題でしょう？　そしてその、違反した場合にどうするか、これは司法の問題でしょう？　最初からヨーロッパのようなアジア共通裁判所はできないですよ。

しかしその、同じようなルール違反に対しては同じような制裁を科しましょう、というものができるとすれば、司法分野での統一ができてくると、こういうことになるわけでしょう？　最初はルール、立法、次は行政、次は司法、という順番に、だんだんと解決困難な問題について、そういうものを共通にしていく、そういうものがだんだんだんだん積み重なっていく、この果てに、そういうものを包括する、いわゆる共同体に近いものができてくるかもしれない。

東アジアでは共同体は作るものではなくて、意識はするけれども、だんだんと自然に出来上がっていくものだ、こういうふうに考えるべきじゃないかと私は考えていると、このことをまず申し上げておきたいと思います。

◇

次に移ります。いま申し上げた手順によって共同体に似たものができるにつれて、アジアの平和は格段に進みます。ヨーロッパでは少なくともヨーロッパの範囲内の戦争っていうのはもうあり得ないんですね。ヨーロッパと、他の国との間の戦争っていうのは、全くないわけじゃないけども、ヨーロッパの中ではもう戦争はあり得ないぐらいに、国と国との間が結び合っている。

したがって、アジアでそういうものができるにつれて、アジアに平和がだんだん確立してくると、こういうことを意味するわけです。

さて、そういうアジアを形成していく。平和を伴う地域統合を進めていく上の阻害要因というと、今、アジアには、日本に対しては、二つの問題があることは、皆さんはご承知の通りですね。その一つはいわゆる歴史認識の問題、第二は、領土問題、この二つ、本当はものすごく大事なんだけれども、ある意味でいうと、ものすごく小さな問題なんですよ。たとえば日中間に起こる、尖閣の問題ですね、日韓の間に横たわる、竹島の問題ですね。巨大な地球儀の中の見えるか見えないかの一点で、国と国との利害が対立をして、そこに争いがあるんですね。ちょうどそれは、歯が痛いみたいなものなんですよ。歯痛ですね。皆さん、歯が痛いとね、もうものすごく憂鬱になって、朗らかにやっていけないですね。その原因は歯の奥のほんの1ミリの何十分の1の部分が細菌によって侵されて炎症が起こったから痛いわけですね。それと似ているわけですよ。

だけども現にそれがある。この歴史認識の問題と領土問題というものをだんだんと解決をしていかなければならない。これは、地域統合を進めていくのと並行してやっていかなければならない問題と私は考えているんです。それが全く不可能かというと、私は不可能じゃなくて、人がやりたがらないから、できないだけのことなんだと、こう考えるべきだと、こう思っているんですね。

さて、その阻害要因の第一の歴史認識の問題。これは確かに、アジアでは残念ながら残っている。つまり、日本がかつてアジアの諸国を侵略した。侵略という言葉が適切かどうか、という点については、これは適切でないという人がいるわけで、それもわからんではない。日本語でいう侵略というのと、現に日本でやったこととは必ずしも一致していないという側面があるから、侵略という言葉を使えないという気持ちはわからないわけではない。しかし、これは言葉の問題という面があるんですね。現にアジア侵略ということが相手国からするともう当然のものとして考えなければならなくなっているとすれば、その事実は認めざるを得ない。

ドイツとの間にも差がある。私はそう思っているんですね。これは、弁明にはならないんですよ。日本にとって、弁明にはならないけれども、ドイツと日本との間には大きな差がある。これは皆さんもよく意識しておいていただきたい。

第二次世界大戦でナチスがやったことというのは、確かにドイツのそれまでの歴史の大きな流れとは全く無関係じゃないけれども、そういう歴史の流れから飛び抜けたナチスのヒトラーの個人的な思想に裏打ちされている、そういうものだろうと。特にユダヤ人排撃問題、虐殺問題は、ドイツの歴史と無関係じゃないけれども、やはり、ヒトラーという個人の思想の中にだんだんと、形成されて、それが国の政策として、完璧なまでに実施された。これがユダヤ人大虐殺であった。

したがって、ドイツとしては、比較的、反省、謝罪しやすいんですよ。ヒトラーが悪かった。しかし、ヒトラーは国の名前においてやったんだから、国としては謝罪しなければならない。これがやりやすいんです。ところが、日本の場合に、確かに私は戦争責任ということは追及できると思うし、戦争責任というのは明らかにしなければならない、と考えますけれども、第二次世界大戦を引き起こすというのは、よーく見てみると、明治維新以来の日本の発展のある必然的とは言えないけれども、かなり歴史の発展段階の終着点として、あのアジア侵略があったように思われてならない。

明治維新の中に、そもそも私は、極端に言うと、第二次世界大戦の開戦、および敗戦の要因が含まれていたとさえ言ってもいいのではないだろうか。確かに歴史をひもとくと、いくつか戦争を避けられる時機というのがあった。チャンスはあったけれども、日本がそれをものにできなかったことについては、やはりそもそも歴史の流れからして、やめるということ自体がもうほとんど無理に近いぐらい、できないことだった。

その結果として、あそこまでいっちゃったんだというふうに思われなくはない。とするならば、日本全体、歴史のなりゆきであるから、ちょうどヒトラーに対して、こいつだけが悪いんだ、これを弾劾することによって、国の謝罪を済ますということができにくいという側面は、確かにあるんですね。あいまいになってしまった理由というのはそこにあるだろうと。こういうふうに私は考える。

しかも、アジア侵略の中には、もし当時の中国が、あるいは当時の朝鮮半島の韓国・北朝鮮の国家がもうちょっとしっかりしていれば、こんなことはしないでも済んだであろうに、という側面があるのは事実ですね。

ロシアの南下政策、つまり凍らない港を求めて、ヨーロッパからずーっと、何千キロを渡って、シベリアを渡って、この太平洋に到達をしたのは、ウラジヴォストックに不凍港を作りたかったからなんだということですね。今みたいな飛行機の時代ではありませんから、重い荷物を運ぶためには、どうしても港が要るんだ、港が凍るんじゃ、それが一年中できない。だから不凍港が要る。そういうことでロシアはシベリアを渡って、ウラジオを作ったけれども、ウラジオはまだ、やっぱりまだ凍る部分があるんですね。そこでもっと南のほうに来たい、ということで、旅順だとか、大連だとか、そして朝鮮半島というものに狙いを定めている、あるいは定めているのではないかというふうに考えられ、それを守るためには、どうしても力の強い日本がそれをやらなければいけない、こういう大義名分が当時はあったんですね。

さらに本来、アジア人がアジアを統治すべきであるにもかかわらず、イギリスだとか、他の西欧先進国がアジアを植民地にして、まるでアジア人を奴隷のようにして使っているのはけしからん。アジアは、アジア人に解放しなければいけない。欧米を排撃して、アジア人によるアジアを作らなきゃいけない、というようなことが合わさって、戦前の大東亜共栄圏思想というようなところへ結実をしてきた、こういうわけですね。

確かに国という立場に立ちますと、そういう大義名分というのが私は完全には支持できないけれども、そういう面があったことは否定できないんですよ。だからその点を強調する人の場合には、日本がアジア侵略に対して、反省の念を覚えて、そして被害者の人たち、中国だとか、韓国、朝鮮半島の人々に対して謝罪をするという行動は、これは自虐である、自虐史観であるという見方をするのは、そういう側面があるからだろうと、私は思うんですね。そういう側面があることは認めるとしても、ただ、我々が出発点としなければいけないのは、それだけじゃ済まないんですよ。

皆さん、これは私が１９４５年以降、今日に至るまで終始保持してきた考え方というのは、当時の「国の立場」に立つことは必要かもしれないけれども、それだけでは済まない。当時被害を受けた、「個々の国民の立場」に立って考えてみろ、こういうことなんですね。

それを自分の身になって考えてごらんなさい。外国人の軍隊が、大義名分を引っ提げて、日本の国を救ってやる、外敵から救ってやる、というふうな大義名分を掲げて日本に上陸をして、日本の軍隊と戦争をして、その過程で、たとえば自分の親が殺され、息子が殺され、愛すべき娘が強姦され、大事な食物が奪われ、家が焼かれた、その個々の国民の立場に立ってみますとね、あの戦争に大義名分があったかどうかってことは問題になってこないんですよ。そんなことは問題じゃなくて、日本軍がとにかく攻めてきて、自分たちの利益を残酷に侵したという事実は否定できない。その恨みっていうのは大きいですよ。その恨みが大きい。その恨みを我々はやっぱり出発点として考えなければならない。私はそういうふうに考えたんです。

私はしかし、その当時の日本の行動について、責任のある年齢ではありませんでしたから、私はそのことについて、個人としてペコペコ謝ることはしたことがないけれども、しかし私はやはり日本という先輩の人々の犯したその罪に触れざるを得ないんですよ。そのことについて、私としては胸を痛め、せめて中国や、朝鮮半島のためになることを、何かやらなければ自分が許されない、そういう立場でずっとやってきたことなんですね。やはり、日本人としては、安倍総理も含めて、そういう立場に立ってみると、この歴史問題っていうのは和解ができる。それが行われないから、残っている。こういうふうに考えるべきじゃないか、こういうふうに私は思っているんですね。

◇

第二の阻害要因、領土問題。ご承知のように、日本の政府は、たとえば尖閣について、領土問題は存在しないと言っているんですよ。尖閣諸島が日本の領土であり、日本の国境線の範囲内であり、日本の領土である、そこに領土主権が存在するということは、疑いの余地がない。歴史的にも、国際法的にも、疑いの余地がないので、したがって、領土問題の争いは存在しないと言っているんです。だけども外務省の誰も、政府の誰も、現実、その尖閣をめぐって争いがあることを知らない人なんて誰一人いないわけですよ。誰一人いないにもかかわらず、領土問題は存在しないという立場を貫いているんですね。その尖閣の領土主権の存否、これは難しい問題で、そう簡単で自分で結論が出せない側面がある。

この連続シリーズの中で、第10回に、清華大学の劉江永《りゅうこうえい》教授が、「中日領土問題についての新見解」という講演を予定していますから、それをぜひ聴いてみてください。日本から言うとね、領土問題は存在しないから、中国が何を言おうとそれは言いがかりだ、ということになるわけですよ。だから、無視していいんだ、とこういうことになるわけですけれども、さて、劉江永さんのこの見解、私は実は6月22日の夜、彼と3時間ほどレストランで話し合って、その新見解についても聞いているんですね、言いがかりと言えるか？　とても自信がない。だから、じゃあ中国に領土主権があるか、というと、そこまで私は決断するだけの歴史的証拠は持っていないんですね。ぜひ皆さん、客観的に聴いてみてください。言いがかりだと思えるのか？　いやぁ、これは大変だと。ひょっとすると日本が言いがかりを言っているんじゃないか、と思う人もいるかもしれない。

つまり、領土問題は存在しないというのが日本の立場だけれども、それを貫いていく限り、この問題は解決しないんですよ。解決しないんです。できるとするならば、その対立から、争いから、武力衝突が起きないようなんとか手立てを講ずるしか方法がない、ということになってきますね。根本的問題ができないとなると。その方法はいろいろ政府としても講じていて、最近、新聞にも出ていましたが、たとえば日中の、これは向こう側の解放軍の高官も含めて、いろいろな協議を行っている。日本の自衛隊の幹部と、向こうの解放軍の幹部との話って意外に行われていて、そういう中から、たとえば、危機管理システム、具体的にいうと、海上連絡メカニズムというものを作ろうじゃないか、少なくともたとえば、両首脳の間にホットラインを作るとか、こういう出来事があったときにはこういう措置を講ずる、というふうなメカニズムを協議して、それを守るようにして、せめて武力衝突が起きないようにしよう、という努力は確かにできるし、それはやっていただきたいと思います。でも、やっぱり我々としては、その根本的解決というものができるはずじゃないかと私は思うんですね。

考えてみると、尖閣諸島という、小さな小さな島、それ自体、ほとんど何の価値もない島を、領土権をめぐって、国と国とが大戦争になるかもしれないというふうなことは、人類として何と馬鹿げたことだと思わざるを得ないんですよね。大変重大なことなんだけれども、馬鹿げたことなんですね。魚は国境線なんかありませんから、人間が勝手に作った国境線を越えて、自由に泳ぎ回っているでしょう？　人類の馬鹿さをあざ笑ってるようですよ。この根本的解決っていうのは、本当はシナリオがないわけではないんですね。国境の設定、これをしばらく棚に上げて、そして尖閣の周辺、あるいは東シナ海における海底資源の共同調査、共同開発、共同利用というところまでもっていくことができれば、平和的に問題が解決をするんですね。

ただしこの、共同調査、共同開発、共同利用ということをするためには、先ほど申したような、政府の領土問題は存在しない、という見解を突破しなければいけないし、その政府の見解が依拠しているところの、日本人のある考え方を突破しなければいけない、その難しさは確かにあるし、それを突破するには時機というものがあると思われるので、今それをするべきかどうかについては問題があると考えています。

しかし我々民間の人間としては、そういう形でもって問題を解決したい。ただそれに伴う危惧の念、たとえば尖閣について共同利用を認めると、次に中国は沖縄についてそういうことを言ってくるんじゃないか、というような危惧の念がある。そういうことはないんだということがない限りは、そういう措置はとれないことは言うまでもありません。そういうふうなこと全体を進めることができる条件が整えばそういう方向で動くしか問題の根本的解決というのはないだろう。国家のメンツというものを立てて考えると、どうしてもそうならざるを得ない、こういうふうに私は考えています。

◇

最後に、このような領土問題の解決を図るには、やはりそれだけの環境づくりをしていかなければならないと思う。

そこで私が今現に、たとえば中国の有識者に対して説いていることはですね、人類の歴史の大きな大きな流れを、正確に洞察しようということなんです。そういう中で、中国のあり方も中国人に考えていただき、日中関係もその中で考えていただこうと、こういうことなんですね。その人類の歴史の大きな流れというのは、非常に難しいようで、簡単なんですね。簡単なようで、難しい。ちょうど日本国憲法第九条が、ノーベル賞候補になったということがありましたね。結局ノーベル賞は今年はいただけなかったけれども、そういう動きがある。憲法九条は世界遺産に値する、という本も出ている。その主張をする人もある。なぜそういうことが言えるのか？　歴史の大きな流れが、その憲法ができた１９４６年という時点よりも、さらに意義を持つようになったからなんですね。

皆さん今の世界の歴史を、世界の状況を眺めてみると、目につくのがテロリズムでしょう？　中近東におけるシリアだ、エジプトだ、イラクだ、イスラム国の建設とかそういうような問題があるんですね。アフガニスタン、テロリズムが絶えない。そのテロリズムを手段とする戦乱が絶えない。だから、人類はちょうど19世紀と同じように、大きい国もまた、戦闘、戦争に巻き込まれていくんじゃないか、という見方があるかもしれない。

ところが、１９４５年以降、先進国どうしの全面戦争っていうのは一つも起こってないんですよ。戦争が起こっているところはですね、今度のロシアのウクライナ問題も含めて、特殊な歴史から派生した問題だけなんですね。

中近東の問題というのはすべてが二千年、国を失って世界中をさまよっていたユダヤ人が、二千年前のふるさとへ帰ってきて、イスラエルという国を作った。作られたアラブ人から見ると、二千年そこに住んでいた自分の領土に、二千年前という古証文をもって襲いかかってきたのがユダヤ人だと、こういうことになりますから、この争いというのはものすごく深刻であり、感情的であり、そう簡単ではないわけでしょう？　しかも宗教が根本的に違うわけですから、大変なことなんですね。

そこからすべてのものが派生している、こういうふうに考える。そうすると今起こっているテロ、戦乱というのはすべてそういう局部的な歴史、あるいは民族問題、宗教問題にまつわる争いにしかすぎない。先進国どうしの全面戦争というのはもう現に行われていないし、それはできにくくなったと考えるべきじゃないか。単に行われていない、というだけではなくて、行われない、やっぱりある種の必然性があるんじゃないか。

それには、一つには核の抑止力というのはあるんですよ。日本の場合には核廃絶というのが理想であるけれども、核抑止力が働いて、先進国どうしの戦争ができにくくなったっていうのは、承認せざるを得ない。そのほかに大きいのは、経済の発展なんですね。経済の発展によって国と国との間の関係がもうものすごい勢いで入り組むようになってきた。したがって戦争を始めると、相手方に損害を加えると同時に、自分にも大損害が加わるので、とても戦争ができない、こういう状況になってきたんですね。

これに対して、たとえば最近、政府側で、あるいは安倍総理も、いや、第一次世界大戦、ドイツとイギリスの間にはかなりの密接な貿易関係があったけれども、戦争が起きたじゃないか、こういう反論があった。

ところが今の経済関係が入り組んでいるっていうのは、当時との貿易関係とはまるっきり次元が違うわけですよ。当時でも確かに株の売買っていうのが国際的な影響力を与えたっていうことはありましたが、今の状況とはまるっきり違うんですよ。株、市場の国際化、すごいですよ。国債の価値が、そういう市場によって決定される。そんな時代になってきているわけですよ。戦争ができない、少なくとも経済システムの中に入り込んでいる先進国の間には戦争はできない、こういう状況がだんだんと進んできたということを考えるべきなんです。

戦争ができないっていうことはどういうことかというとね、軍隊は少なくとも、かつては侵略の手段だったけれども、今、侵略ということが認められないような時代になったとすると、今はだいたい軍隊っていうのは自衛の手段であると、こういうふうに考えるわけですね。ところが戦争が起こらないっていうことになるとその自衛もいらないってことになるわけでしょう？　極端に言えば。軍隊っていうのは、全面戦争を前提とした軍隊っていうのはもういらないんですね。ただ、局地的なドンパチっていうのは、先進国の間でも起こりえなくはないから、そのドンパチに対応する程度の戦力さえあればいいということになってくるんですね。

つまり、富国強兵という考え方は、かつては19世紀から20世紀にかけて、世界中で、それぞれの国が保持した考え方であり、現在も中国は富国強兵という線で軍事力の増強をやっているけれども、実は人類の歴史の大きな流れは、富国強兵という時代はまだ去ってはいないけれども、去りつつあるんだということなんですね。

富国強兵というモットーに代わるべき課題は何か、これは今、静岡県知事をやっておられる川勝平太さんの言葉ですけども、「富国有徳」、日本は富国有徳の国になれ、という本をお書きになっている。私はそれが、単に日本だけではなくて、これからの国際社会の中で、俺は先進国であると誇りにし得る国があるとするならば、その国は富国強兵だからではなく、富国有徳の国であるから尊敬され、尊重されるんだと、こういうふうに考えていくべきではないか。こんなふうに私は思っている。

したがって、私は日本国憲法第九条は、確かに歴史的に見ると、占領軍であるアメリカから押し付けられているという面もあるけれども、ひょっとすると当時のマッカーサー司令部、あるいはマッカーサー個人が、第一次世界大戦後の不戦条約から国連憲章へ流れてきた人類の流れを洞察して、それがさらに進んでいくことを前提にして、それに背いた国である日本の憲法にその平和思想を敷いたのではないであろうか。ものすごい卓抜な、先見の明のある立法だったと私は思うんですね。

そういうふうな歴史の大きな流れとの関係で物事を考えるべきだということを私は中国の有識者の方々にも言い、できれば習近平総書記にもそれを訴えたい、そういう考え方でいるんです。実は文化大革命で、毛沢東の言う社会主義道徳だけではやっていけないことが明らかになった。しかし本来は、まさに毛沢東が理想とした社会なんです。でも発展の現段階では、道徳だけで秩序を保ち、人の利益を守っていくことができないとするならば、その一歩手前で法律による統治、これを確立をしていかなければいけない、しかし究極の目的は法なしに秩序の保てる社会の建設なんだ、こういうふうに私は「富国有徳」というからには、やはり、道徳でもって秩序が保てる国でなければいけない。これはま考え、また、中国にもそれを求めてきたんです。

私は30年間、日中刑事法学術討論会というのをずっと継続して牽引してきたんですね。そのように日中間の学術交流の努力をしてきたのは、中国に法治主義を確立する必要があると考えたからなんです。そしてその法治主義は単に国内にだけではなくて、国際社会においてもそれを確立するため、中国としては主体的に、積極的に取り組むべきだと、このように考え、かつそれを訴えているところなんです。そういう努力が、先ほど申した領土問題解決への一種の環境づくり、条件づくりという意味を持っているんじゃないかと考えて、努力をしているところであります。

さらに最後に、30年間、中国の人々とお付き合いをして、またテレビを見たり、いろんな人の考え方を聞いてわかったことは、日本国民は中国に対して、中国の国民は日本に対して、誤解や偏見を持っているんですよ。最近、中国人のお金持ちが日本へ買い物に来て、初めて日本人に接して、日本という国に接して、日本を大変気に入った、こんなもんとは思わなかった、と感想を述べてる人が多いと承っておりますけれども、それが必要なんですね。やっぱり誤解を解いていかなければいけない、これが大きな条件づくりではないであろうか。

そういう意味では、両国政府が青少年の交流を大変重視して、お金を投入しているのは正しい施策だと思うし、皆さんも機会があればその国へ出かけていって、その国のいい面・悪い面をよう見ていただくことが必要ではないかと、こんなふうに考えております。最近私の考えているところを申し述べましたが、皆様のこれからのお考えの参考になれば、誠に幸いだと思いつつ、この講演をひとまず終了いたします。ご清聴ありがとうございました。（拍手）

◇

羽場：西原先生、すばらしいご講演をありがとうございました。

法学者の立場から、特に現在起こっている、さまざまな阻害要因、歴史問題、領土問題に直接目を向けながら、それをどう克服していくかというところについて、非常にバランスの取れた提言をしていただき、また、それらを解決するためには、法治国家、「富国有徳」ということをおっしゃられましたけれども、そのような形で解決していくことが、最もアジアの繁栄と発展のためにもなるんだという、非常に深いお話をいただきました。

15分ほど時間がありますので、ぜひ皆さんからの質問を受けたいと思います。できれば3人ほどご質問を集めてお答えいただきたいと思いますので、どうぞよろしくお願いいたします。質問がある方、手を挙げてください。お名前と所属をおっしゃって、質問を言われてください。

質問者：今日は西原先生の貴重なお話を聞かせていただいて、本当にありがとうございます。私はこの青山学院大学大学院、国際政治経済研究科、修士1年の杜と申します。中国から参りました留学生なんですけれども。先ほど先生のご講演を聞かせていただいて、ちょっと一点、質問をさせていただきたいと思います。

最後のところは領土問題解決の環境づくりを今いかなる手法で行うかということについて先生は、二番目のところに先進国どうしの全面戦争はできなくなりつつあるという認識を共有する必要があるとおっしゃっているんですけれども、ご周知のとおり、アメリカではいわゆるデモクラティックピースという、民主主義の平和という論点も出されているんですけれども、ここで質問させていただきたいのは、先生のおっしゃっている先進国どうしという概念は、民主主義の定義でありますか？　それとも他の定義もあるということなんですか？　そのへんについてちょっとお伺いしたいと思います。

羽場：最初から非常に難しい問題が出てきました。ありがとうございました。大変重要な問題です。続けて質問を受けたいと思いますがいかがでしょうか？　ありがとうございます。

質問者：今日は貴重な講演ありがとうございました。青山学院大学社会情報学部2年のMと申します。あまり国際政治経済とかの専門ではないので、結構的外れな質問になってしまうかもしれないんけれど、先生、最後に日中・日韓両国の誤解、偏見を除去するうえで、青少年の交流が非常に重要であるということをおっしゃっていたんですが、僕は個人的にいろんなところに一人で旅に行ったりするんですけれど、やっぱり実際に行ってみて、ただサイトシーイングみたいな感じで観光地を回るだけという国際交流でもある程度意味があると思いますか？　それとも実際に現地の学生や人と交流することがいちばんの偏見の除去につながると思われますでしょうか？　そのへんについてもう少し詳しくお願いします。

羽場：ありがとうございました。学生さんたちにとってとても重要な質問ですね。ありがとうございます。もう一人いかがでしょうか？　お二方、手が挙がりました。では、後ろの方どうぞ。簡単であれば、続けてお二人お願いいたします。

質問者：有限会社メディアロジックのＩと申します。フリーライターをやっております。最初にヨーロッパ統合の歴史をかいつまんでご説明いただきましたが、まずＥＥＣがありまして、そのあとにＥＣ、ＥＵというふうに進化してきましたが、アジアの場合も、まずそういう経済的な統合が先行するとなりましたら、どういった分野がアジアの場合、考えられますでしょうか？

あともう一つ、ヨーロッパの場合は、ＮＡＴＯがあり、国防に関してはそれぞれが主権をＮＡＴＯに一部譲渡するという手段をとったと思うんですが、アジアの場合もそういった手段をとることが可能でありましょうか？　よろしくお願いいたします。

羽場：ありがとうございました。では、あとお一人、お願いします。ありがとうございます。

質問者：Kと申します。私、日中友好協会の東京都の常任委員と、もう一つ、早稲田大学の客員教授をしております。一つは民族問題です。宗教とか紛争の発展というのは、必ず民族の問題というのが常にそこにあるという感じがしているんですが、先生のご見解を一言お願いしたいと思います。

羽場：ありがとうございました。では、たくさんの質問が出ましたが、よろしくお願いいたします。

西原：まず、第一のご質問についてですが、先進国どうしの全面戦争はできにくくなっていると申しあげたことについて、その先進国というのは、たとえば民主主義国という意味なのか、それとももっと他の側面を考えているのか、というご質問だったと思うんですが、私はその先進国というのは、まず先ほど申したように、国際的な経済を中心とするネットワークに、より嵌っている国を先進国というふうに考えているんですね。おそらく大部分が経済的に発展した国と合致するだろうと考えているんです。それが民主主義的なイデオロギーを持っている国に限るということはまったく関係がないんですね。イデオロギーとは関係なく、その経済が発展をし、その一国の経済が、国際的な経済の中に緊密に組み込まれている国の場合には、戦争は起きにくくなっているんだと、こういうふうに考えているんです。

そういう観点からすれば、たとえば今の中国ははっきりとそういう国の中に入っていくだろうし、韓国もその中に入っていくだろう。北朝鮮に関しては、世界のグローバルな組織から独立しよう、独立しようと、孤立しようと考えているから、ちょっと別になってくるんでしょうね。いずれにしても民主主義という限定は付さない、こういうことでよろしいですか？　ありがとうございました。

第二は、国際交流の中で、青少年交流を強めるべきだと私は考える。青少年交流にも、受け入れ先の方針によってだいぶ形が違ってきて、おっしゃるように、たとえば官公庁とか会社とか、そういう組織の見学が主な団体もあれば、学生との交流を実施するのに重点を置くものもあるし、両方合わせたものもあって、いろいろと思うんですが、私は、少なくともその国を見るというだけで意味があると考えるんですね。外からでもいいから、その国を見る、たとえば、交通秩序がどう守られてるんだろうか、人々がどういうふうなことで動き回っているのかというのを見るだけでも意味があると思っているんです。しかし、特に青少年交流の場合には、若者の交流ですから、相手方の若者と議論をしたり、相互の考え方がわかるような機会を持つのがより望ましいと、こんなふうに考えております

それから三番目は、ヨーロッパの場合には、おっしゃるようにＥＥＣがＥＵの方へ発展していったというのは確かな道筋です。しかし本当を言いますと、ヨーロッパ統合の最初は、大戦をどうやって防ぐか、というところから出発したんですよね。１９４０年代、１９５０年代。第二次世界大戦は特にドイツとフランスの間で起こってますから、ドイツとフランスの間で戦争できなくするためにはどうすればいいかというところから出発して、ご承知のように、戦争の材料になる鉄と石炭、今はもう変わっちゃったわけですけれども、鉄と石炭を共有にすれば、戦争ができない、ということから、鉄と石炭の共同管理というところからヨーロッパ統合が出発をして、それに原子力の共同管理をくっつけた、１９５３年。そこから始まったことも確かです。

しかし、そういうことをやってるのと同じ時期から、終戦直後から、ヨーロッパの場合には国境が陸で接していますから、人の流れ、物の流れが頻繁になってくる。したがって、次に出てきたのが、経済統合であると。たとえば、物の値段、たとえば為替であるとか、あるいは原材料の価値であると

か、こっちの国とこっちの国がうんと違うと非常にやりにくい。同じ物なのにここだと安い、ここだと高いというと、いろんな問題が起こる、というようなことから、経済的な統合を進めていこうということになって、鉄鋼石炭共同体の形成と並行しながら経済的な統合を進めてきて、その形がいわゆる経済共同体、ヨーロッパ経済共同体、ＥＥＣだったのです。その後も人やモノの交流がどんどん進むにつれて、今度はもう関所はやめましょう、ということで関所を撤廃して、パスポート無しで他国に入れるようになってきた。

その果てにＥＵが出来、さらに通貨統合も果たした、こういう流れであるわけですね。それはアジアについても先ほど申したように、これを作るというんじゃなくて、だんだんできていく方向としてはやっぱりそういうものなんだろうと私は思うんですね。

ＮＡＴＯがあるということが確かにアジアとヨーロッパとの大きな違いになるわけですが、それはある意味で言うとヨーロッパの発展の一つの負の側面も持ったんですね。というのは、ＮＡＴＯというのは北大西洋条約機構ですので、ヨーロッパだけじゃない、アメリカも入っている。おかしいんですよ、本当はね。それからもう一つはワルシャワ条約機構という、当時は東西が分裂していましたから、東ブロックの国々の軍事体制と対抗するという側面を持ったのがＮＡＴＯであった。そういう二つの負の側面を持っていたことは確かです。

ただ、ヨーロッパ国内で共通の軍隊を持ったというのが、だんだんとヨーロッパ国内では戦争ができなくなり、あるいはヨーロッパの国々の個々の国の軍隊がそもそも侵略の手段でもなければ、自衛の手段でもなくなってきたことの原因になった。

じゃ次は何だというと、私はある意味で言うと、一種の国際警察力なんですね。大規模な国際警察力というふうに発展をしていく、つまり軍隊はかつては侵略の道具であったが、今は自衛の手段になった。その自衛もいらなくなるとすれば、しかし世界中にはどこかで紛争が起こるから、それを鎮めるための国際警察力に各国の軍隊が参加すると、こういうふうに変わっていくだろう。ヨーロッパでそれが形になっていたのはＮＡＴＯというものがあったからだ、ＮＡＴＯの利点でもあった、こういうふうに考えるんです。

そういう点から見ると、アジアの場合には、そういうのが存在しないし、非常に微妙な問題があるわけですけれども、先ほど申した、たとえば南シナ海、東シナ海におけるドンパチの防止のための、海洋連絡メカニズムの制定、危機回避のルール化というようなものは、今現に我々の想像を絶するぐらい、解放軍の中将、少将クラスと、自衛隊の高官の人たちが、議論してるんですね、現にね。こういう時代にも議論をしている。一時中断はしましたけれども、議論ができてるということは、やはり、東アジアにおける安全保障を関係国が作っていかなきゃいけない、根本的解決ができないまでも、まず表面的な解決をやっていこうという意図は、両方の国にあるんです。これは私は大変望ましい方向だと思うし、大いに発展をしていっていただきたいと思う。

ただ、これがたとえばアメリカとかオーストラリアとかの、アジア以外の国を排斥するようなものになると、やっぱり問題になる。私は、仮に東アジア共同体というものが、作るんじゃなくて、だんだんできていった場合にも、たとえばＡＰＥＣという国際的な枠組みは、それとは別にあっていいんだと考えているんですね。つまり、東アジア共同体がＡＰＥＣを排斥するものであると、アジアとアメリカ・オーストラリア等が対立すると、こういうことになってくるわけですから、もうそういう時代じゃない。19世紀だったらそういうプロセスをとったかもしれないけども、21世紀は東アジア共同体も、APECも併存する時代。そういう中で、軍事力の衝突も、ヨーロッパとは違う方式によって解決することはできるんだと、こんなふうに考えておるところでございます。

最後に民族問題は、これは非常に困難な問題ですが、私はこういうふうに思っているんです。ヨーロッパに3年滞在して感じたことは、国、たとえばドイツ連邦共和国という枠組みは次第に薄くなってくると、それにつれて州とか、都市とかいうものが重要になってくる。民族も、実はそのひとつの単位として有力になってくる。それだけに難しさはあるけれども、そういう歴史の流れを考慮しながら、人間は考えていかなきゃならんと私は考えているということです。

羽場：たくさんの貴重な質問に非常に明確なお答えをいただきまして、ありがとうございました。まだまだご質問もあると思いますけれども、時間になりましたので、これで終わりたいと思います。西原先生、本日は本当に素晴らしいご講演ありがとうございました。（拍手）今後ともどうぞよろしくお願いいたします。ありがとうございました。

第3章

アジアの経済発展とIMF（国際通貨基金）の役割

篠原尚之

◇

篠原：ただいまご紹介いただいた篠原です。このビデオは実は、IMFと世銀が2012年、2年前に東京で年次総会っていうのをやりまして、年に1回こういう総会っていうのをやっているのですけれども、それをたまたま2年前に東京でやった時に準備したビデオです。ちらちらと別に中身には興味ないでしょうけれども、ちょっと今流していた理由は、IMFの中で活躍している日本人の人がいっぱいいるということです。

今日は学生さんがお相手なので、あんまり経済の難しい話をするとみんな寝てしまうと思いますので、基本的にはＩＭＦの宣伝をしたい。ＩＭＦの宣伝という意味はＩＭＦの位置とか、今抱えている問題とか今何をしているかとか、実はそういう話というのは国際金融だけではなくて、世界の経済情勢とか、あるいは今回の全体のテーマであるアジアの地域動向とか、そういうこととも非常に関係が深い話であるということで、ちょっとその本来のお題目とはちょっと関係ない話が多いと思いますけれども、よろしくお願いします。

今、あそこに映っていた日本人はだいたいどういうくらいの人かっていうと30代の後半から40代の前半くらいの人です。あの中の一部の人は、アメリカで、経済ですけれども、Ph.D.を取ってそのままＩＭＦに入ってきた人がいます。また、一部は日本で教えていた人、さっき一人女性が出ていましたけれども、あのかたは日本で教鞭を執っておられた、大学で、準教授くらいまでいった人か、助教授かな、ですが、今ＩＭＦで働いていますし、それから日本の中央銀行、日銀とか財務省から来ている人もいます。

ただ、非常に日本人のシェアは正直言って小さく、一人一人は非常に活躍しておられるのですけれども、全体としての日本人のシェアはＩＭＦの中では非常に小さいというのが現状です。

ＩＭＦはワシントン、アメリカのワシントンにあります。全体の人数が３４００人くらいの組織です。うち２６００人くらいが、いわゆるパーマネントのスタッフだということですけども、そのうちの日本人のシェアは２・１％です。日本のＩＭＦにおける出資のシェアが６・６％ですから、非常に少ないといえると思います。特に幹部職員に関して言いますと、１・５％くらいしかいないということで、日本人をどうやって増やしたらいいだろうかが、我々にとって大きな課題になっているわけです。

あとで、ＩＭＦの歴史の話を少ししますけれども、今日は記者の方いらっしゃいませんよね。若干正直に話しますけれども、ＩＭＦは依然としてアメリカ、ヨーロッパを中心とした組織でありまして、スタッフの人数からみると、約６割がアメリカ、ヨーロッパの人であります。そういう中でアメリカ、ヨーロッパ以外の人が活躍するのは、なかなかチャレンジングなことなのですけれども、だんだんやはりその欧米以外の国の力が上がってくるわけで、それ以外のところの人が活躍する余地は増えていいだろうということで、実は日本人で国際機関に興味がある人がいればリクルートしたいと思っています。

ですから、羽場先生からお話があったときに、頭に浮かんだのが実はそのことだけでありまして、何も青山学院大学まで来てレクをする必要はないだろうとは思ったんですが、リクルートミッションの一つだというふうに考えて今日は来ています。したがってさきほどビデオを流したわけで、あの興味のある方はおそらく見ておられたと思いますが、非常に魅力のある日本人が多いです。しかも欧米人の間に入って、非常にコンペティティブに活動しているわけです。一人一人ものすごく力のある人です。日本に帰ってくれば当然どっかの大学の教授くらいになる人ばかりであります。ですので、入るのは実は相当大変です。大変ですが、チャレンジしていただきたいなぁということです。

ＩＭＦのスタッフはどういう人が多いかっていうと、だいたい経済学のPh.D.を持った人です。だからここにいらっしゃる皆さん方ほとんど「俺は関係ない」ということだと思うのですが、実はその色々な政府関係、中央銀行の関係、あるいは色々な研究所からの中途の採用、ミッドキャリアと言っていますけれども、いっぱい来ています。興味のある人はいちどＩＭＦの Web サイトを開いてみて下さい。IMF.org で出てきます。あるいは、東京にＩＭＦのオフィスがあります。日比谷公園の横、内幸町ですか、あのところにありますので、ぜひいちど連絡を取ってみていただければというふうに思います。

今各国の財務大臣とか中央銀行の総裁している人に、実はＩＭＦで働いていたという人が非常にいっぱいいます。特に途上国にいると、ＩＭＦで何年か若いスタッフをやってそのままそういう要職に就いた方がいっぱいいると。だいたい国際機関は、皆さんのイメージからいうと非常に非効率な、碌なことやってないというイメージが多いと思うのですけれども、そういう国際機関の中でＩＭＦというのは非常に効率のいい、非常にエフェクティブな機関だというふうに感じていますので、信用していただき、ちょっと調べてみていただければと思います。

ＩＭＦは一体どういうことやっている機関かという話をちょっとしたいと思います。

ＩＭＦの役割っていうのは実は三つありまして、一つはサーベイランスと言っている各国の経済の調査をし、各国の政策のあり方について議論する、これがサーベイランスの機能といいます。

二つ目が、我々ＴＡ、テクニカルアシスタンスと呼んでますけれども、例えば税制であるとか金融政策のあり方だとか、あるいは統計とか、あるいはパブリックフィナンシャルマネジメントっていって、財務、政府の財務管理、いわゆるエクスパートを派遣して、ここはこうするべきだと他の国ではこういうことをやっているという色々なアドバイスをし、あるいはトレーニングをし、相手国のキャパシティの向上を努めているという、テクニカルアシスタンスという機能があります。

それから三番目がいわゆるレンディングという機能。これは、国際収支、要するに対外的な資金繰りが困って立ち行かなかった国にＩＭＦはお金を貸し出すと、その一方で相手国の政府に「こういう政策を採って下さいと、こういうことを実行して下さい」というお願いをして、経済の改革を進めていくという、いわゆるレンディングという融資機能があります。いわば、その三つの機能の一つ目のサーベイランスは、ホームドクターの機能だと、つまりちょっと体調が悪いなぁという時に、気軽に先生、お医者さんと相談をして「今ちょっとここが体がちょっとだるいんだけどどうしたらいいだろうか」というふうなことを相談すると。これがサーベイランスという機能。二番目のＴＡというのはどちらかというとコーチ、サッカーのコーチ、バスケットのコーチ、もっとうまくなりたいなぁと思っている人に対してＩＭＦが色々な支援をしていくと。三番目のレンディングという機能が、いわば、消防士さんの役目であります。お宅が火事になった時に火を消すと、消防士としてその火を消して、他のとこに延焼しないようにするというのが三つ目の機能であります。

今申し上げていたサーベイランスとキャパシティディロプメントと、フィナンシャルアシスタンスと書いてある、これが三つの機能になっているわけです。ホームドクターとコーチとそれから消防士さんと三つの機能をＩＭＦが果たしていると。

ＩＭＦがよく注目を浴びるのが、この最後の消防士さんの機能のとこでありますす。有名なところとしては２０１０年のギリシャ危機というのがありました。その時にＩＭＦはＥＵと一緒になって支援をしたわけです。ギリシャは非常に典型的な例なんで、ちょっとお話をすると、ギリシャという国は今はユーロという通貨を他のヨーロッパの国と一緒に持ってるわけですね、共通通貨になってるわけです。

ところがその前には、ギリシャはヨーロッパの中では劣等生で、財政も非常に赤字で年金の水準も非常に高くて最低賃金も他の国の2倍3倍ある。それで皆55歳くらいになるとハッピーリタイアメントで余生を地中海で楽しむと、こういう楽しい生活を送ってきた人々なのです。

それでインフレは激しくなるし、ギリシャの通貨は落ちるという状況が続いていたのですが、10年ちょっと前にユーロという共通通貨を導入しました。そうすると何が起きるかというと、もちろんギリシャ独自としての金融政策というのは必要なくなるわけです。したがって、ヨーロッパ全体が楽しんでいた低いインフレ率とか低い金利とかを、ただでエンジョイできるようになるわけです。

ところがギリシャの財政状況はそのままなのです。ユーロは通貨ですから、金融政策のところだけはユーロ諸国一緒にやろうという話だったのですが、財政政策は各国ばらばらになっていたわけです。ですので、相変わらず財政赤字の垂れ流しをすると、年金の水準は高いままというふうなことで、どんどんどんどん状況が悪化していく。次第にマーケットはそれに気がついて、「待てよ」と、「通貨は一緒だけども、もしかするとギリシャはデフォルトを起こすかも知れない」と、つまりギリシャの対外債務は支払い不能となるかも知れない、と思ったとたんにマーケットはギリシャの国債をどんどんどんどん売り込んでいったわけです。そうするとギリシャが国債の借り換えすらできなくなるということで、いわば破産してしまうということでＩＭＦあるいはＥＵに駆け込んで来たわけであります。

そこでＩＭＦはそのＥＵと協議をしまして、年金の水準を落としなさいと、賃金を下げなさいと、それから構造改革を進めなさいと、企業の国有財産の売却を進めて下さいと労働市場の硬直性を直して下さいということを条件にして、ギリシャに大量の支援をしたわけであります。支援とはお金を貸すっていう意味です。この条件がいわゆるコンディショナリティと我々が呼んでいるやつであります。

ところが、なかなかそういう経済の改革が実際に効果が上がるのに時間がかかったわけです。そこで支援を始めて、２、３年後でしょうか、結局行き詰ってしまって、ギリシャの国債は一部デフォルトを起こすということになった。デフォルトを起こすっていう意味は、債務の再編をしていわゆる返済を先送りすることによって、なんとか立ち行けるようにしたということがあります。このギリシャの問題ってのはまだ片付いてないわけですけれども、それが今ＩＭＦがやっていることの一つであります。

少し話を戻して、今言ったのはこの三番目のフィナンシャルアシスタンスです。中国の例で、どういうことを実際やっているかという話をしたいと思います。

これはいわゆるサーベイランスと言っているものです。４条協議と我々は言っていますが、ＩＭＦの中国担当のチームと、それから中国にいる当局者との間で、最近の経済情勢とか、色々抱えているリスクとか経済政策等について話をしているのが、４条協議と言っているサーベイランスの中心になっている話です。

たとえばどういう話かというと、よく見えないと思いますけれども、この右側の表を見ていただくと、これは政府の債務のＧＤＰ比です。日本の場合、政府の国債のＧＤＰ比が２００％超えているといった話がありますが、中国の例で見るとこの青いところ、これが実は中央政府の債務残高のＧＤＰ

比、これを見ると10％から20％、近年下がって来ていると、非常にいい数字に見えます。

ところがこのピンクの数字を見てみると、実は地方政府を含めた債務残高とはいったいどうなっているだろうかと見ると、実は近年増え続けていると。今ＧＤＰ比で70％近い数字になってきている。実は日本の場合もそうなのですけれども、皆債務残高を議論する時に中央政府の数字だけで見ているのですね。実際地方政府がどのくらい債務を負っているかと、地方政府がおかしくなった時に最終的には中央がある程度負担をしなきゃいけないわけですから、地方、中央を合わせた債務残高を見なきゃいけないのではないかというような話を、一生懸命中国にするというのが一つの例です。

それから次の例は、わかりにくいですけれど、まず左側にある表です。縦軸がＧＤＰに対する投資の比率です。横軸がＧＤＰに対する消費の比率です。赤いのが中国、青いのが他の国です。だから中国は突出してＧＤＰに占める投資の比率が非常に高い国だということがわかるわけです。特に近年、これが右側の表で右側のグラフの赤いのが中国で、緑が日本で、青がドイツで、灰色が韓国ですけれども、近年特に中国は投資を非常に増やすこと、投資というのは不動産投資とか、それからインフラに関する投資、を増やすことによって経済を維持してるんだなぁというのがわかります。

そうすると、我々がアドバイスというのは、「いやいや、投資にあまり依存しているとサスティナブルでないね」と、「持続可能じゃないね」と中国に話をするわけです。最近では中国も自らこういう問題について認識し、投資中心の経済から消費中心の経済に移らなければいけないんじゃないかと話をしているわけでありります。これがいわばＩＭＦの役割です。

日本について言えば「当然消費税は８％から10％に上げるんでしょうね」という話はいわゆる４

条協議という、我々と日本政府との間の協議で常にやっているわけですし、アベノミクスでいえば、「構造改革というのはもっと抜本的な野心的なものが要るのではないでしょうかね」という話をしているわけです。以上がＩＭＦの主な役割ということで、次にＩＭＦの歴史の話を少ししましょう。

実はＩＭＦの歴史が、国際金融制度の歴史そのものなのです。国際金融制度の歴史というものは実は、世界経済の歴史そのものなんです。大学に資料を置いてきますけれども、もしその１９２０年代くらいからの世界経済の動きを、国際金融という面から見たいという人がおられれば、ＩＭＦの歴史を一回見てみるというのが非常に面白いのではないかと思います。

今年（２０１４年）、ＩＭＦが出来て実は70年なのですよ。１９４４年にアメリカのニューハンプシャー州のブレトンウッズっていう小さな町で会が開かれて、何を協議したかというと「ブレトンウッズ体制を作りましょう」という協議をしたわけです。これ町の名前。ブレトンウッズ体制に何かというと、ＩＭＦとか、それから世界銀行ってご存知かどうかわかりませんが、それからいわゆるＧＡＴＴ。今のＷＴＯ、ドーハラウンドってのとか聞いたことあると思うんですが、そういう国際貿易の秩序を作っていこうという大きな意味での国際金融制度の枠組みを作ろうという会議をしたのがこのブレトンウッズ会議と、１９４４年であるわけです。何故そういう議論が起きたのかというのを理解するのにはちょっと遡る必要があるわけです。

１９２０年代は、皆さんの頭の中ではどういう時期だったかは、知る由もありませんけれども、出てくるイメージの一つは、第一次大戦と第二次大戦の間。非常に混乱していた時期です。第一次大戦で秩序が出来たと思ったんだけれども、実は各国の間の関係は不安定なまま第二次世界大戦に突入していくという時期です。

経済の面でいうと、実は当時は自由放任の経済思想が中心だった時期です。市場に任せておけばいい、その結果何が起きたかというと、世界大恐慌というのを聞いたことあると思いますが、ウォールストリートを中心に株が暴落して、世界経済が不況のどん底に落ち込んでいくという時期があったわけであります。

その結果、たとえば近隣窮乏化政策という言葉がありますけども、各国が自分の貿易障壁を高くして自国の利益を守る、あるいは、自分の国の通貨を切り下げて自分の経済の貿易競争力を上げようとする。各国がそれやったものですから、世界の貿易はどんどんどんどん縮んでいってしまい、自分がよければいい、周りに迷惑かかってもいいという形の政策が次々と採られた時期。それによって実は、それと軍国主義の拡大が伴って、第二次世界大戦に突入してくるわけです。あまりここで詳しい話はできませんが。

つまり、１９４４年のブレトンウッズ体制は、それに対する反省から来てるわけです。どのような反省かというと、一つはやっぱり自由な貿易体制を作らなければいけないと、その意味でマルティラティラルな、貿易制度というものを維持しようということで、各国がコミットしましょうということが一つであったわけです。

もう一つは、競争的な通貨の切り下げをやめましょうと、コンペティティブ・デバリュエーションと言っていますが、それをやるとやはり自分だけがよくなって他の国に悪影響がある。それを1カ国が始めると他の国もやらざるを得なくなるので、競争的な通貨の切り下げをやめましょうという話が、ごく簡単に言ってしまうと大きな柱であったわけです。

もう少し概念的に言うと、政府の役割というものについて１９２０年代、１９３０年代って経済に対する政府の役割ですが、非常にミニマリストのアプローチだったんですね、政府はあんまり関与しなくていいと。それが大恐慌のあとの反省として出てきて、いわゆる、ケインズ政策と言っていますけれども、政府の財政の役割をもっと積極的に考えようと、政府が経済の安定のために果たす役割をもっと重視していかなければいけないのではないかという大きな流れがあります。

もう一方で、さきほど貿易の話をしましたが、政府が色々な政策を通じて国際貿易とか国際通貨に対して影響を与えるような特権をできるだけ少なくしようという感覚があるのです。だから経済全体の安定のためには政府はもっと介入すべきだと、それから国際的な貿易とか為替は二国間の値段の相対的な価格ですから、国際的な影響あるような得物については、各国政府がそれぞれ持っている特権をできるだけ少なくしようという、多分こういう大きな二つの流れがあったのだと思います。その中から出てきたのが、いわゆるブレトンウッズ体制ということだと思います。

具体的にはＩＭＦが出来、世銀が出来、ＧＯＴＴ、今ＷＴＯと言っていますが、その体制が出来上がったわけです。お気付きになられたと思いますけれども１９４４年はまだ実は第二次世界大戦の最中であります。戦争が終わるのが１９４５年ですから、ということは１９４４年のこのブレトンウッズ会議には日本は当然参加してないわけです。当時参加したのは確か44カ国だったと思いますが、日本とかドイツとかイタリアとかは負けてる側ですから、当時の会議には当然参加していない。当初の加盟メンバーではないわけです。

一方たとえば、中国みたいな国は当初からその会議にも参加していたし、入っていたということになります。そういう通貨体制、あるいは貿易体制というものが出来てきたわけですが、だんだんやはり制度というのは綻びが出てきます。ＩＭＦで言いますと、実は最初固定相場制度っていうのを作ったのですね。通貨を出来るだけ固定しようと、競争的な切り下げをやめようと話がありますけれども、各国間の通貨の値段を固定しようということで、日本に関して言えば、１ドル３６０円というのを作ったのがそのあとであります。

ところが、その固定相場制度は１９７１年にはもうすでに崩壊してしまうわけですが、それからたとえば貿易体制でも、最近のドーハラウンドという議論を皆さんどの程度ご存知でしょうか、なかなかうまくいかないと。世界的な自由貿易体制を作ろうという機運がなかなか従来のように盛り上がって来ないと。それから世界銀行の体制というのも、実は民間の金融市場の発達に伴って世界銀行が占める比重、たとえば、開発関係の融資に占める資金量というのは、シェアとしてはどんどん落ちていっている、その役割が減ってしまっていると。そういう中で、こういうブレドンウッズ体制の役割について、もう一回見直していく必要があるんじゃないかなぁという議論がゆっくりゆっくりと出てきています。

ＩＭＦの中でもそういう議論を始めてまして、実はことあと世界経済の長期トレンドって話を一部やりますけれども、今後世界の経済は20年、30年と見たときにどっちに動いていくんだろうかについて若干申し上げます。そういった中で、こういった今のブレドンウッズ体制、70年経ったブレドンウッズ体制というものをどうやっていったらいいのかという話の、おそらく一つの糸口を見つけることが出来るのではないかと思います。

ＩＭＦの歴史を語るときに、アジアとの関係を忘れてはいけない。アジアというのは、最初出来たときには非常にマイナーなメンバーだったわけです。日本が入ったときも、日本の投票権シェアは十数位くらいだったと思います。現在は二位です。三位が中国です。もう少し経つと中国が二位になって、日本が三位になると、こういうことになるわけで、アジアの発言権は高まってはきていますけれども、先程言いましたように、その生い立ちからして、ＩＭＦとか世銀は欧米中心の機関です。今でもスタッフの６割は欧米の人ですし、それからＩＭＦの専務理事、これがＩＭＦのヘッドですけれども、クリスティーヌ・ラガルドと聞いたことあると思いますが、女性です。最近ジェンダーの話ばっかりして我々は迷惑しているのですが、ヘッドはずっとヨーロッパの人なのです、そういう機関です。

アジアとの関係で、これ経済の話だけではなくて、政治の話とか国際関係とかをやっておられる方にも非常に重要なイベントだと思いますが、１９９７年にアジア通貨危機が起きました。１９９７年の７月、タイで金融危機が起きたと、それが韓国とかインドネシアとかに伝播していったと、それが１９９７年から１９９９年くらいにかけてのアジア通貨危機と言っているものです。

これは何が起きたかというと、実はそれまでタイも韓国もインドネシアもそうですが、経済が非常に過熱していてバブルになっていたのです。その背景の一つが外国からの資金がどんどんどんどん流入して来ていたのです。ところが経済が過熱してしまうと、外国の投資家がだんだん怖くなってくるわけです。それで、機会を見て逃げようとすると、わっと逃げ始めたのが実は１９９７年の７月だったわけです。

タイの場合は直ちに対外支払いの困難に陥って、たとえば日本に対しても支援求めましたし、IMFにも支援を求めてきた。IMFは「わかりました」ということで、色々難しいコンディショナリティを付けて、一方、資金繰りのためのお金を貸したわけです。タイの危機は、トムヤンククライシスといって、トムヤンクンはタイのスープです。トムヤンククライシスって言っています。

韓国の場合はこれはIMFクライシスと呼んでますが、それぞれ少し形は違うのですが、タイ、韓国、インドネシアで同じようなことが起き、IMFが同じように関与していった。実はこの結果、もちろんその危機は一定の時期が経つと解消され、ご承知のようにアセアンの各国、あるいは韓国も非常に高い成長率を回復していくわけですが、その間にIMFの色々その各国に課したコンディショナリティが非常にきつかったという印象が皆の間に残ったわけです。

たとえば、インドネシアの例でいうと、非常に大きなのは国有企業の解体とか、国家独占の廃止とか、そういうことをどんどん入り込んでいった。それから韓国の場合も財閥があります、財閥をどんどん解体しろと、つまり本来集中すべき金融政策とか財政政策からかなり踏み込んだ、問題の背景にある経済構造とか、経済のあり方とか、そういうところまで踏み込んでIMFが色々条件付けをし、そのもとでお金を動かしていくということをやったわけです。

結果として、こういうアジアの諸国はIMFに対する強い反感を持ったわけであります。これが実はIMFとアジアを語るときに今でも重要な話であります。有名な写真がありまして1998年ですけれども、インドネシアとIMFの間で融資の調印をします。もちろんその融資の契約書の中には色々なコンディショナリティが全部入っているわけです。こういう改革をしろと。

それを当時のインドネシアの大統領がサインをしている場面があるのですが、当時のＩＭＦの専務理事がカムドシュですが、このかたもフランス人です。こうやって、上から大統領を見下ろしているという有名な写真があるんです。これを今でも皆覚えていまして、「やっぱりＩＭＦってのはけしからん」と言います。

教訓としては、色々な相手国とコンサルティションをしていくうえで、相手の国の経済政策に対するオーナーシップが大事だということです。オーナーシップは自分の政策は自分のものとして実行すると、それをＩＭＦが助けるんだという感覚なのですけど、そういうことがＩＭＦには全く欠けてるのではないか。あるいはアジアという国に対する知識というものが十分にないまま、極めて画一的な処方箋を皆に強要したのではないかという話があったわけです。

そこで、アジア通貨危機が若干収まりかけた１９９９年くらいだと思いますが、これは日本が中心になってアジア通貨基金構想というのを出しました。これは何かというと、アジアに通貨基金を作ろうと、独自のＩＭＦをアジア版で作ろうという話をしたわけです。これに対して当然ＩＭＦは猛反発をします。アメリカも猛反発をするということで潰されてしまいました。

その結果出てきたのが、いわゆるチェンマイ・イニシアティブです。アセアンの国と日中韓の間で、外貨の総合融通をしあって、困ったときに助け合おうというメカニズムを作って、それが少しずつ拡大しながら今に至っているというわけです。

私もＩＭＦに勤めている人間なので、若干弁護をしなければいけないのですが、客観的に見て当時のアジア諸国の採っていた政策は相当ひどいものがありました。それに対してＩＭＦが色々注文つけてくるのは当然のことだったと。

ただ、やはり先ほどから言っていますが、ＩＭＦは欧米人が中心の社会ですから、アジアの連中とのコミュニケーションの仕方は必ずしもうまくないですよね。それからどうしても上から目線になってしまうというところは常にあるわけです。そういうのは直そうと思って50年くらいずっとやってきているわけで、随分良くなっているようには思いますが、やはりこれはカルチャーの問題であり、皆のメンタリティの問題でありますので、一つの大きな解決策は、アジアの人の職員、アジア系の職員をＩＭＦにもっと増やしたいと、日本人を含めてね、というのがあるのですが、なかなか実現していない。

今でも実はタイとかマレーシアも行くと、このアジア通貨危機と、それからＩＭＦの関係というものについてよく覚えている人がいっぱいいます。一言で言うと、スティグマと呼んでいます。STIGMA、スティグマです。これギリシャなんかにも言えるのですが、ＩＭＦから色々言われてこういうことをやったと、そうするとＩＭＦに対する拒否感というか、ＩＭＦってけしからんと、こういう感覚がどうしても残ってしまう。これはＩＭＦの一つの役割であろうと思いますが、そういうのはできるだけなければないに越したことはない。

それから最近の動きを申し上げると、実はあとで長期トレンドの話をする時に、世界経済が多極化してきているという話をしますが、ブリックスというものがありますよね。中国、ブラジル、ロシア、インド、南アフリカ。このブリックスというグループがあって、これがいわゆる新興市場国と言われている中の大きい国々ですけれども、それらがＩＭＦに対抗して、自らの間でブリックスファンドを作ろうという話があり、今動きだしています。それから世銀に対抗するものとして、ブリックスバンクというものを作る、これは途上国の開発支援のための援助機関ですが、ブリックスだけで作ろうというふうな話も出て来ています。

つまり欧米中心で流れてきたストラクチャーに対して何とか変えなければいけないと。だけどなかなか変わらないと。そういう中でどうしたらいいのだという話が、少しずつ少しずつ出てきている。ただこのブリックスの構想も多分あまりうまくいかないと思います。というのはご承知のように、ロシアはこういう状況ですし、ブラジルの経済はガタガタになっていると、中国は自分のことで精一杯と、インドは少し良くなっているけれど、これももう色々な規制や何かでがんじがらめの中で人のことを考えてる暇はないという状況で、ブリックスの諸国がそれぞれまた別の方向を向いているものですから、それが一緒になって何かイニシアティブをとっていくという形にはなかなかならないだろうなと思います。そういう意味でこのブレトンウッズ体制を変えていくようなものに対して、何か強い力が直ぐに働くかというと、実はそういう感じにはなかなかなってないということであろうと思います。

ＩＭＦ自体もこういう世界の経済状況の変化を受けて、色々変えようという努力をしているわけです。たとえばＩＭＦにおける投票権を変えようと、もっと新興国とか中国が中心ですが、そういうとこの発言権を増やそうということで、いわゆるＩＭＦの協定の改正案というのを合意してやろうとしているんです。

けれども、実はこれアメリカの議会に法案が通らないのです。したがってもう4年間も棚晒しになったままになっています。アメリカにはＩＭＦのボーティングシェアが17％近くあります。ＩＭＦの場合も拒否権がありまして、15％集まると重要案件が拒否できるんです。したがってアメリカは、一国単独でＩＭＦの重要案件に対してこれを拒否する権限を持っているのです。国連の常任安保理事会で一カ国が反対するとなにも動かないのと似たような話です。アメリカの政府はいいのですが、アメリカの議会がなかなか法案に「うん」と言ってくれないということで、ＩＭＦのガバナンス改革が、なかなか進んでいかないという状況になっているわけです。

◇

次に、長期的な世界の潮流の話です。

我々、メガトレンドと最近呼んでいますが、内部でも色々な議論をしてます。その中のいくつかだけ簡単に出してありますが、これはＧＤＰベースで、ＧＤＰを主としてあと人口とか色々な指標を組み合わせることによって、将来の世界経済、各国の世界経済に占める重要度がこれからどう変わっていくだろうかという、一つの指標を示しているわけです。一番左が２０１４年、一番右が２０５０年、赤いのが中国で、青がアメリカ、そのすぐ下にあるのが、ヨーロッパ。それから橙色がインド、ピンク色が日本で、ロシアが一番下。残念ながら日本は少しずつ少しずつ落ちていくと。そういった中でやっぱり中国はものすごい勢いで伸びていって、２０５０年には一番になると。このグラフを見るとそうなっています。

中国が一番になること自体は、どうでもいい話で、ここで言いたいのは、これまではアメリカ、ヨーロッパが非常にドミナントな力を持っていたわけです。もっと遡ると、もっと差が開いているわけです。が、２０３０年、２０５０年になると、従来一極だったのが多極化してしまうということです。だからブレトンウッズ体制を作った頃は、ブレトンウッズという町の会議で中心的な役割を果たしたのが、アメリカとイギリスなのです。イギリスはもうどんどん落ちていく状況になった中で、アメリカが非常に発言権を持ってブレトンウッズ体制を主導していったわけです。

当時イギリスは、戦争が終わってみたらイギリスの債務残高はＧＤＰの２４０％くらいあったのです。今の日本と一緒ですよ。で、もうほとんど崩壊寸前、その中で、どうやって国際制度の中でイギリスの影響力を残すかと非常に苦労をしていた時期です。これブレトンウッズ会議には実はケインズ教授自身が参加して熱弁を振るったという記録が残っています。

こういうその世界の経済が多極化してくると、何が起きるだろうかが一つ重要なポイントだと思います。直感的には、安定から不安定な世界に移るというふうに考えていいんだろうと思いますけれども、だから色々なことが合意しにくくなるということだと思います。我々のようにマクロの経済やっている人から見ると、ここ数年前までは、世界経済のほとんどのことはＧ7、アメリカとヨーロッパ、イギリス、ドイツ、フランス、イタリア、日本、カナダ、の7カ国で合意すればほとんど出来ていたのです。ところがリーマン・ショックを経て、いわゆるＧ20と、これは主要な新興市場国が全部入っている場ですから、そこに議論の中心が移ってきた。だがリーマンショックが終わって5年くらい経ってＧ20が有効に機能しているかどうかと思って見ると、これがなかなかうまくいかない。つまり多極している世の中は、会議の人数を増やして、議論する人の数を増やせばいいというものではない。誰かがリードしてくれないと、なかなか明確な協調行動の方向性が出てこない。もちろんその経済の実態がそうなってしまうわけですから、仕方がないのですが、この多極化というのは大変なことです。

それから二つ目が、ここでハイパーコネクティビティ、ホリゾンタルトラストと書いてありますけれども、皆さんもラインとかツイッターとかフェイスブックとか、おそらくテレビなんか見ないでそればかりやっているのではないかと思いますが、やはり社会現象にものすごい大きな変化が出ていますよね。

たとえば、中東で起きたことやエジプトで起きたことを見てみると、あれは伝統的なコミュニケーションの手段で、起きた現象ではないんです。皆携帯電話を使い、皆パソコンを使い、そういう中で、情報がシェアされていくと。そういうその情報に対するコネクティビティがものすごく出てきていると。同時に政府を介さずに、NGOとか、それから色々なグループが非常に集まりやすい社会になっているわけです。そういうものが知らず知らずのうちに非常に強い影響力を持つような社会になってきている。つまり最初に国の多極化という話をしましたけれども、実は一つの国の意思決定のメカニズムを見ても、従来の政府であり国会でありという機能とは随分違った形になってきてます。私も15年くらい前までEメールなんてほとんど使わなかったのですが、今はもう常時それを使って仕事をしているようなもんだと。

その次が、長期トレンドの三番目、ハイクライシスリスクって書いてあります。これ皆さんご承知のように、世界経済の開放度はものすごく進んできているわけです。日本は開放度遅れている方なのですけれども、やっぱりＩＴ技術の進歩であるとか、色々物理的な技術の進歩に伴って、各国間で情報が移動するコストがほとんど０になってきている。それから物流の移動のコストも非常に安くなってきている。

そういう中で何が起きるかというと、どこかの場所で起きたことが、他のところに伝播するスピード、あるいは程度が昔に比べるとどんどん大きくなってきてます。我々はスピルオーバーと呼んでますが、そういう形でさきほどのインターコネクティビティではありませんけれども、伝播がしやすくなっている。

その典型が、実は金融市場です。金融取引のコストは昔は非常に高かった。皆どこかの窓口まで行って、送金しなければいけない。特に外国送金する時なんか大変だったわけです。今でもどこか日本の支店に行って外国に送金しようとすると高い手数料とられますけれども、どうしたらいいかといったら、向こうの国に口座作ればいいんですよ。向こうの国に口座を作ってインターネットで操作すると、ほとんど手数料ただで送金できます。僕も今日本の口座をアメリカでコントロールしていますがも、僕の友達に「なんかちょっと今度お祝い出しといてよ」という時には、その友達に頼んで払っておいてもらい、そいつに金渡すだけで済むわけです。コスト０なんですよ。そういう社会になってきているんです。

だから、どこかの国に危機が起きた時に、それが伝播する可能性が高い。それから同じような程度のリスクが起きても、それが増幅する可能性が昔よりも大きくなってきている。ここのグラフは、バンキング・クライシスの頻度というのを実は青いグラフで示してあります。あんまりいい表ではないかも知れませんね。これはバンキング・クライシスが起きた時に、いくつの国がそれによって影響を受けているかと、右上がりになっているような感じがすると思いますけれど、赤いのは金融市場の統合の程度を示したものです。ですから金融市場の統合が進むにつれて、どっかの国で何かが起きた時に他のところに大きな影響が出る可能性が高まる。これが三つ目のトレンド。

四番目が、これも皆様ご承知のデモグラフィック・チェンジ。ここではデモグラフィック・ウィンドウズを示してありますけれども、いわゆる生産年齢人口、ここでいうデモグラフィック・ウィンドウズの定義は、生産年齢人口が、子供とか年寄りの人口に比べて、より早く成長している時期を示しています。

つまり生産年齢人口が全体の人口に比べて増えている時期、これがデモグラフィック・ウィンドウ、あるいはデモグラフィック・ディビデントって呼んでいますが、日本が真ん中あたりにあります、30と書いてありますが、1960年代の真ん中から1990年代の真ん中くらい。その辺は日本が人口の増加によって非常に経済に対して大きなベネフィットがあった時期です。

一番上から言うと、フランス、スペイン、イギリス、スウェーデン、ハンガリー、その次が日本で、アメリカが下から二番目にありますが、アメリカも実はデモフラティック・ウィンドウはそろそろ終わりかけているということです。

したがって先進国は、おしなべて実は人口との関係で言うと、成長にプラスに働く時期がだいたいもう既に終わったということです。あとこの表は、同じデモグラフィック・ウィンドウですけれども、途上国です。一番上がシンガポール、次がチリ、三番目が中国、タイランド、スリランカ、ブラジル、チュニジア、が入っていますね。中国を見ていただくと、だいたいデモグラフィック・ウィンドウが、１９９０年くらいから２０２０年代の真ん中らへんまでということです。ですから中国経済最近減速してきています。それでも７％くらいの成長があるわけです。まだ人口の増が追い風になっているのですが、あと10年くらい経つと、日本で１９９０年代に起きたようなことが起きる。あるいは場合によってはそれより酷いことになるかも知れないと。

このデモグラフィック・ウィンドウは、非常に予知が簡単です。30年、40年くらいまでだいたいこの予想通りいくわけです。ですからここのところの要素を捕まえておくのが、各国の経済の長期的なトレンドがこれからどうなっていくのかと見る上で一つの要素になります。もちろん人口だけで、経済の話ができるわけではありません。これはほんの一つの要素なのですけれども、ほんの一つの大きな要素ということだと思います。

それからもう一つ非常におもしろいのが起きていまして、これは左側に、ジニ係数というのを示しているると思います。所得分配の程度を示しています。左側の図を見ると、右側に伸びているのは所得の不平等が高まっている国です。左側に伸びているのが所得の不平等が縮まっている国です。ここアジアだけ書いてあります。一番上にある赤い線２本は中国、中国の都市部とそれ以外の地方部です。その次がスリランカ、香港、インドネシア、ラオス、シンガポール、インドです。で実は日本というのがその下にあります。それからその下にバングラデシュ、韓国、フィリピン、つまりほとんどの国は、これは期間はいつ取ってますかね、１９９０年から、所得の分配がどんどんどんどん不平等になっているんです。

これは実はアジアだけではなくて、ご承知のように世界中で起きている現象です。アメリカでウォール・ストリートで反乱が起きた、おそらくメディアで見ておられた方いると思いますが、アメリカでも非常に所得の不平等の問題は深刻な状況になっている。ヨーロッパでももちろん特に最近経済の調子が悪いですから、若者の失業率が20％とか30％というふうな状況で、所得の不平等がますます大きくなっている。

中国、皆さん行ったことがあるかどうかわかりませんが、少しよく見るとやはり格差は広がっているなあという感じはすぐわかると思います。これ何故起きているかというと、単なるその景気の循環で起きているのではないということはおわかりいただけると思います。ここ20年間示していますけれども、もっと古くから取ってみても、世界各国ほとんどおしなべて所得の格差は広がっている。例外は、アジアで言うとタイとネパール、南米の一部の国ブラジルとかアルゼンチンとかチリです、あの辺の国は実は意図的に所得の分配を調整しようとして政策を採っています。失敗している国と成功している国と両方ありますが、基本的には世界経済のトレンドとして所得の格差が拡大しつつある。

なんでこんなことが起きるのかを考えてみないといけないということだと思います。経済用語を使うと、所得のうちの資本に対する分配の方が労働に対する分配よりもどんどん大きくなってきているると。これ実はトートロジー、同じことを言っていますが、つまり資本に対する利益の分配を行って、労働に対する利益の分配が減っていると。なんでそうなるのかというと、やはり基本的にはその裏にあるもの、技術の進歩とか、それから経済の国際化とかＩＴ革命とか、そういうものを絡めて議論して、説明していかないとなかなか説明ができないだろうなという感じがします。

日本でも昔は秘書さんとか帳簿を付ける人が実はホワイトカラーの重要な部分だったわけですけれども、今はそういう人ほとんどいないですよね、みんな機械でやっちゃう。ああいういわゆる中層階級がどんどんなくなっているというのは各国に見られる現象です。これどうやって解決していったらいいのかよくわからないと。

それから右側の表は環境問題です。これもう皆さんご承知でしょうから言いませんけれども、環境という観点から持続可能なものに経済を成長させていくというのが大きな課題です。

最後にこれ面白いのですが、ラディカル・テクノロジカル・シフツと書いてあります。技術の革新。ここでは特にＩＴ関係に絞ってありますけれども。最初がこれ電気、一番下にあるのが。電気が一般化するのに、これアメリカの人口のうち４分の１の人が使うようになるまでに何年かかっているかという表なのですが、エレクトリシティ、電気が46年、電話が35年、ラジオが31年だそうです。白黒テレビが26年、カラーテレビが18年、コンピューターが16年、携帯電話が13年、ワールドワイドウェブが７年ということです。

だから、私が子供の頃に比べると、信じられないような技術革新が起きているわけで、そのスピードが加速しているような感じがしますね。これはいったい我々の経済政策とか経済運営にどういう影響を与えるのかと、あるいはその社会とか政治のあり方にどういう影響を与えるのかと。たとえば、ソーシャルメディアとかインター・コネクティビティの話をしましたけれども、意思決定のメカニズムはかなり変わってくる、ガバナンスのストラクチャーがかなり変わってくるに違いない。このあたりをどう考えるかが、皆様がた若い方への宿題ということで、一応ここで止めます。

実はもう少しスライドを用意していて、これはもう少し経済の話をするつもりなのですが、経済の関係の学生さんあまりいらっしゃらないって聞いてますので、お話したかったのは、今の世界経済が抱えているリスクというのはどういうのがあるのかなぁというお話をちょっとしたかったわけですけれども、ここで止めます。ご質問等あればどうぞ。

◇

羽場：どうもありがとうございました。非常に興味深いお話で、色々と質問がおありかと思うのです。どなたからでも結構です。最初にお名前と所属を言って下さい。

質問者：青山学院大学社会情報学部の2年生Mです。

今日は篠原さん、貴重なお話どうもありがとうございました。僕の質問は、大きく分けて二つあるんですが、まず一つ目に篠原さんが何度もおっしゃっていた、ＩＭＦの6割はヨーロッパ系の人であると、国際機関は国連にしても何にしても、結構ヨーロッパ系の人が多くて、アジア系の人が少ないと読んだことあるんですが、やはり機関の中で、アジア・コミュニケーションとヨーロピアン・コミュニケーションの差とか、その中で生まれる、差別はやはりあるのでしょうか。それが国際的な条約の締結という場において、どういう役割でどういう影響をおよぼすのかということを聞きたいのが一つです。

もう一つはかなり個人的な質問なのですけども、専門が情報テクノロジーなのですが、そういう人が国際機関に入る時、技術的なポストはＩＭＦとか国際機関に存在するのでしょうか。この二つを、よろしくお願いします。

羽場：ありがとうございました。最初に何人か質問を集めたいと思いますので、他にどうでしょうか。

質問者：フリーライターをやっております、Ｉと申します。

ＩＭＦの仕事についてもう少しお聞かせいただきたいんですが、アジア通貨危機を助け、ギリシャを助けて、その他にギリシャと同時にアイルランドとかポルトガルとか、あるいはイタリア、フランス、イタリア、スペインと色々助けましたが、どの程度の規模まで助けられる組織なのでしょうか。極端な話、日本と中国が同時に助けるほどの力はあるのでしょうか。

羽場：ありがとうございました。では、とりあえずその二つで、二つ目はウクライナへの支援のことも、もし合わせて語っていただければありがたいと思います。如何でしょうか。

篠原：アジア人と国際機関の関係ですよね。これは入ってみて下さい。そうすると色々感じると思います。差別はないのですよ、基本的に。少なくとも皆さんの意識の中に、働いている意識の中には差別はないです。それははっきりしています。だけど、おそらく差別って意味は、その人たちの持っているバックグラウンドとか、それから、どの程度価値観を共有しているかと。違う価値観じゃなくて、どこまでシェアラブルなコモンな価値観を持っているかとか、そういう意味で違いがありますよね。そこを差別と呼ぶかどうかというのは別の話だと思います。そういう意味で、アメリカとかヨーロッパが中心となっている国際機関の場合は、アジア人は必ずしも有利でないというのは理解しといた方がいいと思います。

だから、「出世したい」と、「どうしても俺は出世するんだ」ということを考えているのならば、多分そういう機関を選ばない方がいいでしょう。だけど、ＩＭＦに来ている日本人の連中を見ると、やっぱり自分を磨きたくて来ているのですよね。ものすごくコンペティティブな世界にいますから、自分を磨くと。もちろん最後までＩＭＦにいる気はないけれども、そこから華麗な転進を遂げていくわけです。そういう実力をつける、あるいはレジメをきれいに書けるという意味では非常にいい機関だと思いますね。

ＩＭＦに限定した話をしますと、ＩＭＦは非常に高度なエコノミストの集団なのです。ほとんどの人が Ph.D. を持っている。その Ph.D. も青山学院大学の経済の Ph.D. があるのかどうか知りませんが、それではだめです。欧米の大学、名の売れた大学の Ph.D. くらいを持っていないと、なかなか最初から入って来るのは難しいというのが現実です。

ですから本当に皆さん方の中にＩＭＦのような機関に興味を持って、俺は行くんだという人がいれば、まず向こうの大学にアプライして下さい。向こうの大学の Ph.D. コースにアプライして下さい。それが一番近道だと思います。あるいは、日本にいてもできます。日本にいる場合どうすればいいかというと、一生懸命色々書いて下さい。こちらでもちろん博士号を取るのは大事だと思いますが、色々ないいペーパーを書いてもらうこと、これがＩＭＦの場合には非常に大事だということになります。

それから、日本の場合は特に問題なのですけど、やはり英語力なんですよね。普通こういうオフィシャルな場ではしゃべっちゃいけないのでしょうけれども、日本人の英語力は、どんどん相対的に劣化しています。ＡＳＥＡＮの国に行くとわかるのですが、昔はタイの人と英語でしゃべる時、日本人の方がうまかった。今、多分タイの人の方が日本人より英語はうまいと思います。ミャンマーも昔イギリス領だったですよね。英語うまいですよ。もちろんエリート層ですけどね。日本人よりも、遥かに英語がうまい。フィリピンは英語は母国語ですよね。マレーシアも母国語みたいなものです。中国人も我々が相手をするような連中はほんとうに完璧な英語をしゃべってきます。

やはり、言葉って大事なんですよ。特に国際機関で働く時、あるいは国際交渉をする時。通訳がいるからいいじゃないかなんてのは嘘ですからね。勘違いしないようにして下さい。もちろんいい通訳がいればサブスタンスは通じますけど、ほんとうにちゃんとした国際交渉しようと思ったら、同じ言葉でしゃべらなきゃだめなんです。そうすると英語はうまくなってほしいという感じはします。だけど、今の日本の環境だと、英語を生で勉強する機会はあまりないので、色々努力はしているみたいですけれども、そこはやはり多くの優秀な日本人にとってはどうしてもネックになるということだと思います。

いずれにせよ、最初にも言いましたけど、どんどんチャレンジしてほしいという感じはします。国際機関といっても色々ありますし。ＩＴとか技術系の人、ＩＭＦの場合にはあんまり人数はいません。その系統の分野をやっているところはありますよね。国連関係とか、あるいは貿易関係の機関、最近ＩＴ関係の課題がいっぱいできていますから、そういうところを選んでいただくということだと思います。非常にそれぞれWebサイトを持っていて詳細な記述がありますし。リクルートメントのところ見ていただければ、どういう人を求めているかというのが大体わかるはずですから、そういうところを見て、自分に合ったものを選ぶと、あるいは自分を合わすということが大事だと思います。

ＩＭＦの仕事、どの程度の規模までいけるかと。ＩＭＦは市場からお金借りていないのですよ。借りる時は各国の中央銀行とか政府から借りるのです。日本の場合は日本の外貨準備のお金を借りるというふうなスタイルをとります。だからそういう意味では、ドルが基軸通貨ですから、アメリカのＦＲＢがどんどんＩＭＦにお金を供給してくれれば、無制限にお金は出せます。だけどＩＭＦに対してＦＲＢがそんなことをするわけないですよね。そうすると目処としてはどういう感じかというと、日本で危機が来ればＩＭＦは助けられません。これもう自分で勝手にやるしかないと。落ちるところまでどんどん落ちていくしかないということになると思います。中国は、実はそんなに対外取引は盛んではないですから、何か起きればまだ何とかなるということだと思います。日本の場合は、あまりにも債務の残高が大きすぎて、何とかしろと言われるとＩＭＦが共倒れになってしまいますので、とてもできないと思います。

ウクライナの話をせよと言うのですが、ウクライナに対するＩＭＦの支援は、いわゆる伝統的なＩＭＦの支援とは実はちょっと違っています。これまた話がＩＭＦは欧米中心の機関だと映るのですけれども、とにかくウクライナを潰してはいけないというのが我々の裏にあった基本的な発想です。だからロシアとウクライナの関係というのは当然あるわけですけど、そういうことは気にしないと。とにかくウクライナがデフォルトを起こさないよう、サバイブできるようにしておこうということで、実はそんなにウクライナの経済の調査をやらないままに実はお金を動かしています。今のままだとウクライナは立ち行かない。だからもう一回何かしなきゃいけなくなるのは間違いないと思いますけれども。なかなか普通に経済の分析で、債務を持続可能な水準に持っていくように姿を描くっていうのは、こういう非常に不安定な状況の中では難しいというのが現状だと思います。

したがってロシアとの関係が落ち着き、もう少し安定するのを待って、本格的なプログラムを考えていかなきゃいけないと、それまでどう凌ぐかというのがウクライナ支援問題ということだと思います。ウクライナのプログラムについてＩＭＦの理事会っていうのがあって、そこで投票した時に、実はロシアも賛成してくれたんです。全会一致でＩＭＦのウクライナ支援は賛成になってます。表面的な話かも知れませんけれども、やはりウクライナ程度の国になると、まだ今のところ影響は非常に限定的ですけれども、危機的な状況になると、やはりパイプラインも含めて非常に大きな影響があると、それから一応西ヨーロッパの国から見るとロシアに対する盾になっているという面がありますので、潰すわけにいかないというのが、正直なところだろうと思います。

羽場：日本政府としても1割くらいは支えるという方向で間違いないのでしょうか。

篠原：今は、そんなに資金繰り困ってないんですよ。ただまずいのはリスクが、ダウンサイド・リスクと言っていますけど、シナリオが悪くなった時のリスクが非常に大きいんで、そこをどうやってカバーしていくのかというところが一番悩ましいところ。金額的にはそんなに大きな金額は必要じゃないので。

羽場：1500万ドル、ですか。

篠原：そう、数字はこれからどうなってくのか、わからないですけどね。

羽場：わかりました。ありがとうございました。他にどうでしょうか。よろしくお願いいたします。

質問者：東アジア共同体学会のメンバーでNと申します。

今後のリスク問題、ぜひお聞きしたいので、関心がありますので、その時間をなるべく取っていただきたいので端的に。先ほどブリックス銀行についてはうまくいかないというふうに言われたのですが、今いくらか現実味を帯びて、来年発足しようとしているアジアインフラ銀行、これまた中国主導の新しい金融秩序に向けた動きだと思うんですが、これはどんな具合に見られているか、ぜひお聞きしたいと思います。

篠原：ちょっとトピカル過ぎて、しゃべりにくいのですけどね、おそらく今日北京でサイニングがあると思いますけれども、ブリックス銀行は、確か上海で作ることになって、初代の総裁はインド人だと。で、作るのに相当時間がかかると思います。各国が確か投票、発言権を平等にするということを言っていますので、実際に意思決定をして、戦略的にあの機関を回して行くっていうのは相当大変だろうなという感じがします。だから動くとするとやっぱり非常に平凡なものになってしまうだろうなという感じがしますね。

一方AIIBというアジア・インフラストラクチャー・インベストメント・バンクと言っている、これは中国が主導になってアジア地域のインフラ支援のための融資とか出資をしていこうという構想ですが、これはむしろブレトン・ウッズ体制に対する対抗という感じはあまり実は受けないんです。むしろ中国がバイ（二国間）でやっていた色々な投資への支援、たとえばチャイナ・デベロップメント・バンクとかEXIMバンクとかを通じたバイの支援が最近評判悪くなってきているわけです、あまりにも中国色が出すぎると。つまり中国人の労働者を送り込んで中国の企業に建設をさせて、最後には何か皆中国が持って行っちゃうじゃないかと。結局債務しか残らないというのはけしからんというふうな話がアフリカなんかでは最近多くなって来ていると。で、警戒感がかなり出てきているのです、借りる国の方から見て。そういう意味でもうちょっと別の枠組みを探していたと。中国として、というのがあると思います。

ただ国際機関にしたいと言いながら、中国が主導権を取りたいと言っていますので、そこのところの折り合いが、なかなかうまくついていないというのが正直なところです。

日本は当面見合わせようと、当面議論の行き先を見ようということを言っていますね。韓国とかオーストラリアはもうちょっとこう前向きなのですけれども、今日ちょっと見てみないとわかりませんが、若干リスクを犯して言うと、フルにコミットするところまではいかないだろうという感じがしています。アメリカは当然中国との関係は常にコーシャスに見ていますので、韓国とかオーストラリアに「おいやめとけ」という話を今しているということで、明日の朝の新聞には出てくると思いますけれども、楽しみなところです。

羽場：ありがとうございました。最後にお伺いしたいのですけれども、先ほど先進国も含めて格差の拡大ということが特徴的に出てくるということを言われて、一方でジェフリー・サックスなどが、貧困はあと数十年で激減するということを言われてますけれど、この双方は共に平行して出てくることになるんでしょうか。

篠原：これは平行している。説明が十分じゃなかったかも知れませんけれども、たとえばこれで所得格差、中国でどんどん悪くなっていると、格差が広がっているという話をしていますけども、一方で中国は貧困はどんどん減ってるわけです。これ何か矛盾しているように聞こえますけれども、普通貧困を測る時は、一人当たりのGDPが2ドル以下とか1ドル以下とか、そういう人の比率、あるいは絶対数でもいいんですけど、の話をする。そうすると中国ってどんどん減っているわけです。経済全体のパイが大きくなっていますから。いわゆる絶対的な貧困層はどんどん減っているんです。中国で同時に何が起きているかというと、お金持ちがどんどんお金持ちになっているわけです。それによって所得格差は悪くなっているということですから、途上国はどこへ行ってもそうですけれども、貧困層は減っている。確か2030年か2040年か知りませんけれども、今の定義で言うところの貧困層はほとんどなくなるだろうと。だけどそれが平等な社会に繋がっていくかというと、それはどうも全然違うようですよ、ということだと思います。

羽場：それはIMFの力で、もう少し平等化を進めるということは可能なんでしょうか。

篠原：あ、不可能です。これはね、我々も実は意識している、政策提言する時には意識している。たとえば一つよくやるのが、税制の話があります。あるいは、補助金の話がいちばんわかりやすいですかね。ガソリンに対して多くの国は補助金を出しているわけ。ガソリンに補助金出すってことは、市場の価格よりもガソリンの値段を下げるわけです。その市場の値段よりも下げた、その差額が補助金になるわけです。だから税金を使ってガソリンの値段を下げて、一般の消費者がガソリンを使えるようにすると。それだと何が起きるかっていうと、ガソリンをいっぱい使っている人がそれだけいっぱい補助金をもらうっていうことになりますよね。それが必ずしも貧困層ではないわけです。

だから貧困層向けに補助金を出すってのはいいけれども、それを補助金の出し方はもっとターゲティングなものにしてくれと。ターゲティット・サブシディー、あるいはコンディショナル・トランスファ、コンディショナル・ソーシャルトランスファと言っていますけれども、それぞれの家庭の所得水準を見て下さいと。所得の低い層に対して、補助金がいくように、そういう制度にしてくれと。一般的にたとえば、ガソリンに対して補助金を出すのではなくて、所得の低い層にキャッシュ・トランスファをするとか、そういうふうな形の補助金制度に直して下さいという話をします。それから日本の場合には最近一生懸命やっているのは、女性の労働力参加ですよね。実は労働力参加だけではなくて、もう少し一般的な形で女性の社会的な参加の拡大ということ、これ今一生懸命やっていますけれども、例のその配偶者控除の話であるとか、それから色々な労働規制の話、そういう話、これもおそらくは、所得格差の話と関係してくるんだろうなというふうに思います。そういう形で昔我々はマクロの財政政策、金融政策の話しかしなかったんですけれども、今はこういう長期的なトレンド、特に社会的なバルネナブルな人に、どういうふうに気を配っていくかという議論をするようになってきています。

その背景の一つにあるのは最近ヨーロッパで見られるような、高い失業率です。特に若者の労働者の失業率がものすごく高いと。アメリカで見ても、長期失業者の数ってのがすごく多いわけです。失業率はどんどん落ちてきているけれども、長い間マーケットから離れていて、いわゆる職を探していない人が非常に増えてきてしまったわけ。だから失業率は落ちてきていますが、労働参加率、人口のうち、労働市場に参加してる比率の割合は全然増えてないんですよ。だからどこかでたまっていて、労働市場に参加しようとしてない人がいっぱいいるということで、そういった面、色々注意をしながら色々政策のアドバイスをしているのが現状だということです。

羽場：ありがとうございました。最後に先ほどの点ですが、むしろコンピューターやＩＴでどんどん、たとえば、公務員の中間層のあたりのことは全部できるようになる、今ロボットが東大の試験を解いていて、そのうち全部解けるんじゃないかっていう話もありますけど、そうなってきた時に労働する必要がなくなってきて、それ自体は旧来ユートピアと捉えられていたわけですけれども、それを賃金に還元していくというような方向性というのは、未来社会になってきますけれども、ありますでしょうか。

篠原：あまり夢のある世界ではないですよね。今ユートピアという言葉を使われましたけど、ディストピアって言うんですよ。ユートピアの反対。ディストピア、全部機械がやってしまう社会っていうのは、どうもあんまり気持ちよくないですよね。もちろん全部機械ができるわけがないわけで、もっと付加価値のあるところに入っていける人は入っていくだろうし、それから介護とか看護とか、そういうソフトなところっていうのは、引き続き強い需要があると思いますけれども、機械が得意な部分はどんどん減っていくと思った方がいいんだろうというふうに思っています。

そういう意味で、日本のＩＴの進み方、非常に遅いので、懸念しています。今アメリカあたりだと、もうＩＴを使った仕事の進み方は、ものすごく進んでいるわけです。この、こちらの大学で使っているコンピューター一つ取っても、こんな古いコンピューター見たことないですよ。したがって私のこのＵＳＢは動かなかったと（笑）。動かすのに随分と時間がかかったということですよね。まぁ、もうちょっと投資していただかないといかないいんじゃないかなという感じがしています。

羽場：ありがとうございました。

非常に限られた時間で大変密度の濃いお話をたくさんしていただきました。大量の資料も使っていただいて、今回はたくさんのインフォメーションをいただいたと思います。そして最初に篠原さんがおっしゃられたように、ぜひ、皆さんも積極的にＩＭＦないし国際機関を目指して下さい。もちろんそれへのハードルは非常に高いですけれども今日のお話を聞いた人たちの中から、ぜひＩＭＦの門を叩いてくれる人が出ることを期待してます。

今日はありがとうございました。

（講演日：２０１４年10月24日）

第4章

米国のアジア戦略とTPP

—日本の採るべき対応

谷口　誠

◇

谷口：今日の私の「米国のアジア戦略とTPP」というのは、これから日本の将来を考える場合に、米国はやはりアジアに拠点を置いて発展してまいりますし、その場合にどうしても日本はアメリカの戦略と、特に今アメリカが力を入れておりますTPPがどういう影響を日本のみならずアジアにもたらすのか、その点をやはりしっかり分析し研究していかなければ日本の将来は非常に変な形に進んでいくと、そういう危険性を当初から感じております。いちばん最初にTPPに反対の意向を外務省で示したら、当時は民主党の岡田外務大臣だったわけですが、どうも外務省は最初にTPPありきだと。じゃあかつて小泉首相が2002年のシンガポールで行われたAPECとの会議で、私が提唱した東アジア共同体、ＡＳＥＡＮ＋３を基盤としたとおっしゃったあの構想はどうなるんですか、と。で、どうもやはりＴＰＰが出てまいりますと日本の外務省も、東アジア共同体よりもむしろＴＰＰに重点を置いていくという傾向が出てきたのは明かです。私は、じゃあＴＰＰは外務省は全部把握しているのかと言えば、決してみんなわかっているわけではないと思います。

今いちばん大きな問題は、ＴＰＰが秘密交渉ということです。どこが日本の官庁でＴＰＰをやっているのかといいますと、非常に複雑なのは、経済産業省の甘利大臣が中心になってやっておられて、あと、外務省の鶴岡大使がやはり全権大使になって交渉に参加されておられますけども、本当に秘密交渉であるために、外務省の中でも、おそらく、齋木次官にいろいろ質問しても、自分は全部把握できていない、秘密交渉だと。特定秘密保護法というのが通りましたから、交渉内容が漏れたら、犯罪になってくる。したがって今役人はピリピリしています。私は外務省の人間ですけども、外務省のＯＢ会でも、ＴＰＰについてはおそらく確実な情報を持っている人はいないわけです。日本の中でもどう処理されていくのか、このへんのところはきわめて不透明であります。これだけ重要な、日本の将来に影響を与えるＴＰＰ交渉が国民には何も知らされないでいくことが果たして民主主義国家であるかどうかと危惧します。

アメリカ自体がＴＰＰ交渉については非常に神経質になっております。そういう面では皆さんもなかなかＴＰＰ交渉がわからないわけですけども、我々学究者はやはりＴＰＰ交渉についてはよく研究して、何が日本にとっていちばんダメージが大きいのか。それから、ＴＰＰ交渉の中でも今、反対、反対と言っても、もうその時期は過ぎたと思います。そう言いますと私の仲間は、「谷口さんが偏向した」と言われます。けれども、私はやはり外務省で現実の外交をやってまいりましたので、いかに現実の外交を進めるかというときに、もう反対、反対と言っているだけでは能がないと。その中で何を日本は守り、何をそのＴＰＰを使って日本の発展につなげていくかと、その分析をしっかりやることが今最も重要ではないかと思います。

ペーパーでお配りしておりますから詳しくは申しませんけれども、アメリカのオバマ大統領のアジア戦略というのは明らかです。民主党はどちらかというと、ＴＰＰ交渉についてはすべて自由化するということについてはかなりネガティブであります。むしろ共和党のほうが本来はＴＰＰ交渉については積極性があるわけですけども、こないだの中間選挙でオバマの民主党が大敗しましたから、この共和党との国会の調整でもってどういう戦略をアメリカが取ってくるのか我々は非常に注目する必要があると思います。

私はアメリカの素晴らしい点は、一つの理想を持ってくると、アメリカは積極的に戦略を進めているという点です。今までの戦後のＧＡＴＴ ＷＴＯ体制をとってみても、多角的自由化を進めるのがアメリカの本来の姿であります。ですのでアメリカが、ＴＰＰの概念に飛びついたのは、むしろ10年間で例外なき自由化をやるという、この考え方をアメリカが、ハイジャックしたからです。ＴＰＰのアイデアは、２００６年にＰ４、シンガポール、ブルネイ、ニュージーランド、チリが、一次産品輸出国の小国が、お互いに、アジアそれからラテンアメリカも含めて一種の自由化をやろうとする、この構想は、素晴らしい構想だと思います。

これをアメリカがハイジャックしたというのは、アメリカの戦略にある。ＴＰＰは必ずしもアメリカの構想からスタートしたわけではないですけども、アメリカが入ることによってTPPの性格はまったく変わってきた。私も最初、外務省が出したペーパーから24項目を調べてみましたが、本当にあらゆる分野を含めております。かつて日米構造協議を20年ほど前にやったときを見ても、あのときに残された問題、未解決の問題を全部ぶち込んできております。

どうも日本は農業だけに重点を置いておりますが、アメリカの目指すのは結局、アジアをアメリカ化しようという広大な構想のもとにTPPを活用してくること。これはアメリカの戦略の素晴らしい点だと思います。ただ、アメリカの戦略は必ずしもそのとおりいかないのは、あまりにも理想主義的な考え方はアメリカの国内でも受け入れられないと。ただ一つのビジョン、世界を動かすGATTWTO体制、これを見ても、やはりそういう構想を出してくるのは、EUでもなく、あとの国でもなく、やはりアメリカなんですね、そういう意味では一つの理想主義のもとにやってくるアメリカの考え方、国連をつくり、大国も小国も一国一票という考え方を出したアメリカはすごいと思います。

しかし、いちばん最初にそれに、自分の出した理想主義に矛盾を感じ出すのがだいたいにおいてアメリカなんですね。国連たたきをやった。国連で半生を過ごした人間としては、素晴らしいアイデアでできた国連を、いちばん最初にたたいたのはアメリカであり、私のやはり友人の国務省の次官をやったジョンス・ペロという、クリントン政権の第一期の国務次官をやった方ですけども、僕に対して、「マコト、アメリカは今の国連が役に立たないと思えば、いつでも潰してまた新しい国連をつくるんだ」ということを言われた。それを私はもとにして、国際機関における大国の横暴というのを、岩波の『世界』に書いたのを覚えております。これは1999年かその頃書いた記憶がありますけども、まったく、いざとなれば、アメリカはそれぐらいのことをやりかねないぐらいの行動を取ります。

これに対してやはり、あとのEUもアジアの国もそれだけのドラスティックな構想は出せない。そういうことで、TPPは今よく考えてみますと、アメリカのオバマ大統領がなかなかNAFTAをつくったものの、カナダ、メキシコを入れたNAFTAだけではアメリカの発展はありえないと考えた。私もOECDにいたときは、アメリカのプレッシャーのもとでメキシコのOECD加盟を非常に促進するということをやった。かつて反米的なメキシコがどうしてNAFTAをつくるためにOECDに入ってきたかと。

OECDはご承知のとおり、先進国のグループなんですね。で、メキシコが先進国と言えるかどうか非常に疑問に思ったわけですけども、アメリカはOECDにメキシコを入れてそこでメキシコを自由化させ、NAFTAをつくるためにOECDを使ったと。国際機関をアメリカは十分使う。OECDをつくったのもアメリカの力がありましたし、だいたい国際機関のヘッドを決めるときに、アメリカが反対したら、だいたい国際機関のヘッドにはなれないですね。

私が国際機関のヘッドになれないのは、かなりアメリカの一極支配に対する抵抗をOECDの中でも示しておりましたからです。そういう中で私は信念を貫いてきたつもりですけども、日本にはそういう信念を貫く外交官はあまりいないですね。やったら損をすると。なぜもっと役人が日本の発展のために、大きなビジョンのもとに行動できないか、これは日本人自身が考えていかないといけない。日本の官僚システムの中で、今の安倍政権のあり方について批判的な行動をとれば直ちにその人がどういう運命を辿るかがわかる。昔は、我々外務省の中でも、かなりいろんな意見を次官に申し上げたりしても首になることはなかったですね、怒られたことはあります。しかし、怒られても必ずしも左遷されたり、そういうことはなかったと、いろんな意見を言い合ったと。それが今の日本の中にないというのは非常に残念だと思います。

話がそれますけども、アメリカのTPPは、今アメリカ自身も非常に困っているのは、アメリカの民主党の中にやはりTPPがあまりにも強く進んでいくならば、アメリカの失業が増える。それから、雇用が失われて、海外に企業進出せざるをえないと。日本でも同じようなグローバリゼーションのもとで影響が出てきますけども、アメリカの民主党の中にそういう意見があるときに、オバマが、TPPをアジア戦略として出す場合に、一つの、オバマ大統領の抱えてる大きな問題が生じてくると思います。

アメリカはやはり、ラテンアメリカを本来ならば共和党のブッシュ・ジュニアが2005年までにキューバを除くラテンアメリカの国を糾合してNAFTAを拡大しようと考えていたわけですけども、これはやはり、キューバのみならずブラジル、アルゼンチンといった国も決してそれに乗ってこなかったということで、アメリカが考えていたNAFTAの拡大はできないと。

そうなりますとアメリカはどうしても、躍進するアジアに出てくると。そのときに私が率直に考えるのは、東アジア共同体をかつて日本の小泉首相が、シンガポールのASEANとの会議で、ASEAN＋3を基盤とした東アジア共同体として出した。ただ、そのときに外務省に東アジア共同体というのはどの程度のことを考えているのと言ったら、まだ外務省の中にそんなにしっかりしたコンセンサスがあったわけではなくて、一つのASEAN＋3を基盤とした。しかし、結局は、ASE

ＡＮ＋３だけでは中国の力が強すぎるということになり、中国を牽制するためには、オーストラリア、ニュージーランド、それからインドを招いてＡＳＥＡＮ＋６にもっていかなければ中国の力を牽制することはできない。ということで、ＡＳＥＡＮ＋３からＡＳＥＡＮ＋６、ＲＣＥＰと言っておりますす。これは実はやはり基本的には日本を含め中国の力を恐れるＡＳＥＡＮの一部の国が結束しながらつくっていったもので、ＡＳＥＡＮ＋６までいったわけですけども、今度はアメリカがオーストラリア、ニュージーランドを入れたら、なんでアメリカを入れてくれないの、と。で、アメリカは東アジアじゃないと、アジアじゃないと言ったら、オーストラリアがアジアかどうかと、ニュージーランドがアジアかどうかっていう議論もやったわけです。

特にじゃあオブザーバーではどうだと言ったらアメリカが怒ったと。オーストラリア、ニュージーランドを正式メンバーとして入れて、アメリカをオブザーバーとはけしからんと言われたので、今度はＡＳＥＡＮ＋８にもっていったと。そうなりますと、まさにＡＰＥＣ21カ国とどこが違うのと。ＡＳＥＡＮ＋８ならばもう18カ国になりますから、ほとんど変わらないと。あまりにも戦略がない。

小泉首相はよくやったと思いますよ、ＡＳＥＡＮ＋３を基盤として、あと、加えてもいいわけですけども、実はやはりＡＳＥＡＮ＋３が基盤なんですね。ＡＳＥＡＮ10カ国と日本と中国と韓国が中心になってやってれば東アジア共同体の形はもっといい形で進んでいったと思います。それを中国を牽制するためにエスカレートして増やしていったと、その責任はやはり、中国と日本にあると思います。

特に日本の責任は大きいと思います。

そういうことから考えますと、アジア外交というのは本当に日本はしっかりした軸があるのかと。

中国への対応策で追われているアジア外交、戦後の外交を見ておりますと、いかに中国を牽制し、中国との対抗策を考えているかと、これはお互いに中国も日本も考えないといけないと思います。

なぜヨーロッパが経済統合を進めていけたのか、フランスとドイツは、私も経験しておりますけども、OECDで私はフランス人のSecretary-Generalのもとで次長をやったわけですけども、彼はジャーマンスクールそのもので、ドイツのことはよく知っている。で、私は、私のSecretaryにOECDでいちばん優秀だったドイツの人を採用しようとしたら、「OECDの官房にはドイツ人を入れるな」と言われたのでびっくりしました。今、ドイツとフランスは、フランスのバスティーユデー、いわゆるナショナルデーにシャンゼリゼをドイツの戦車が走る時代じゃないの、と。ドイツとフランスの間の国境はフリーパスで行ける時代、なぜそういう時代に、ドイツをOECDの幹部に入れてはいけないの、と言ったら、「君はドイツ人の性格をよく知らない」と、「自分はフランスのケードセー外務省のジャーマンスクール、谷口よりも私のほうがドイツのことはよく知っている」と。それには私はショックを受けたわけですけども、それでもお互いの国益を考えながら、国民性は違っても、フランス、ドイツはお互いにEUを保つために、ドイツはドイツの経済力を使い、フランスはフランスのヨーロッパにおけるEUにおける政治力を使っていくと。この組み合わせを考えているのは、やはり両国の政治家に素晴らしい一つのビジョン、構想があるんだろうと思います。

日本と中国と韓国の間にそういうビジョンを持った政治家がいるかどうかというのが我々にとって大きな課題であります。今の中国にもそれだけの人はいないんじゃないかと。かつての毛沢東、周恩来の時代と、大平、田中角栄さんの時代、田中角栄もそれなりに、非常に腹がある人で、国連大学をつくるときに日本は、あとの国がお金を出さなければ日本も国連大学のお金を出さないと言ったら、田中角栄がただちに、当時の国連事務総長の前で、そんなケチなことを役人が言うなと一喝されたのを覚えております。当時のやはり政治家は非常に大きなビジョンがあったと思います。

池田勇人さんも、ヨーロッパを戦後に回られたあと、ECっていうのがあると、ECに入れないかというご下問が下りまして、それで外務省は慌てて、ECのローマ条約を急遽調べてみたわけですけども、ローマ条約の中にはヨーロッパ以外の国は入れるという条項はないわけですね。あれを見てやはり、当時の池田さんはECに入れないか、ECが駄目だったら今度はEFTAっていう、英国を中心にやっていたEFTAにも入れないか、これも駄目。で、結局はOEC、今のOECDですね。ここには入れるっていうことで、オリンピックの1964年に日本はOECDに加盟をしたわけです。OECDの研究もわずかながら外務省で、加盟交渉をすぐにやりまして、やっと、当時のOECに入ったわけです。

池田首相は経済通の人でしたが、ヨーロッパを回ってみて、ヨーロッパの統合を見ながら、日本もそういうところに入っていこうと、ああいうビジョンを持った政治家がおられたということは素晴らしかったと思います。

今、日本にもそういう政治家が生まれてほしい。価値観外交とかを見ておりますと、欧米の価値観を押しつけながら、中国にどう処理するか、それとも、「自由と繁栄の弧」により「中国の封じ込め」を実行するか。特に日本の外務省のビジョンで非常におかしいと思うのは、インドが世界最大の民主主義国家であると。確かに人口は大きいですね。民主主義国家であるかどうかというのは、こないだマンモハン・シンさんが、去年、勲章を貰うので日本に参りました。私はあのマンモハン・シンさんとはケンブリッジ大学で同じ先生に習って、机を共にして皆さんと同じように勉強したわけです。彼は大変な勉強家で、経済学でもケンブリッジ大学でマーシャルプライズという、マーシャルという経済学者のプライズを受けた優秀な学者です。彼は、あと大蔵大臣をやったり政治家になったり、中央銀行総裁もやったりしました。しかし、彼が僕に言ったのは、やはりインドは貧富の差がきわめて大きいと。民主主義国家と言っていただけるのはありがたいけども、実は自分は今はもう政権を去ったけども、インドをまとめて一つの理想的な発展をしようと思うと大変なことであると。そんな簡単なことじゃない。日本がインドを非常に重要視して、自分に勲章をくれたりしたのはありがたいけども、インドの抱える問題も大きい。日本の評価はありがたいが、インドはそんな決して簡単な国じゃないということを友人として言っておりました。その場合に、なぜ日本が、RCEPを考えた場合に、オーストラリア、ニュージーランド、それからインドを入れるのか。これはイデオロギーの面で、日本と同じイデオロギーを持っている国を入れることによって中国を牽制しようと考えているのでしょう。そういう状態ではとてもやはり東アジア共同体への道は遠いと。

ヨーロッパに学ぶ点は、羽場先生はヨーロッパ、EUの統合は十分研究されておられますけども、ヨーロッパがアジアと違う点は合理性があると。きわめて合理的な考え方、そこがアジアにはない。未だにやはり歴史認識の問題、いろんなことでやっておりますけども、よく考えてみますと、中国などに行って、日本が反省が足らないと言われますけども、謝れ謝れ謝れって何回も中国の社会科学院の連中からも言われます。謝っていると。でも本当に日本がパフォーマンスで謝った行動をとっているかどうかと。今まで日本の戦後の歴史を見ても、いろんな点で、民主主義国家として本当の意味で自立しながら自分の力でここまで伸びていったかどうかと、アメリカのバックというのは非常にあったわけです。

私から見れば、A級戦犯が裁かれたときに、A級戦犯であった人が戦後、いろんな政治に力を持っていった。そういう人たちが、日本の中で育っていったというのは、私にとっては非常に不可解な点があって、ナチの裁判、ヨーロッパにおけるニュールンベルク裁判のあとでも、ドイツ自身がナチの残党を捕まえてきてドイツ自身が裁いた。歴史認識の大きな差はやはりそういうところにあったんじゃないかと。

今でもやっぱり歴史認識でもめておりますのは非常に残念だと思います。小泉さんがやった素晴らしい点は日中の歴史をお互いに専門家が集まってやろうと決めた。北岡伸一先生とかいろんな方も呼びましたし、中国側も歩平（プー・ピン）という社会科学院の人、歴史家が集まってやった。あの報告書は素晴らしいと思います。日本の侵略を認めているわけだし。しかし外務省に僕が膨大な資料を貰いに行ったら、その膨大な4年もかかってやった資料をほとんど取りにこないと言われました。山積みになっているわけですね。どれだけの人が、日中の歴史認識のお互いの共通の教科書をつくっていこうと考えているか？　そういう努力をほとんど評価してない。マスコミも本当にわずかな評価しか与えてない。あれこそ我々研究者はしっかり読むべきだと思います。北岡伸一さんは大変な苦労をされたと思います。よくまとめたと、あれは完璧なものじゃないでしょうけども。

ドイツとフランスがお互いに、歴史の研究をやりましたし、その中で両国がお互いの国益を考えながらうまく調和していくあの合理性と、政治家のビジョンと、そういうものが日中韓にあれば、東アジア共同体はもっと早く出てきたんじゃないかと思います。実際には経済共同体的なものは進んでおります。日中韓の経済共同体はデファクトに進んできております。もっと日本も歴史認識とかそういう問題を、中国と韓国の間で解決しておればもっと早く合意に達したかもしれない。こないだ中国のミッションが参りまして、一緒に十数人で議論したときに、おそらく日本と中国の間にそういう、靖国神社の問題とか、日本が不必要なことをやってくれなければ、中国はもっと日本に対して理解を深めるであろうし、今の日中の貿易はもしお互いが歴史認識を超えて、共通のアジア的な価値観を持って進んでいくならば、日中の貿易は今の3倍ぐらいに増えていくと言っていました。明らかに日中の貿易は日米貿易よりもウエイトが増えております。これからのお互いの成長を考えてみますと、もっと拡大していくと思います。

そういうことから考えますと、合理的に考えればもう日中韓の経済関係は、歴史認識を超えて、進みつつあるわけです。それがお互いの理解、信頼関係ができれば、おそらく中国側が言うように、3倍のレベルに増えるでしょう、と。これからの日本の発展は、確かに日米関係は重要です。しかしそれと同時に、やはり経済関係を重視した形で日中が進んでいく、韓国も進んでいくならば、アジアはもう明らかにEUを超えて、それから、アメリカが今苦労しておりますNAFTAを超えて、誰が見ても世界の中で最も発展する地域に躍進していくことは間違いないと。これは私がOECDで2020年の世界というのを書いたときに、それを提唱したわけですけど、日本の外務省の当時次官の人から、中国が日本のGDPを超えていくことはありえないと、そんな馬鹿なことをOECDが言うならばＯＥＣＤから脱退すると言った人がいるわけです。これは経団連で１９９７年、２０２０年の世界というのをＯＥＣＤが発表したんです。そのときにＯＥＣＤの事務総長も来ておりまして、私も来ておりましたが、外務省の経済通、Ｇ７の当時のシェルパ、その人が「そんな馬鹿な」と、やはりその感覚が、やはりアジアにおいて日本はそういう感覚を持っている限り、アジアとの信頼関係はできてこないと思います。

やはりどうしても、基本的には我々の世代は、欧米志向で伸びてきたのは事実ですね、その点は素晴らしかったと思います。現在のアジアがどういう状態にあるかということを未だに認識してない。そんな馬鹿なと言った人がＧ７のシェルパをやったり、そういうことがあってはいけないと。これはやはり我々役人、外務省のＯＢもしっかり現役と意見交換してやらないといけないんですけども。これはなぜそういうところから来るのかと、みんな優秀な人は外務省に入ったり大蔵省に入ったりして海外に留学し、欧米を選びますね、これは重要です。しかしこれからは私は、やはり英語、フランス語だけじゃなくて、若い人がいかに中国語を学ぶかと、これはマストだと思います。これから極端に言えば、外務省に入る人は中国語をある程度英語と同じようにマスターしてくると、これは一つのこれから日本がアジアの信頼を受けていくためには重要な課題になってくると思います。

これは本来の今日のテーマから離れたようになってきますけども、結局は私が言いたいのは、日本はアジア人ということなんですね。ＯＥＣＤにいても私は幹部の中で一人だけ色が付いているということを言われたことがありますけども、それは日本人から言われてショックを受けましたが、そういう意識はまったくなくて、国際機関に行けばみんな平等だと、私は日本人であることは間違いないし、でも、国際機関で働くときにそういう意識を持ったら終わりですね。いかにいろんな人を使っていくか、そのときに、アジア人である、自分はアジア人であると意識を持っていくということよりも、むしろＯＥＣＤとして、ＯＥＣＤのメンバー国がいかにアジアを理解してくれるかと、そういう意味における私は日本人でありたいと思いますし、アジア人でありたいと思います。

ＯＥＣＤの人は残念ながらなかなかアジアのことは理解できないです。やはりアジアで育ち、アジアの持っている価値観というものを自分でしっかり持っていて、その中で国際機関で戦っていくと、そういう気持ちがない限り、日本はお金だけ国際機関に出しても、決して人材がどんどん育っていかないと。

結構日本人は優秀で、各省から大蔵省に来ておりましたけども、ほとんど2、3年で帰っていくわけですね。ほとんどその人たちは日本を向いて仕事をして、将来日本に帰って自分はどういうポストに就きたいと、それを狙っている限り駄目です。今まで国際機関で活躍した緒方貞子さんとか、明石康さんは、むしろ役人から行った人じゃなくて、もうそちらでも十分骨を埋めていく覚悟で行った人たち、その人たちが本当に国際機関でいい仕事をしている。

それを考えますと、あまりにも狭い、日本だけを考えている人は、結局は日本のためになってない。国際的に信頼される人は、それだけの教養と語学力と、そういう人が育っていってほしいと思いますし、まさに青山学院などはそういう人材を育成するのに最も適当な大学じゃないかと私は思っております。そこは皆さんが自信を持ってどんどんそういうところに出て行くと。私も岩手県立大学の学長を4年間やりましたが、岩手の人はなかなか外へ出て行かないと、これでは駄目で、飛び出せということを盛んに言うわけです。

昔、何故、新渡戸稲造さんとか、後藤新平とかそういう人材が出てきたかというと、飛び出して行ったんですね、そして日本に帰って、日本のためにいろいろやったと。新渡戸さんなどは国際連盟の事務次長をやったと。あの時にいろんなオーランド諸島の領土問題とかそういうところに活躍するだけのビジョンを持っていたわけですね。そういう人材がかつて出ているわけですけども、今の日本にそれだけの人材がいるかどうかということを私は非常に危惧しております。

◇

さて、ＴＰＰに対してどうするかと、これに非常に考えないといけないのは、今は農業だけに重点を置いておりますけども、農業はいずれＧＡＴＴ ＷＴＯの中でもどんどん自由化を進められてきて、ウルグアイ・ラウンドでも米一粒たりとも入れないと言っていた日本が米を自由化する。ＧＡＴＴも、私はＧＡＴＴで育った人間ですけども、アメリカはＧＡＴＴのルールをつくるときに、最初はきわめて理想的な自由化構想を出していたわけですね。これはアメリカの議会の承認が得られなくてＧＡＴＴは正式の国際機関として認知されなかったわけです。ジェネラル・アグリーメントっていうのはまったくの一般的な協定ですね。国際機関として認知されなかった。それがＷＴＯになって初めて国際機関として認知されたわけです。

アメリカのいいところはそういう理想主義がある、しかしなかなかさっきから申しておりますように、理想主義は現実にぶつかると、いつも挫折するわけです。理想主義がなければ何も進まない。EU統合の歴史は羽場先生のほうが私よりももっと詳しいんですけども、やはり何かそういうビジョンがあったと、ヨーロッパ統合、クーデンホーフ=カレルギーとかそういう流れがありますね、そこから出てくるわけです。

アジアには、アジアは一つと言った人もいますけども、ほんとの意味で何か欠けているところは一つのビジョンを持つこと。ビジョンに向かって進んでいけばいいわけです。東アジア共同体も小泉さんが出したときに果たして本当に国内的にコンセンサスがあるビジョンであったかどうかっていうのは疑問だと思います。ある外務省のアジア局の一事務員が小泉さんの演説のために考えたときに、東アジア共同体、これは私の本にも書いてありますけども、日本はそんなヨーロッパのような共同体ということを考えてはいなかったんですね。日本はEast Asian community、それも小文字でコミュニティーと、日本の一つの集まりの社会だというぐらいのことのコミュニティーなんです。そういうビジョンのもとで東アジア共同体を進めても、とてもうまくいかない。

中国とのいろんな対抗意識が出てきますと、リーダーシップ争いをやっちゃうと、東アジア共同体構想を潰したのはやはり日本と中国の責任だと思います。なぜ、中国も日本もヨーロッパのようにうまくいかないのかと、これはやはり残念ながら一つの文化の差でありますし、日本もこれからもっとスケールの大きいビジョンを出せる人材を出していかないと駄目だと思います。

池田首相はなんとかかんとか言ってもですね、一つの……まあ、ド・ゴール将軍から、トランジスタラジオのマーチャントだと言われたりしましたが、何かやっぱりヨーロッパの統合を見ながら、日本もそういうところに入っていこうと言った、あの一つの考え方は僕は非常に評価すべきものがあったと思います。

今の日本の政治家にそういうものがあるかどうかですね。各省、さっき申しましたように、ＴＰＰの問題でもほとんど外務省でもわからないと。秘密交渉というのはこんな重要な問題が秘密交渉で済まされるかどうかと。

農業の問題だけじゃなくて、私が最も心配しているのは、あとＴＰＰの中で含まれております21分野、特に、金融、保険、簡保、医療、社会保障、知的財産権。特に私は日本の持っているいちばん素晴らしいこの社会保障制度・医療。やはり日本の持っている同じレベルの医療システムを、貧しい人も豊かな人も、受けられるというのは評価できると思います。

アメリカの社会ではまったく違っておりまして、私もアメリカに8年おりましたが、いいお医者さんは健康保険とか関係なく、高いお金を払えばいい治療が受けられると、すごいギャップがありますね。今、私はこれからの日本をどうするかというのでいろいろ調べておりますと、かつてよかったのは日本の成長とともに貧富の格差がなくなり、所得格差がなくなってきた、ギャップがなくなってくるという日本の素晴らしい成長のパターンがあった。ところが今は逆にアメリカに限りなく近づくほど貧富の格差が固定化ないし拡大してきている。これは日本のこれからの問題にとって大きな一つの社会不安をもたらす原因になるんじゃないかと心配しております。

ＯＥＣＤで言っております相対的貧困率という、貧富の格差を見るジニ係数という手法がありますけども、それがアメリカに限りなく近づいて、将来アメリカを抜くかもしれないというぐらい格差は拡大しています。これはどこから来るのかと、これは日本にとって一つの大きな問題であります。

それから、教育の費用がきわめて高い。日本とアメリカと韓国が、ヨーロッパよりも遙かに教育の費用が高い。その中で、たとえば北欧の場合は私立も公立も授業料は全部タダですね。フランスは30％ぐらい国民家庭が負担すると、私立の場合にもです。で、ロシアもほとんど国家がやはり教育費を出している。ＯＥＣＤの最近の統計だと、日本のやはり家庭の教育に対する負担が最も高い。日本はやはり50％以上家庭が教育を負担せざるを得ないと。そうなりますと、お金持ちの階級でないといい大学に入れないと、そういう社会は非常に不安定になってくると思います。これをどう改善していくか、ＴＰＰの中ではアメリカのシステムをそのまま持ってきますとそういう社会が出てくるわけで、農業だけの問題じゃなくてＴＰＰについて我々はもっと考えないといけない。こういう形で進んでいった場合、最初にＴＰＰありきと言った民主党野田政権のときです。むしろ自民党のほうが警戒心が強かったわけです。その自民党がやはりＴＰＰに入らざるをえないとなった。その場合にどう交渉していくか。交渉によって日本はＴＰＰの性格を変えていくという考え方を持っておりますけども、私はやはり、日本の今の交渉力で、特に、バスに乗り遅れるから早く入ろうなんて言った、そういう交渉力でＴＰＰの内容を変えていくということができるかどうかっていうのは大きな疑問だと思います。

そういう外交の交渉力を日本は持ってほしい。かつては非常に素晴らしい交渉力を持った人で、中国からも、もうむしろ日中国交回復の交渉のときに中国の人たちが、周恩来が日本の外務省の交渉官を中国に呼びたいと、そういうことを言ったぐらい粘って交渉する人もいたわけです。

ＴＰＰは、本当に12カ国の中で、アメリカにとっては、日本が入ってくれて初めて意味のあるＴＰＰになるわけです。アメリカにとって、豪州、ニュージーランド、それからあと、ブルネイとかああいう小国とＴＰＰをやって10年間で例外なき自由化をやったところでアメリカにとってそんなにプラスにならないんですね。結局は日本に入ってもらわないといけないわけですから、じっと構えてれば、アメリカが入ってくれと言ったと、そういう状態まで外交は粘るべきだと、そうなると交渉力はあって、農業でどうするとかそういう問題が日本の交渉力によって守れる、日本の弱いところを守れると考えます。

アメリカはＴＰＰの交渉においても、バイで交渉し、アメリカと豪州のＦＴＡ、Free Trade Agreementとか、ＥＰＡとか、Economic Partnership Agreementを見ても、アメリカは自分の弱い酪農品と砂糖を豪州との交渉では除外してます。カナダとの交渉においても酪農品を除外する。アメリカは結構、10年間で例外なき自由化と称しながら守るべきところは守っているんですね。日本がそういう交渉力を持てるかどうか。

韓国はアメリカとＦＴＡを結びました。そのときに米は例外にしてもらった。喜んでいたらあとの面で大変な韓国の法制システムの改革をやらざるを得なくなった。それを韓国の人が言っておりました。考えてみますと、バイのＦＴＡを組み合わせていったのが結局は、ＴＰＰ交渉に含まれてくるわけで。アメリカが何を考えているかというのを皆さんよく考えていただきたい。ＴＰＰはアメリカの最終目的ではないんですね。アメリカの最終目的は、ＦＴＡＡＰという、Free Trade Area of Asia-Pacificと、アジア太平洋の自由貿易圏をつくることが目標であって、そのためにＴＰＰを使っている。

ＴＰＰは単なる手段ですね。手段だけども、きわめて重要な手段であるということを私は強調したいと思います。

日本の各省の中で、それぞれの内容をバラバラに管轄しています。医療は厚生労働省でしょう、外務省はどの程度外交交渉能力を持っているのか、鶴岡大使はやっておりますけども、経済産業省の甘利経済産業大臣が中心ですから、そこからどの程度お互いに省庁間の連携が取れてくるのか。オールジャパンでやるべき問題にもかかわらず、依然としてやはり、日本の中の各省の縦割り、そういう行政がありますから、その中でＴＰＰ交渉っていうのは今後どうなっていくのか、きわめて心配だと思います。

特に、今でも、一昨年の末までに終えようと言っていたのが延びたんですね、去年も延び、また今年の2月までにと言っているのもさらに延びていますね。したがってＴＰＰというのはきわめてアメリカにとっても大変に大きな問題でありまして、アメリカがやはり苦労していると思います。たとえば、自動車産業は日本のほうが強いというならば、アメリカは日本からくる自動車の産業をいかに守るか。実際に10年間で例外なき自由化を自動車でやったらアメリカの自動車産業はどうなるかということも考えて見ていると思いますね。そういうことで、ＴＰＰは必ずしもうまくいくとはなかなか思えない面もあるわけです。しかし、オバマ大統領は一つのアジア戦略としてＴＰＰを出している。そして、日本は取り込まれる。カナダも実は、ＴＰＰには入りたくなくて、むしろアメリカとＦＴＡをやっている。そのときに日本が入ると言ったからカナダも入らざるをえなくなってきた。

そういう形で進んでくる場合に、中国がやはりＴＰＰには大きな関心を持っているわけです。オバマ大統領に対して中国は、習近平国家主席がアメリカに行ったときに、ＴＰＰに関する情報は流してほしいというのを直接オバマ大統領に訴えたという情報が入っていますし。そうするとアメリカも東アジア共同体、アジアの地域連合、これについてもアメリカは関心を持っていると、情報をお互いに交換しましょうという形で進んでおります。私は先日外務省の幹部に対して直接質問して、日本にとってＴＰＰに入ることがどういう意味があるの、どういうメリットがあるんですかと聞いたら、やはりいちばん大きな問題は、12カ国でハイレベルのルールをつくっちゃおうということであると。中国を今除外したほうがいいんだ、と。中国がいきなり入ってくるとハイレベルの自由化のルールができない。したがって今の12カ国でハイレベルのルールをつくって、そのルールを中国に将来あてはめていく。確かにアメリカの戦略としては、最も躍進するアジアの中でも中国、これとのＦＴＡ／ＥＰＡをアメリカはバイで結ぶよりも、おそらくはバイバイしているとあるいはやるかもしれませんですね。

日本はいちばん怖がっていたのは、アメリカとバイのＦＴＡ／ＥＰＡを結ぶのは怖いと言って逃げていたのがＴＰＰに入るってことはですね、むしろアメリカとバイの交渉をやるよりももっと難しいことになるわけです。バイの交渉だとある程度米をどうするとか自動車をどうするとか、そういう話し合いはできるわけですけども、ＴＰＰになりますと、もう12カ国、13カ国とか中国が入ったりした場合に大変複雑な問題が出てくるわけで。まあ、今はアメリカが牛耳っていますから、日本はアメリカと交渉すればＴＰＰはある程度片がつくと言っておりますけども、本来ならば、豪州と日本はＦＴＡを結びましたが、アメリカはやはり豪州と日本のＦＴＡよりももっといい条件で、ＦＴＡ／ＥＰＡ

を結ばなければ、同じ条件であれば豪州との競争では負けるわけですね。

そういう意味ではアメリカはもっと強い要求をしてくるんだろうと思います。そういうことで言えば、TPPの交渉よりも日本は東アジア共同体で、中国、韓国、日本の間でしっかりしたFTA／EPAを結んでおれば、アメリカがTPPをおっかぶせてきても、もっと東アジアの共同体の一つの基盤のもとに抵抗力はあったと思いますね。それをある程度小泉さんが言いながら、最初にFTA、最初に東アジア共同体の交渉をやるなんて言いながら、TPPが現れてくるともうすべてTPPが第一の日本の一つの交渉の対象になる地域協力になるわけですね。

アジアの問題は本当に複雑に、ASEAN＋3があり、ASEAN＋6があり、ASEAN＋8があり、それから、APECがあり、それから、FTA、FTAAPが出てきますと本当に何に重点を置いていけばいいのかというのが大きな課題ですね。まだよく暗中模索だと思います。しかしどうも今、必死になっているのはアメリカもTPPでしょう。それから日本もTPP。最初にTPPありきと、こういう形で進んでいますから、本当にヨーロッパの場合と比べて非常に複雑な地域協力のいろんな構想が出てきているわけですね。これをどう収拾していくのかというのがこれからの大きな課題になってまいります。

日本と韓国が地道にFTAを2005年から始めているわけですが、それも完結してない。それから、日本は中国とFTA／EPAを結んでいけば、東アジア共同体は、経済共同体はもうできつつあるわけですから、それがさらに強化されていくと。これを中心としながら、アメリカがTPPをやりたいと言えば、一つのもっと大きな構想でアメリカの考えているFTAAPっていう Free Trade Area of Asia-Pacific をやればよい。アメリカはＡＰＥＣは最初は乗り気でなかったんですけども、日本は大来さんとか小島寛さんとかいろんな学者が豪州との間で結んだ、学者がお互いにやりだしていたこの環太平洋自由貿易協定っていうのは、一つのある面では日本と豪州が戦後出した環太平洋の構想だったわけです。しかし、それを最後には日本は尻込みしちゃう。で、結局豪州がＡＰＥＣのイニシアチブを取ったわけですね。

アメリカはＡＰＥＣには乗り気ではなかったけども、結局は、ＡＰＥＣは首脳会談ができる意味でアメリカも力を入れだしたと。しかし、ＡＰＥＣはアジア的なボランタリーな自由化構想なのですね。したがってアメリカにとってＡＰＥＣは必ずしも満足ではないと。そこで完全な形のＦＴＡＡＰっていう自由貿易協定をつくろうっていうのがアジアに対するアメリカの戦略であります。それを達成するためにＴＰＰを使ってきている。いろんな手段を使ってきますけども、日本はこれに対してどういう手段でいくべきかと、私はやはり、地道に２００５年から始めている韓国とのＦＴＡを完結すべきだし、それから、中国との間もＦＴＡを進めていくべきです。アメリカは最初怖がって、アメリカとのバイのＦＴＡ／ＥＰＡを日本は避けていたわけですけども、ＴＰＰが乗っかってきたわけですから、これにどういう対応をしていくか。その中で、やはり日中韓がＡＳＥＡＮと結んでる、このＡＳＥＡＮ＋３を基盤とした、経済関係をしっかりと固めていくことが日本のアジアへの地域協力の大きな問題になってくると思います。

特に、ＴＰＰの中で問題は、ＩＳＤＳ（Investor-State Dispute Settlement）という条項があります。この条項は、一つの企業が国家を訴えることができると、これはきわめてアメリカ的な発想法なんですね。で、ラテンアメリカの国などは、もうアメリカのユナイテッド・フルーツが一国を提訴して、政府に対してやれば、ラテンアメリカの小国はもう、ほとんど内閣が替わるとか、もう国がもう破滅するとかそういう危機感をかつて持っておりました。ＩＳＤＳ条項っていうのはＴＰＰの中の一つのアメリカの戦略の中でも重要な要素であります。特に医薬品などが、アメリカはやはり将来、パテントライセンスの問題で中国が今、パテントライセンスを濫用しておりますから、ハイレベルの投資協定のルールをつくって、将来これはアジア、特に中国にあてはめていく。ある面では日本はそれに乗っかっていくと、日本の医薬品なども中国では非常に濫用されている。そういう意味では僕は外務省に問いあわせたときにそういうメリットがいちばん大きいんだと言われました。アメリカはもう単なる物の貿易よりも、そういうこれからアメリカの第三次産業である医薬品とかパテントロイヤルティー、技術、そういうもののパテントライセンスを守っていくことによって、あるいは映画も含めて、あらゆるものを守っていくことのほうが、単なる何を輸出するとか物を輸出する、それよりも遙かにアメリカの利益になってくると、それを目指しておりますから、ＴＰＰの行方はこれからも十分考えていきたいと思います。

日本のとるべき対応は単に農業だけではなくて、日本の持っていたいちばんいい面である、簡保、そういうものをいかに守っていくことが重要であるのかと思います。アメリカの貧富の格差を見ていて、本当にニューヨークのマイナス20度、そういうところの町を歩いておりますと、ゴミ捨てに頭を突っ込んで、スキーのブーツを履いて寝ている人たちがいる、ああいう社会に日本はなってほしくないと思います。

ＴＰＰもいいところは利用して、あるいは日本は自分で日本の農業を強化していく必要はあります。特にまだわからない分野の環境の規制とか、アメリカのルールと日本のルールは違います。やはり環境に対する規制について日本はしっかり、アメリカに追随するのではなくて、日本の持っている環境の厳しい条件と、自動車の排気ガスの問題とかですね、それは十分に守っていく必要があると思います。そういう意味でＴＰＰの行方は、いずれそういう構想を持って進んでくると思います。

それに対して日本がどういう形を取っていくのか、これから皆さんが本当にＴＰＰについては、もう過ぎ去った問題じゃなくて、うまくいかずに延ばしに延ばしておりますけども、いずれかはアメリカはやはりそういうＧＡＴＴ、ＷＴＯ、ＧＡＴＴで工業製品の自由化を狙い、ＷＴＯで農業産品含めてやってきて、この次はやはりアメリカの考えているのは第三次産業とかパテントライセンスとかそういうものの、医薬品の問題とかそういうところでアメリカの持っている科学技術で大変な投資をしたものに対する収益を濫用されないようにする、これをアメリカは目指してると。アジアがやっぱりこれからアメリカにとって重要な市場であることは間違いないんですから、その点これから我々は十分に研究していく必要があると思います。

あと残された時間ご質問があれば、どうぞなんでもおっしゃってください。どうもありがとうございました。

◇

羽場：谷口先生本当にありがとうございました。

きわめて重要な多くの問題提起をしていただいたと思います。アメリカがアジアに入ってきて、進めていることであるとか、あるいはAPECとTPP、それに対する日中韓のFTAの中でアジアの利益を守っていく問題。最後にTPPというのが農業だけではなくて、簡保、社会保障、貧富の格差を今後容認していくかどうかという問題や、知の問題ですね、パテントとか特許の問題をどう考えるかという非常に多岐にわたるご提言をいただきました。ありがとうございました。

また、お話の中では若者こそが世界のビジョンを持って頑張っていただきたいという皆さんへのメッセージもいただいたと思います。時間がとても限られているんですけれども、せっかく谷口先生がいらしてくださっているので、お二人に質問を続けてお願いしてお答えいただきたいと思っております。よろしくお願いします。まず、できれば学生さんどうでしょうか。じゃあお願いします。

質問者：国際政治経済学部4年のSと申します。本日は大変貴重なご講演が聴けてすごくうれしいです。ありがとうございます。

TPPから少し離れてしまうんですけど、私がいちばん興味関心があったのが日本の教育費が高いというところでした。フランスやロシアと北欧を挙げていたと思うんですけど、こちらの国家がどのような過程を経て各国政府が負担するようになったのかということがちょっと疑問だったので、その政府が教育の重要性について認識した上で政府がやっていったのか、それとも国民の希望があったのかというところを聞きたいです。あと、できれば、日本がこれからどうしていくべきかというところもちょっと聞きたいです、よろしくお願いします。

羽場：ありがとうございました。日本における教育費の重要性、特に北欧における無料化の問題についていただきました。では、もう一人いかがでしょう。

質問者：国際政治経済学部1年のTと申します。本日は特にアメリカの狙いとかについて興味深く聴かせていただきました、ありがとうございました。

質問もそのアメリカの狙いなんですが、レジュメの2ページの3番の括弧3に制度そのものについてメスを加えることが狙いであるように考えられるとあるんですが、日本の制度なので、実際にどのようにアメリカが介在してくるのかというイメージが具体的に湧かないので、そちらについて。あと、アメリカにとってそれをすることでどのような利益があるのかということも併せてお答えいただければ嬉しいです。

羽場：ありがとうございました。では次の方、よろしくお願いいたします。

質問者：私も一応学生なので、国際政治経済研究科の修士でございますが。一つ質問がございます。アメリカとほどよい距離感を持った東アジア共同体の成立を推進するには、どうすればいいのかという素朴な疑問といいますか、その推進力となるパワーはどういったものなのかということをご質問したいと思います。

羽場：ありがとうございました、いずれも大きな問題ですが、谷口先生よろしくお願いいたします。

谷口：どうもいろんな質問をしていただいて、ありがとうございます。なにか質問がないと寂しい思いで帰りますけども、青山学院は2問質問をいただいたので非常に印象に残っております。

教育費の問題はやはりＯＥＣＤもいちばん日本で心配しているのは、日本の教育費がきわめて高くて家庭の負担が大きいと。これはね、私も感じますけども、日本の大学の学長が全部、フランスのグルノーブルに行ったときに、国立大学の先生が多かったんですけども、慶應、早稲田も来てられたですけども、授業料が日本はいくらですかって言われたときに、琉球大学の学長さんが、40万円と言ったんですね。

そうしたらフランスの人が、「高い」と言ったんだけど、僕はもうそのときに、早稲田におりましたから、早稲田はもっと高いと言おうと思ったんですけど、さすがにやはり僕も気が弱くて、40万で高いと言われたんです。早稲田は１７５万とか、大学院の場合だったらですけどね。そうなるとね、中国人の留学生は私費留学の人は、もうとてもアルバイトアルバイトを続けても駄目で、ゼミの学生を僕が指導する場合に困ったのは、本当に修士論文を提出するには授業料を払ってなければ出せないと。１７５万、２年間ですから、とても中国の学生にとっては払えないと、そうすると修士論文も受け付けないとなりますと、本当にこれは。国費留学生はいいです、きわめて日本の場合は国費留学生が少ないです。

アメリカはやはり企業がやはりどんどん出す、優秀なＭＩＴとか。で、早稲田のときに僕は、早稲田にも早稲田の先輩が企業で活躍している人にお金を出してもらったらと言ったら、日本の大学に出してもそれだけのメリットがないと、アメリカのＭＩＴに出せばそれだけのメリットがあると言われたんです。やはり企業がお金を出す場合に、決して何も代償がなくて、自分が早稲田のＯＢだからと言って出すような人は稀ですね。

そういう意味では、やはり日本の場合、考えていかないといけないのは、やはり育英資金を出すべきだと思います。成功した人はあとの人のために払っていく。外国人の留学生についても優秀な人についてはそういう資金を出して、その代わり成功払いで払ってもらうと。

私はやはり中国の学生を桜美林大学でも教えて大学院でもやっていますけども、そういう人たちが将来中国に帰って成功した場合に、日本の育英資金のように返してほしいと、次代の次の世代のために返してほしい、そのシステムは非常に重要だし、それにはODAを十分使ってもいいと思います。ODAも濫用すべきじゃないと思いますけども、人材の育成のためには素晴らしい貢献ができると思います。

中国の清華大学が、やはりアメリカは中国から取った賠償金でもってつくった学校ですから、そこから出てくる人材がいかにアメリカと中国との関係をよくしていくか、それだけのビジョンを持った日本の戦略、ODA戦略をおおいに使っていけばいいと思います。まあ、ODAは日本はだんだん下がってまいりましたが、かつてのODAじゃなくても、貴重なODAを人材の育成のために使うことは日本の将来にとって十分価値があると思います。

それから、この二番目の質問は、アメリカの場合ね、ダイナミックな社会ですから、それと、この移民が多い場合に、僕はアメリカの社会は、日本よりも遙かに逞しさがある。それで、移民を入れながら人口を保っていく、人口は日本は減ってまいりますね、で、アメリカの場合は適当に外国の移民を入れる、それによって人口が減っていかない。それによって経済がある程度成長率が保ってくるわけですけども、日本の場合はきわめて移民が少ないわけですね。これをやはり将来考えていく必要がありますし、日本の持っているいいシステムっていうのは、さっき申し上げたように簡保とかそういうものはですね、税金を払ってでも守るべきだし、北欧の税金がきわめて高いのは、GDPの40%、50%ぐらい北欧は払っていますけども、それだけの見返りがあるから、みんな喜んでではないんですけども払っていくと。

北欧の場合、スウェーデンなどは私立も公立も授業料はさっき申し上げたようにまったくゼロ、タダですね。日本の場合、高いと、その差はありますね。それから、アメリカはやっぱり東アジアに出てくる、これはもう躍進するアジア、ラテンアメリカは、まあ、キューバを今度はある程度認めて、キューバとの関係をよくすると言いながら、ラテンアメリカの発展率よりもアジアのほうがよりダイナミックに発展します。中国の次にはベトナムも発展しますし、インド、パキスタン、それを考えますと、アメリカはやはり、アジアからは絶対、東アジア共同体に任せるだけじゃなくて、アメリカも関与したいと、その点は明らかに見えますし、これはアメリカは当然考えるのは、EUには入らないと、最初はEUの地域統合に反対していたアメリカが、EUが28になり、そうなってきますと非常に地域統合を考えざるをえなくなったのは、NAFTAはアメリカの政策の転換であったと思います。

ただ、NAFTAはそれほど成長していかなければ、アジアへのアメリカの進出は将来考えてくると。ただ、東アジア共同体でがっちり固められた場合にアメリカの立ち位置がほとんどアジアでなくなると、これに対する危機感はありますし。まあ、アメリカの中でもですね、むしろアイケンベリーとかそういう人たちは、むしろ、つくらせてみろ、と、東アジアに共同体を。そうなるとアメリカの負担は非常に軽くなる。北朝鮮問題、アジアほど今、安全保障の問題で大きな問題を抱えている地域はないと思いますね。ヨーロッパは全欧、ヨーロッパ安全保障協力機構がＯＳＣＥっていうのがありますし、あそこで毎年首脳が集まってやっておりますから、意外とヨーロッパはそんなに、まあロシアが今度、プーチンが離れておりますけども、そんなに心配ないの、いちばんやはり火種の多いのはアジア、特に東アジアだと思います。

そういう意味では安全保障の問題から言っても、東アジア共同体ができてれば、お互いに米びつをひっくり返すようなことはしない。それから、私が言っているのは、もう島の問題でも、もうあまり領土権の問題で主張するよりもお互いに資源の共同開発をやろうというぐらい提案してみれば、中国の政治家にもそれだけの人がいないと、かつて鄧小平がそういうことを言い出しておりましたが、やはり日本の政治家の中にも、お互いに日本の技術、中国の技術、韓国も含めて、東シナ海の資源を共同の開発をして、平和の海とすると、それぐらいの発言をすれば、日本の評価はもっと上がると思います。

羽場：ありがとうございました。まだまだお話を伺いたいほど非常に刺激的でインフォーマティブなお話で、外務省の方がこのようなお話をされてもいいのかと思う部分もあるほどですが、ありがとうございます。非常に学問的なお話、そして、現実のＴＰＰの交渉の難しさに根付いたお話をしていただきました。最後のまとめにも相応しいご講演であったと思います。今一度、谷口先生に拍手をお願いいたします。今日は本当に素晴らしいご講演ありがとうございました。

第5章

アジアの経済発展と域内経済統合

河合正弘

◇

河合：只今紹介いただきました、河合正弘です。東京大学の公共政策大学院で、現在教えております。

今日のテーマは、アジアの経済統合ということでお話させていただきたいんですけれども、お配りしているパワーポイントの数が非常にたくさんありまして、合計58枚あります。ちょっと多すぎたかなぁと思っております。私自身は大学院で教えていますので、ここに書かれているものは、この英語版が、私がだいたい話すような内容であるということですので、大半の学生の方々、特に学部の学生方々には、ちょっと難しいところがあるかも知れません。なるべく難しくしないように話をして下さいという羽場先生のリクエストがありましたので、ちょっと難しいなぁと思われるところは、割愛させていただく可能性があります。

今日お話したいことは主に三つありまして、一つはアジアの現状をお話させていただきたい、これ「アジアの世紀」というタイトルになっております。もう一つはアジアの経済統合の現状ということで、特に貿易と投資および金融と通貨、この二つを取り上げたいと思います。貿易と投資のところは、おそらく時間の関係もありまして、私が作りましたパワーポイントすべてをカバーすることができないかも知れません。特に最近関心をもたれていますTPPについてはお話させていただきたいと思います。そして、アジアの通貨統合ですとか金融統合のお話をさせていただきたいと思います。これはユーロ圏危機が起こりまして、通貨統合というのは非常に大変なことだということが、あらためてわかったというわけですけれども、それをアジアのコンテクストで、アジアの枠組みの中でどういうふうに考えたらいいのかということを、お話させていただきます。そして最後に三番目、これは三番目ですけれども、日本の課題と役割ということをお話させていただこうと思います。

◇

まず全体の流れとしまして、21世紀はアジアの世紀になるというふうに言われています。これは数年前に出されました、ＡＤＢの、ＡＤＢと言いますのは、アジア開発銀行、国際機関なんですけれども、世界の中にはアジア開発銀行のような国際機関がいくつかあります。いちばん大きいのは世界銀行ですけれども、世界銀行は、世界の途上国の経済発展をサポートするためにいろんな業務をやると。主な業務は資金の貸出、あるいは政策の助言といったことをやるわけです。世界銀行は世界全体をカバーするんですけれども、各地域をカバーする国際開発金融機関があります。

アジアではアジア開発銀行、アフリカではアフリカ開発銀行、そして、ラテンアメリカでは米州開発銀行、ヨーロッパの、特に旧社会主義から市場経済に移行するプロセスを助ける、欧州復興開発銀行といったものがあります。

そのアジアのアジア開発銀行が、「アジアの世紀」という本を、レポートを出しました。21世紀はいったいアジアの世紀になるのかどうか、アジアの世紀というのは、いったいどういう意味なのか、そしてそれを実現させるためにはどういうことが必要なのかっていうことをまずお話させていただきたい。そして、アジアの経済統合、その重要性、メリットデメリット、そしてそのプロセスをお話させていただきます。

まず、アジアの世紀ですけれども、皆さんへのお手元のハンドアウトでは色が出ていませんので、ちょっとわかりにくいかも知れませんけれども、世界経済に占める各国地域のＧＤＰシェアが、この図で示されています。中国、インド、日本、西ヨーロッパ、アメリカと、示されております。これ、紀元０年。紀元０年からのデータが示されています。アンガス・マディソンという経済、歴史経済学者がいまして、彼は人口ですとか、世界の各地域の人口ですとか、入手可能な経済データを使って、紀元０年あるいはそれ以前の時期から、例えば日本のＧＤＰはどれくらいであったか、アメリカ大陸、北米、特に今のアメリカ合衆国のGDPの規模はどれくらいであったろうか、ヨーロッパではどうだったろうか、という観点から推計をしています。ここでは紀元0年からのGDPのシェアが示されています。

最近、中国やインドが急速に、経済発展、経済成長してきているわけですけれども、そして21世紀はアジアの世紀になるかもしれないと言われているわけですが、このデータを見ていただきますと、実は19世紀の前半はじめ頃までは、世界は実はアジアの世紀であったと、世界経済はアジアによって占められていた、大多数が占められていたという、そういうデータであります。この上にあります赤い線、これは中国ですけれども、中国はかつては世界の中のGDPの25%とか30%くらいを占めていたと。そしてインド、インドはこの、ここでは紫色になっていますけれども、インドもかつては30%以上、あるいは25%、20%というシェアを占めていた。下の方にありますオレンジは日本なんですけれども、日本は数%のGDPを占めていたと。ですから、日本、インド、中国を合わせまして、世界の60%くらいを既にGDPとして占めていたと。

それが産業革命、ヨーロッパで産業革命が起こる、起こってきて、ヨーロッパ、ここではグレーの色になりますけれども、ヨーロッパのGDPがぐっと上がると。産業革命って言いますのは、言うまでもなく、我々の人類史の中でおそらくいちばん重要な科学技術発展の一つであったと言っていいと思います。ヨーロッパのシェアがそれでぐっと上がってくる。アメリカ合衆国、これはある意味でヨーロッパの拡大版であると。ヨーロッパから移民として人々が流れていく、資本も流れていくということで、アメリカが急速に伸びて来たわけですね。アメリカがこの濃いブルーの線で書かれています。これ急速に上がってくると。ヨーロッパが上がる、アメリカが急速に上がるっていうことで、アジアのシェアは19世紀の半ば頃から急速に下がってくるということになりました。

だいたい１９５０年頃に、アジアのシェアはだいたいボトムに来ると。しかし、まず日本が経済成長をする、そして中国がそれに追いついて来る、インドが追いついて来るということで、今、世界経済のウエイトが次第に欧米からアジアに移りつつあるわけですね。この現象は我々の歴史の中では決して新しい現象ではないと。ただ、さまざまな戸惑いがある、特に欧米から見ますと戸惑いがある。我々が経済的に重要なところを占めてきていたのが、どんどんとアジアが出て来るということが今の状況なわけです。

アジア経済の成長を考えてみますと、中国は、右から二番目ＰＲＣと書いてあります。ＰＲＣっていいますのは、ピープルズ・リパブリック・オブ・チャイナ、中華人民共和国の略語です。いちばん左がＡＳＥＡＮ、ＡＳＥＡＮは10カ国からになってます。中国、そしてインドと書いてありますが、中国の経済成長率がこれまで非常に高い経済成長率であったと。１９９０年から２０１０年、10％以上の成長率を続けてきました。しかし、これから10年先、20年先を見てみますと、経済成長率はだんだん落ちてきます。これは自然な流れになります。インドは、まだこれからより高い成長率を示すポテンシャルを非常に持っているということです。ＡＳＥＡＮはそれに次いで高い成長率をこれからも続けていくということで、右の方にあります日本とか、アメリカ、ヨーロッパと比べますと、アジアの経済成長はこれからまだまだ２０３０年に向けて、高い成長が予想されるということになります。

このまま今のような成長、当然成長率はだんだん下がってくるわけですけれども、成長を続けていくと、いずれ2050年にはアジアのGDP、国内総生産は世界の中の50%以上を占めるようになるというのが、先ほど申し上げましたADBのレポート、「アジアの世紀」というレポートになります。ですから、物事が非常にスムーズに進んで、アジアが順調に成長を続けていくならば、アジアの世紀が実現されるはずだと。

その時ADB、アジア開発銀行が取り上げました二つ目のシナリオがありまして、それは「中所得国の罠」というシナリオであります。「中所得国の罠」と言いますのは、中所得国、これは一人当たり所得がだいたい1000ドルから1万2500ドルくらいの一人当たり所得、正確には1万2746ドル、これは一人当たり国民所得、GDPと国民所得は若干違うんですけれども、一人当たり所得が1万2700ドルくらい、一人当たり1000ドルから1万2700ドル当たりの国が中所得国と言われます。

これは今の中国がその中に入りますし、インドが入りますし、ASEANの中のシンガポールですとかブルネイ、これらの国は一人当たり所得が非常に高い国ですので、それはこの中所得国の中に入りませんけれども、ASEANの大半が入ります。もっともミャンマーですとか、カンボジアですとかラオスはまだ1000ドル以下の所得ですので、まだ中所得国にはなっていませんけれども、皆さんおそらくご存知の、あるいは行ったことがあると思いますけれども、タイですとか、インドネシア、マレーシア、フィリピン、ベトナムといったような国は、中所得国に入ります。アジアの大半の途上国が今、中所得国になっているわけです。

その中所得国の状況から抜け出せない状況が、「中所得国の罠」であるということになります。「中所得国の罠」と言われる状況から抜け出して、高所得国になると、移っていくと。実は、こういった成功してきた国々と言いますのは、アジアの中に見られる。韓国がそうですし、台湾がそうですし、シンガポールがそうですし、香港がそうである。ということで、日本の場合は、明治維新以降経済発展を遂げてきて、そして一人当たり所得も上がってきましたので、他のアジアの途上国と一緒にはできないんですけれども、日本もそういった意味では、中所得国から高所得国に移ってきた成功例であると。

そういった成功した国々を見てみますと、重要なのは何かと言いますと、技術進歩ですとか、生産性を上げるといったようなこと、あるいは社会的な安定性を維持するといったこと。たとえばアフリカ等で、国内紛争がしょっちゅう起きているような国では、中々成長ができないということがあります。あるいは公務員の間での腐敗を何とか抑えていくと、これやはり先進国にだんだん移っていくためには、公共部門への信頼性、国民の信頼性を高めていく必要があるということが必要になるからです。そして、水資源ですとかエネルギーですとか、そういった資源を効率的に利用していくと、環境への負荷というものを最小化していく。そうしませんと、やはり環境問題、公害問題といったものは、これまた社会的な、あるいは政治的な問題に繋がりかねない。そして、経済に長期的なダメージを与えるような経済危機といったものを避ける。こういったことをちゃんとやっていくためには、制度ですとか、国の統治のあり方、これしっかりとした国の統治をしていくと。そして民間部門に対しては、明確な経済政策や法制度、法のシステムを提供していくといったようなことが、やはり必要になってくるということであります。

この二つのシナリオが示されたわけですけれども、もう一つ、ちょっとシナリオを示しておきたいのは、アジアの破局のシナリオ、これはアジアの世紀という、非常に明るいシナリオから、非常に暗いシナリオになるわけですけれども、もしアジアの中で、色々な国で政治社会的な混乱が起きたり、あるいは経済危機が起きたり、ここで取り上げたいのは国際紛争ですけれども、域内での、アジア域内での紛争が起こる。中国と日本の問題も含めて。中国とインド、中国とインドというのは昔から国境をめぐって問題があります。あるいは朝鮮半島の問題もあります。あるいは中国と欧米との緊張関係がひょっとすると将来作られるかもしれない。こういった問題が軍事紛争とか、そういうところに繋がってきますと、アジアの世紀というものは実現されない可能性がある、アジアの破局というところに繋がっていく可能性があるということで、少なくともアジア諸国はアジアの域内で協力をしていくと、さまざまな経済協力をしていくということが非常に必要なのではないか。アジア各国がばらばらでは、アジアの世紀を中々実現できないというふうに思います。

今日取り上げますのは、インフラの問題は取り上げませんけれども、アジアの広域的なインフラを作っていくと。そして、インフラを通じてアジアの国々を繋げていく。陸の国、特にＡＳＥＡＮのタイですとか、ミャンマー、ベトナム、ラオス、カンボジアは陸で繋がっています。あそこをメコン地域と言われますけれども、メコン地域を交通網で繋げていくということですね。日本なんかの場合、あるいはインドネシアのように、海の国では港湾の整備をする、シーポートですね。海を通じて繋げていく、あるいはＩＴを通じて繋げていくといったようなことが必要になる。

◇

第二番目は、アジア広域的な自由貿易、投資地域を作ると。貿易面や投資面でアジアの経済統合を図っていく。そして金融市場も統合していくといったようなことが必要になるのではないか。中長期的にはアジア共同体といったような考え方も必要になるかも知れません。もちろんのこと、アジア共同体のようなものができるためには、日本と中国のような、こういう対立の問題は解消される必要があると。あるいは中国とインドで、ちゃんとボーダーコンフリクト、国境のところで色んな紛争が起こるのをしっかりとマネージしていく、起こらないようにするというようなことが必要になってくるわけですね。アジアは欧米とも協調していく必要があるということであります。

今日お話しします経済統合ですけれども、経済統合の利益といったものが非常に大きな利益があります。経済統合というのは、国の市場を一国の市場を別々にするのではなくて、いくつかの国の市場を一緒にするということですから、市場の規模が大きくなります。規模の経済性といったメリットが出てきます。規模が大きくなれば、単なる市場規模以上のベネフィットが、利益が出てくるということになります。競争がより活発になりますから、生産性を引き上げる圧力が出てくるということになります。

消費者から見ますと、消費する財・サービスの価格が下がる。これ競争によって価格が下がってくる。あるいは多様な財やサービスを消費することができるようになる。これまでの国の企業だけによって提供されているものではなくて、海外からたくさんいろんなものが入ってくる。そして貧しい国や貧しい地域は、より経済的に活発な地域と、あるいは国と自らを結びつけることによって、自らの経済を活性化することができると。これは貧困削減とか、そういったところにも繋がっていく、一人当たり所得が高まっていく効果を持つわけです。

ただし経済統合にはコストも伴います。競争が活発化される結果、非効率的な企業や産業は、縮小や撤退を余儀なくされる可能性があります。その間、たとえば、失業した労働者は他のところに仕事を見つけていかなくてはいけない。それが必ずしもスムーズにいくとは限りません。そういった調整費用がかかります。あるいは自分の国を開放して、他の国と繋げるということになりますと、他の国の経済、あるいは政策の影響を受ける可能性があります。これは必ずしも自分の国が欲するような形で影響を受けるとは限らないということになります。

たとえば海外で金融危機が起きたりするということになりますと、自分の国に直ぐ波及してきてしまうと、自分の国は金融危機になっていないけれども、他の国の金融危機が自分の国に影響を与えるといったことが起きるわけですね。こういったいくつかのコストがありますけれども、こういったコストは国際的な経済協調、あるいは経済協力によって、この経済統合のコストを小さくしていくことができる、あるいは経済統合の利益をもっと大きくしていくことができるということと言っていいかと思います。

これまでのアジア域内経済の統合の指標を見てみたいんですけれども、いちばん上の赤い線で書かれていますのは、観光客、アジアの中で人が観光、観光客として動く時に、アジアの人は大半がやはりアジアに旅行すると。現在80%程度の人たちが、アジアの中で観光をする。1995年頃には70%程だったのが今80%くらいに傾向的に高まっています。

その次の黒い線は貿易ですね。アジアの貿易、アジアは世界中の国と貿易していますけれども、他のアジアの国と貿易する比率、これ域内貿易比率と言われますが、この域内貿易比率は、かつて50％くらい、かなり安定的ですけれども55％というふうに高い水準を示しています。

その次の線は直接投資です。アジアの国は海外から直接投資を受け入れています。これ海外の企業が自分の国にやって来る、工場を建てる、オフィスを作る、そこで活動するという、そういう直接投資ですけれども、これアジアの域内の直接投資の比率が最近、傾向として伸びていますし、最近急速に伸びていると。50％以上60％近くになってきています。これはもう日本が直接投資をするだけではなくて、日本の企業はアジアの中に進出していますけれども、アジア域内の企業がアジアの中に出て行く、韓国の企業がどんどんアジアの中に出て行く、他のアジアの国に出て行く、台湾の企業が出て行く、あるいは中国の企業も出て行くというようなことが起きています。

その次の薄いブルーですけれども、これは資本取引になります。株式取引、薄いブルーは株式取引です。日本の投資家は、中国の株式、中々これは難しくて中々やりにくいんですけれども、タイの株式、中国への株式、インドネシアへの株式投資とか、そういう投資を行う。あるいは韓国の投資家が、マレーシアに投資するといったようなことが、域内の取引がだんだん増えている。かつては10％くらいであったのが、最近は20％以上になっているということになります。

いちばん下は債権投資です。債権投資と言いますのは、社債ですとか国債ですね。国や企業が発行する証書で、国や企業はそれを発行してお金を集めて、自分たちの目的のために使うという債権投資で、債権投資の比率も傾向として上がってきている。だいたい５％くらい、域内債権投資５％くらいであったのが、今は15％くらいに上がってきています。

ですからこういった指標を見ますと、人の動きはかなりアジアの中で人々が動いている。貿易もかなりアジアの中で行われている、直接投資も行われている。金融取引がちょっと低いと。低いけれども、トレンドしてはだんだん上昇しているということがおわかりかと思います。貿易と直接投資の続きですけれども、今のアジアの中の貿易、あるいは直接投資として非常に重要なのは、サプライチェーン。サプライチェーンという供給網が、アジアの中で展開しているということであります。

これは先ほど同じような図を見たんですけれども、東アジアだけに焦点を当てた図、ここに出ます赤は東アジアですが、東アジアの中の域内貿易取引、東アジアって言いますのは、日本、中国、韓国、ASEAN、香港、台湾といった国を含む地域であります。この域内貿易取引は、ずっと拡大していると。ヨーロッパと北アメリカのデータも示してあります。ヨーロッパの中での域内貿易取引は非常に高い。65%くらいになっている。しかしアジアの域内貿易取引は、東アジアの域内貿易取引は、NAFTA（北米自由貿易地域）、これアメリカ、カナダ、メキシコの3カ国、三つの国の間での域内貿易取引の比率と比べると、東アジアはかなり高くなっていると。この非常に多くの部分がいわゆるサプライチェーンと言われるものによるわけです。

サプライチェーンの代表的なものが、実はiPhone、あるいはSmartphoneになります。中国は非常に大量のiPhone、Smartphoneを生産しています。中国からアメリカへのiPhoneの輸出は非常に大きな額になっています。こういった活動ですね、中国で生産してそれが大量にアメリカに輸出されると。これはiPhoneの例ですけれども、製造業品ではこういったことはいろんな分野で起きている。これが中国のアメリカに対する貿易黒字を作り出していると言われています。

面白いのは、実は中国だけでは iPhone を作ることはできないということなんですね。iPhone を作るには、部品や部材が必要になると。その中に入る、私もこの iPhone を持っていますけれども、この中の部品や部材というのは、ほとんどは中国で作られない。作られるのは日本であり、韓国であり、台湾であり、シンガポールであり、あるいはドイツなんかも作っていますが、彼らが中国に部品や部材を持って来て、そして中国で組み立てて、それで輸出するということになっているわけです。iPhone の場合、中国で作られる付加価値、付加価値は全体の４％程度にしか過ぎません。ですから、中国が iPhone をアメリカに輸出したとしても、中国が本当に付加価値を付けているのは、もうわずかな４％程度であると。

それに比べますと、日本の企業は30％以上の付加価値を付けているということで、輸出、最終製品の輸出は中国から行われますけれども、しかし、それを支えているのは周辺の国であるということで、こういったサプライチェーンが出来ている。

これ他のエレクトロニクス関係の製品ですとかいろんな分野で、自動車なんかもそうですけれども、起きています。その中で、日本は非常に重要な役割を果てしています。直接投資をいろんな国に行うと。あるいは中国にも行う。そして技術を、日本の技術を使う。日本は高付加価値の部品や部材を生産する、あるいは資本財を生産する、工場を作るにはちゃんとした資本財が必要ですから、こういった中国の輸出が拡大すると、あるいはアジアの新興国の輸出が拡大する時には、日本はそれから潤うという、そういう関係にあるわけですね。中国は比較的安価なサービス労働を提供して、最終製品を組み立てるということです。

ただ、今中国は低付加価値の生産構造から、なるたけ高付加価値の方向に移ろうというふうにしています。中国のこの動きは、たとえば韓国の企業等から見ると、脅威に移ってくるということになります。日本もいずれは中国がこういった高付加価値の方向に移ってくるということに対して、やはり日本としてももっと高付加価値の方向に行く、あるいは技術、集約的、あるいは知識、集約的な分野にもっともっと特化していく必要があるということになります。

こういったことを受けまして、アジアの中でも自由貿易協定が結ばれてきました。ちょっと時間の関係で短くさせていただきますが、大体２０００年頃を境目に、アジアは日本を含めて、自由貿易協定を進めるということになってきました。

そして現在は、いわゆるメガリージョナルＦＴＡというものが世界中に広がっています。アジアはその中で非常に重要な役割を果たしています。アジアの中では三つのメガリージョナルＦＴＡが同時に進行しています。一つはこのＲＣＥＰといいます、これはリージョナル・コンプリヘンシブ・エコノミック・パートナーシップと言われるもので、ＡＳＥＡＮ＋６、ＡＳＥＡＮ10カ国と、日本、中国、韓国、インド、オーストラリア、ニュージーランドの16カ国がこのＲＣＥＰ、この大きなＦＴＡ、自由貿易協定を作ろうとしています。自由貿易協定といいますのは、その中に入ってお互いの貿易取引や投資の直接投資の取引をなるべく自由化していこうと、お互い同士で自由化していこうという枠組みになります。

アジアの中ではもう一つ、日中韓、日本中国韓国のＦＴＡ、自由貿易協定も今交渉されています。このＲＣＥＰも交渉中、日中韓のＦＡＴも交渉中。ＲＣＥＰと言いますのは、ＲＣＥＰはその中に日中韓を含みますので、ＲＣＥＰをちゃんと実現させるには、やはり日中韓の合意が必要になるということで、日中韓のＦＴＡは非常に重要なものであるということになります。

そして三つ目のＦＴＡがＴＰＰ、トランス・パシフィック・パートナーシップと言われる環太平洋経済連携協定があります。これはアジアだけではなくて、アメリカ、カナダ、メキシコ、そして南米のいくつかの国、ペルーとチリが入って、そしてアジアの中では日本が入り、マレーシア、ベトナム、シンガポール、ブルネイ、そしてオーストラリア、ニュージーランドが入るということで、12カ国が自由貿易協定を進めています。これは両方とも非常に必要なものですけれども、日本はこの両者に入るという形になっています。

資料がちょっとありますので、ＲＣＥＰとは何かとか、あとでＴＰＰとは何か、これご覧になっていただきたいんですけれども、ＲＣＥＰといいますのはこのＡＳＥＡＮ＋６の中で行われてきたＦＴＡですけれども、ＡＳＥＡＮ＋３とかＡＳＥＡＮ＋６、これどちらにするか、どちらにするかっていうことで日本と中国の間で相当な綱引きがかつてありました。

中国はＡＳＥＡＮ＋３でやりたい、日本はＡＳＥＡＮ＋６でやりたいと、ＡＳＥＡＮ＋６とＡＳＥＡＮ＋３の違いは、インドが入るかどうか、オーストラリア、ニュージーランドが入るかどうかということなんですけれども、日本はオーストラリア、ニュージーランドを入れたいと、中国は入れたくないという綱引きがありました。中々決まりませんでした。

これが決まるようになったのは、ＡＳＥＡＮがやはり痺れを切らして出てきて、日本と中国に「どっちかに決めてくれと、我々はＡＳＥＡＮ＋６でいい」ということになって、ＡＳＥＡＮ＋６の方向に決まりました。これは、ですからＡＳＥＡＮが中心になっている、ＲＣＥＰはＡＳＥＡＮが中心になっている自由貿易協定だというふうに考えていただいてかまいません。ＡＳＥＡＮ＋３にしろ、ＡＳＥＡＮ＋６にしろ、こういう広域的な自由貿易協定を作るということで、非常に大きなメリットが生まれてくるというのが、この図になります。

ＴＰＰがありますけれども、ＴＰＰはアメリカが主導している、自由貿易協定でアジア太平洋地域における、包括的且つ質の高い21世紀型の自由貿易を作るということですけれども、これはＴＰＰの加盟国の中のＧＤＰの比率、あるいは貿易の比率からいいましても、アメリカと日本が圧倒的なシェアを占めています。80％ほど占めていますので、これ事実上の日米ＦＴＡの側面を色濃く持っています。

もう一つは先進国と途上国のＦＴＡという側面も持っています。先進国としてはアメリカや日本ですけれども、途上国としてはベトナムですとかマレーシアが入っているということで、この二つの非常に重要な側面を持っていて、かつつ非常に質の高いＦＴＡを実現させようとする。質の高いという意味は自由化の程度を相当程度上げようということと、貿易ルール、貿易ルールをかなり厳格なルールにしていこうというものになっています。

現在日本とアメリカがとりわけ農業問題、日本の農業問題、特に、牛肉と豚肉の問題で、ここもう何か月も非常にインテンシブな交渉が行われています。ＴＰＰ交渉における主要論点として掲げられていますが、この市場アクセスといいますのは、基本的には関税率をどれくらい引き下げるかという交渉になります。これは今アメリカと日本が行っている。

貿易ルールにつきましては、知的財産権をどこまで守るか、あるいは競争政策をどこまでしっかりさせるか、とりわけ途上国にあります国有企業の取扱い、国有企業が公正な競争を阻んでいるという立場から、国有企業に対する優遇策を止めるようにというのが基本的にアメリカの立場でありますし、それは日本もサポートしているわけです。政府調達、これは政府が公共事業なんかをやる時に、外国企業野の受注を許すかどうかといった問題ですね。投資の問題があります。環境基準の問題等がありますす。こういったことがＴＰＰで議論されています。

よく問題になりますのは、ＲＣＥＰ、ＡＳＥＡＮ＋６ですが、その中でいちばん規模の大きな国は中国であり、日本であると。ＲＣＥＰは中国が非常に真剣になって進めたいとしている。日本も当然ＲＣＥＰはやろうとしているわけですけれども、このＲＣＥＰとＴＰＰ、これアメリカが主導になっている、これ敵対するものかどうか、ＲＣＥＰとＴＰＰは敵対的なものなのかどうか、ＴＰＰはアメリカが中心になっていて中国を入れない、ＴＰＰは中国を包囲するものではないかということがよく言われます。私はそうは思わなくて、ＲＣＥＰというますのは高い自由化はできないけれども、ある程度の自由化をしたいっていう国が入ってまとめると。それはそれなりに非常に大きな意味がある。ＴＰＰはもっと高いレベルの自由化を指向するものである。

したがいまして、ＲＣＥＰの入っている国でも用意ができればＴＰＰにまた参加すればいいということで、ある意味、ＲＣＥＰはＴＰＰへの一つのステップであるというふうに考えてみればいいのではないか。ですからＲＣＥＰの加盟国でありながらＴＰＰにも入るということですね。ＲＣＥＰとＴＰＰは新しいメンバーが入ってきていいというシステムになっていますので、ＲＣＥＰ自体ももっと他の国が入ってきてもいい、たとえばパキスタンですとか、バングラデシュですとか、他の途上国がどんどんＲＣＥＰにも入ってきて、まったく構わない。ＲＣＥＰはＡＳＥＡＮを中心とする枠組みなので、ＡＳＥＡＮとある種の協定を結んでいるような国が、そのＲＣＥＰの中に入ってくるということになるかと思います。

ＲＣＥＰとＴＰＰはいずれはアジア太平洋地域の自由貿易協定を作る、ステッピング・ストーンになるという、そういう意味を持っているかと思います。アジア太平洋地域っていいますのは、環太平洋ですね。北米、中南米含んでアジア、これを全体で一つの自由貿易地域にしていくという構想がＡＰＥＣの中で打ち出されていますけれども、このＲＣＥＰとＴＰＰがそれに向けて行く可能性があると。こういうＦＴＡＰといいます、アジア太平洋地域のＦＴＡですね、自由貿易協定を作ると、ＴＰＰだけ、あるいはＲＣＥＰだけよりも、遙かに大きな利益を生み出すということになります。

◇

ちょっと時間が押して来ましたが、通貨と貿易の話をさせていただきたいと思います。

アジアでは今申し上げたような、貿易とか投資の意味で経済統合は非常に活発に起きています。活発に起きていますけれども、先ほど見ましたグラフでは、金融取引の面ではアジアの中ではまだ、トレンドとしては少し上がってきているけれどもまだレベルは低いというお話をしました。

アジアの中で、こういった金融の、金融市場の統合ですとか、通貨の問題をもうちょっと真剣に考えていくべきかどうかといったことが、よく問題にされます。

金融市場統合についてのメリットとデメリットがあります。

メリットとしましては、国だけで金融仲介を行う。金融仲介って言いますのは、家計部門が持っている貯蓄を企業部門への投資に移す。いかに貯蓄を投資に移していくかということが金融仲介になります。日本やアジアの場合は銀行部門が非常に重要な役割を持っていますけれども、皆さんの貯蓄は銀行へ預金として預けられて、銀行はその預金を導引して、企業に貸付を行うということで貯蓄が投資に結びつくわけですね。これは一国の中でそういうことを行うよりは、多くの国の間で行う方が効率的、効率化されるわけですね。自分の国だけでは貯蓄が、たとえば大量の貯蓄があって、投資をしようとしても十分な投資ができないといった時には、自分の国の貯蓄は、他の国の投資に振り向けて、そこから収益を得るといったことの方が、貯蓄をより効率的に利用できる。投資する側としても、自分の国の貯蓄が少ないということになりますと、自分の国だけで賄おうとすると、金利が高くなりますので、他の国から借りてきた方がいいということになります。ですから、より効率的な金融仲介ができるというメリットがあります。

もう一つは、投資をする場合でも国内だけに投資をするか、あるいは多様なところ、海外を含めた多様なところに投資をするか多様なところへ投資をすれば、それだけリスク分散ができるということですね。リスク分散をする、これ借りる側、お金を調達する側もそういうことになります。１カ所だけからお金を借りていた、その貸主が突然倒産してしまったということになると、借りているお金をすぐ返せと言われると、そんなことを言われたら自分の企業はやっていけなくなる。ですから借りる側も、なるべく多様化した方がいいということで、リスク分散の意味があります。

デメリットとしましては、要するに金融市場を他の国と繋げると、他の国のいろんな問題が自分の国に来ると、先ほどちょっと申し上げましたけれども、特に途上国の場合は、自分の国への資本が大量に来たり大量に出て行ったりしますので、金融的な不安定性が増大する可能性があるわけですね。金融危機になったりする。新興国の場合はお金が自由に出たり入ったりすると、なかなか金融政策がやりづらいという声が聞かれます。

こういったメリットとデメリットがあるわけですけれども、先程いちばん最初に申し上げた点から言いますと、金融市場統合のメリットを生かす、そしてデメリットをなるべく小さくしていくためには、いろんな枠組みが必要になると。その内の枠組みの一つが国際的な協調ということになります。

貿易や直接投資を自由化することと、金融取引を自由化することの、どちらの方がより難しいかといいますと、やはり金融取引を自由化していくことの方がより難しいということになります。といいますのは、自分の国の金融市場に非常に規制がかかっていたり、政府の介入で歪んだ金融市場になっていたりすると、そういう状況で金融市場を開けてしまうと、いろんなやはり問題が起きてくるということになりますので、自分の国の資本、金融市場をしっかりとしたものにまずする必要があるんですね。金融市場がしっかりしてこないと、中々対外的に開放できないということになります。

現状のアジアの中での金融市場の統合の度合いはどういったものかということですけれども、アジアの中では、香港とシンガポールが、ちょっと飛び抜けて違う性格を持っています。香港とシンガポールはもう国際的な金融センターになっています。自分の国はもうものすごくオープンにしています。これはやはり都市国家であるということと、旧、イギリスの旧植民地であって、そういう金融的な業務っていうのがかなり昔から発展していたということで、金融、国際金融センターとして生きていこうということで、香港やシンガポールはずっときていますので、彼らはものすごく国際化していきます。

その国際化の程度はここにもありますけれども、金融の対外資産、対外負債の対ＧＤＰ比率を見たものですけれども、それで見ますと、日本と比べて香港やシンガポールは格段に高いと。途上国になればなるほど、この程度は少なくなっていっています。他の国と比べると、たとえば、イギリスはものすごくやはり国際化していると。イギリスはシティですよね、世界で一番の国際金融センターであるということ。アメリカのニューヨークも国際金融センターであるんですけれども、アメリカっていうのは非常に大きい国ですので、ニューヨークは非常に重要な役割を果たしていますが、アメリカ全体としては金融化の程度はイギリスほどではないですし、香港やシンガポールほどでもない。しかし、日本やアジア以上であるということになります。

国際金融取引は、世界中で繋がっているわけですけれども、基本的にはユーロ圏、北米と他のヨーロッパの先進国の間での取引が非常に活発に行われていると、濃い色で結ばれています。オーストラリアとか日本がその次にきています。

アジアの場合、国際化の程度、この国際化の程度が低いのは、やはりアジアの発展途上国の多くがまだまだ資本市場を規制していて、開放していないということになります。これは経済発展の度合いがまだ低い。経済発展の度合いがやはり低いと、金融市場の発展度も低いということで、なかなか金融市場開放できないということを反映しているわけです。

この一部は先ほど見ましたけれども、体外金融投資の域内比率、これヨーロッパが、貿易と同じように、いちばん上、緑ですけれども、ヨーロッパの証券投資、証券投資っていいますのは株式投資であったり、債権投資であったりですが、ヨーロッパの域内投資は60%以上で高いと。アジアの中では、赤で書かれていますが、これはじわじわと高まってきている。国際銀行ですね、世界の中の大きな銀行は対外貸出もやっているわけですけれども、今、リーマンショック後、リーマンショックが２００８年の9月に起きて、世界金融危機に繋がったわけですけれど、それ以降ですね、アジアが、赤で書かれていますが、アジアが銀行資金を、世界の銀行から銀行資金を取り入れているということで、アジア経済は非常に活発に経済活動を行っている反映であります。その中で、ヨーロッパの銀行の貸出がだんだん下がってきていて、日本等の銀行の貸出が相対的にいうと、だんだん上がっているという状況になっています。

もっと経済実態の観点から言いますと、なぜアジアで金融市場統合を進めることが望ましいのか、私は望ましいという立場を取っていますけれども、アジアの中では経済発展に必要な長期投資が、長期的な資金が必要ですね。アジアの貯蓄、とりわけ日本の貯蓄、日本が貯めた金融資産と中国が持っている貯蓄、中国の金融資産をアジアの他の国に振り向けていくっていうことが実は必要だということで、特にインフラ投資。高速道路を作る、鉄道を建設する、発電所を作る、送電網でいろんな地域を結びつける、あるいは病院を作る、下水道、上水道をしっかりさせる、といったようなそういうインフラがやはりまだまだ圧倒的に不足していますので、それを作る必要がある。

アジアの中では貯蓄が各国で余っている国と、貯蓄が足りない国があるわけなんですね。これは経常収支の黒字とか赤字というところで出てくるわけですけれども、経常収支っていいますと基本的には貿易収支、貿易の赤字や黒字、経常収支が黒字の国は、貯蓄が実は余っている国で、経常収支が赤字の国は貯蓄が足りない国。ですから貯蓄が余っている国から貯蓄がほぼゼロの国、準貯蓄がゼロの国、あるいはマイナスの国に振り向けていくと。そのためには、金融市場を通じて、金融仲介を促していくといったことが必要になるということであります。

アジア全域では広域的なインフラをどういうふうに作っていくかということが非常に重要になるわけですけれども、アジア全体では毎年だいたい７５００億ドルの、ですから円で言うと75兆円、今１１０円、１ドル１１５円ですから80兆円以上になりますけれども、それくらいのインフラ投資のニーズがあると。それに対してお金を振り向けていくということが必要になります。

アジアの中でインフラ投資を行っていますのは、世界銀行、最初に言いました世界銀行はインフラの融資をしていますし、アジア開発銀行もインフラの融資をしている。日本の機関ではＪＩＣＡですとかＪＢＩＣといった機関があります。これがアジアの途上国のインフラ支援をしている。そして最近、中国が新しいアジアインフラ銀行を作ろうということで、動き出しています。これは中国の主導で、このアジアインフラ銀行を北京に作ろうということでやっているわけですけれども、これに対してどういうふうに考えたらいいのかっていうのは、今大問題になっているところです。これは今のところ21カ国が、覚書を署名しているということで、他にはオーストラリア、インドネシア、韓国がどうしようかと迷っている状況になります。日本は署名するとは言っていません。これはどういうふうにしたらいいのかということですけれども。

今のところアジアインフラ投資銀行はいろんな問題があります。ちょっと今説明する時間はありませんけれども、いろんな問題がある。このまま行くと決して望ましい銀行になるとは思えません。私から見ますと。本当にアジアのインフラをしっかりとしていくためには、やはり資金は必要ですので、この銀行にはしっかりとした銀行になってもらう必要がある。そのためには日本なんかが中心になってもっと中国と徹底的に話をして、いい銀行になるように変えていくということが必要なのではないのかなというふうに思っています。

もう時間がせまっていますので、だんだんまとめの方に入っていきたいのですが、金融統合を進めていきますと、だんだん国境の垣根を小さくして、資金がどんどん入ってきていいよと、出てもいいよということになると、資本が大量に入って来て大量に出て行くというようなことが起こります。

これ実は1997年、1998年の時に、タイに大量な資金が1990年代の半ばに入って、そして資金が急激に出て行くということで、タイの金融危機が1997年に起きました。それが他の国に一挙に伝染するということで、マレーシア、インドネシア、韓国といった国が金融危機に陥るという非常に深刻な事態になりました。資本移動をどういうふうに制御していくかということが、非常に重要な問題になります。やはり金融安定化のための、枠組みをしっかりとしていくということが非常に重要になります。

大量の資本が来たときに、なるべく資本が来ないように、とりわけ短期的な資金ですね、長期的な資金はウェルカムしていいと、たとえば直接投資ですとか、長期のインフラ投資ですとか、そういった物はウェルカムだけれども、短期資金が過大な形で大量にやって来ると、実は非常に危険であると。短期資金がやって来ると、その国の人たちは非常に喜んでしまうと。低い金利でお金が借りられるということで喜ぶのですけれど、ちょっと何かあると短期的な資金は直ぐ逃げ出していくので、その国は非常に大きな影響を受けるということになります。

これ世界金融危機の時に、いろんな新興国で問題が起きました。特にヨーロッパのバルト三国ですとか、ハンガリー、ポーランドのような国が影響を受けるということになりました。ですからこれはしっかりとマネジしていく必要があると。国際資本移動をどういうふうにマネジするかということが、非常に大きな問題になっているというお話しをさせていただきたいです。

これからアメリカの金融政策の変化で、アメリカの金利がこれからだんだん上がっていくということになりますので、アメリカの金利が上がると、アメリカに資本が戻ってくるってことは、途上国から新興国から資金がアメリカに移っていくということが、これから見込まれるわけですね。ですからそのインパクトを、なるべく最小化するようなことが必要になるということですね。

最後の話になりますけれど、アジアの通貨制度で、アジアの最大の問題は、二つの大きな大国である日本と中国が全然違う為替レート制を採っているというのが、非常に大きな問題になります。日本は完全なフロート制度、為替レートは日々刻々移る、市場の需給を反映して為替レートが変化する、しかし中国は非常にマネジして、為替レートが大きく変動しないようにしていると。これが二つの大国が違う政策を採っているということで、アジアの中の大半の国は、日本の制度と中国の制度の中間を採るということになっています。

経済的な統合が進むと。先ほど申し上げましたが、アジアの経済は世界の中で一番の規模になりつつあると。そのアジア経済はだんだん統合が進んでいる。とりわけ貿易と直接投資の面で統合が進んでいると。そういう地域は、やはり中長期的に見ると、自分たちの通貨を持つべきであると。米ドル、今米ドルに圧倒的に依存しているわけですけれども、米ドルに依存し続けることは、必ずしも最適なやり方ではない。

というのは、アメリカの相対的な規模はだんだん小さくなっていく、そしてアメリカの金融政策が米ドルの価値を決める。アメリカの金融政策は、アメリカの国内の経済を見て決まる。世界経済を見て決めるわけではないわけですね。ですからまあ、アジアからしますと、アジアにとっての独自の通貨がやはり必要になる。

そうするとどういった通貨なのか、日本円をアジアの人たちは受け入れてくれるのかどうか、人民元をアジアの人たちは皆受け入れるのかどうか、日本は受け入れるのかどうか、これが非常に重要な問題であると。

私は以前からアジアの中では通貨バスケットを作って、その通貨バスケットをちゃんと育てていくべきではないか、将来的に本当にアジアで通貨統合が行われるかどうか、いつ頃行われるのか、あるいはその可能性はあるのかっていうのはわかりませんけれども、やはりそういった準備をしていくっていうことは非常に重要である。

そういった準備をする中で、日本と中国はもっと頻繁に政策対話、いろんな対話を行わなくてはいけない。やはり日本と中国は非常に重要な役割を持っている。アジアの中で、自分の国の利益だけではなくて、アジア全体の利益を考えて、行動していく必要がある。そのためには日本と中国は真剣に対話をして、協調の枠組みを作っていく必要があるというふうに思います。

日本の役割と課題のところは見ていただいて、ご理解をいただきたいんですけれども、私がやはり申し上げたいことは、アジアの国は協調してやっていかないとアジアの成長ですとか、アジアの世紀と言われる状況はなかなか実現できない。一国だけで、他の国を犠牲にして一国だけでやろうとしても、それはできないということ。アジアの中で多国間の枠組みを作って、その中で協調していくっていうことが非常に重要だということで、私の今日の報告を終わらせていただきたいと思います。以上です。

◇

羽場：河合先生、どうも本当にありがとうございました。

非常に限られた時間で、尚且つ、大変やさしい言葉を使っていただきながら、現在がアジアの世紀であること、そしてアジアの中で大きな力を持っている、ＡＳＥＡＮ、日本、中国、韓国等が相互に協力し合いながら進んでいかなければならないこと、特に河合先生は、世界におけるアジアの通貨統合の提唱者でいらっしゃいますけれども、アジアでもドルやユーロに並ぶような共通通貨が作れるのかどうかということについて、非常に総合的な視点からご見解をいただきました。とても限られているのですけれども、お一人くらい、ご質問をいただけたらと思います。

私の方からも、できればＴＰＰに関連して、現在交渉がなかなか妥結しない状況にありますけれども、先生は豚肉そして牛肉のお話をされましたが、経産省の方のお話でも、たとえば遺伝子組み換え食品の自由化についてとか、あるいは簡保のがん保険をやめさせて、アフラックが入れるような制度にするとか、または日本の自動車に対して、関税をかけながら、自国の自動車については関税をかけないという、自由化とは一方的に言えないような、パリティというところでは、不平等な部分もあるのではないかと思っているんですけれども、その辺りも含めてお答えいただけたらと思っています。

以上は私からの質問なんですが、会場から一人だけ、もしできましたら、ご質問ありますか？　はい、ではよろしくお願いします。簡潔に、お名前と質問について、よろしくお願いします。

質問者：フリーライターやっております。

ＡＩＩＢについて、今大変ホットな話題についてちょっとお聞きしたいんですが。ＡＤＢ、アジア開発銀行はすでに本部はフィリピンにありますけれど、日本人が総裁になっておりましたが、こういった点が、中国が独自のアジアのアジアインフラ投資銀行を立ち上げるという動機になったという可能性はありますでしょうか。

羽場：ありがとうございました。中国のインフラ銀行との問題もとても重要なことですので、以上二点についてお願いいたします。ありがとうございます。

河合：はい、ＴＰＰですけれども、やはり今、甘利経済大臣とフロマンＵＳＴＲ代表がいちばん焦点を当てているのは、日本の農業の自由化、とりわけ牛肉・豚肉で、羽場先生が言われたような問題は確かにあります。特に自動車の問題は、非常に深刻な問題だと思います。

アメリカとしては自動車の関税を、今２・５％ですかね、これをゼロにするとは言っているけれども、たとえば30年かけてやるとか、ちょっと信じられない遅さでの自由化ということを言っているわけですけれども、これは日本の農業問題に対する不満から、そういうことを言っているんだろうと思うんですね。ですから日本でもっと積極的な形で、農業部門での自由化を、とりわけ牛肉・豚肉の分野でやれるのであれば、日本としてはもっと、交渉力もつくわけですから、自動車についてもっと言える、遺伝子組み換えについてももっと言える、そして保険の市場についてももっと言えるということになりますので、今非常にディフェンシブになっているというのが、やはり問題ではないのかなぁというふうに思います。

農業の自由化をちゃんとやるには、しっかりした農業政策をやって、農業は保護する産業だと、保護する分野だという観点から、農業は自立した産業にする、輸出できる産業にするというような観点で、農業政策をちゃんとやっていって、農業の足腰をしっかりするということがやはりいちばん重要なのではないかなと思います。農民の方々の平均年齢は68歳くらいとか聞いていますので、ですからそうではなくて、やはり専業農家で意欲のある、これから拡大しよう生産性を上げようというような、そういう農家の方たちを支援するような、農業政策をちゃんと打ち出していくということが必要なのではないかなと思います。

羽場：ＥＵの共通農業政策はとても参考になるのではないかと思います。

河合：はい。

羽場：ありがとうございました。

河合：ＡＩＩＢですけれども、確かに中国は世界で第二の経済大国になったと、アジアでは第一の経済大国であると。そういった国が、アジアの国際機関でトップになってないというのはおかしいという気持ちを持っているとしても、それは不思議ではないと思います。日本はＡＤＢを作ったのですけれど、ＡＤＢの開始は１９６７年なんですね。これは日本が世界第二の経済大国になった直後でありまして、日本はＡＤＢを通じて、アジアに貢献しようということでやってきたんです。ですから日本人か中国人かっていうのは、そういった問題はあるかと思います。

ただ、問題は、どういう形でＡＩＩＢを通じてアジアに貢献するのかという基本的なビジョンですとか、基本的なやり方っていうことについて、まだまだはっきりしないところがたくさんあるんですね。ですから、日本人か中国人かという話の前に、その機関はどういうことを目的として、どういうアジア作りを目指しているのかという根本的なところですね、それをもっとしっかりと議論していく必要があるのではないのかなというふうに私は思います。

羽場：ありがとうございました。

本日は日本及びアジアにおける経済政策および金融政策、そして世界に発信していくアジアの経済金融がどうあるべきかについて、主に政策決定にも直接関わっておられます河合正弘先生のご講演をいただきました。本日は本当に素晴らしいご講演をありがとうございました。今後ともどうぞご活躍下さい。

第6章

アジア共同体の創成と課題

佐藤洋治

◇

皆さん、おはようございます。ワンアジア財団の理事長の佐藤洋治です。今日はこのプログラムの第14回目で、あともう1週、羽場先生のまとめということがあると聞いております。今日は約1時間ちょっとの間、講義をさせていただき、そのあと、時間があれば質疑応答。そして、表彰式。12時半までにはすべて終了いたします。

まず、この財団について少し、皆さんにご理解いただきたいと思います。この財団の目的は、「アジア共同体の創成に寄与する」、これが目的です。ということはこの財団は、アジア共同体を具体的にどういうスケジュールで、どういう順番で組み上げていくかというアイデアをあえてもたないようにしております。財団はお手伝いです。そこで財団は、アジア中の大学の教授の先生方、その先生方のネットワークを通じて未来、アジア共同体の創成につなげていきたいという期待を持っております。そして、なによりも大学の学生の皆さん方、30年後40年後、この社会は皆さん方が中心になって、リーダーとして社会を運営していくこの皆さん方、学生に期待しています。ですから、財団はあくまでもその環境を整えるお手伝いの役割を担っております。

そして、この財団の活動をしていく上で三つの活動原則があります。一つ目は、民族・国籍を問わない。二つ目は、思想・宗教を拘束しない。拘束しないということは、皆さん方がいろいろな宗教を持つということは至極当たり前のことで、また、大事なことです。しかし、財団として特定の宗教を押しつけたりしません、という意味です。三つ目は、政治に介入しない。これも皆さま方がそれぞれ特定の政党なり、特定の政治家を支持することは至極当たり前のことです。しかし、財団としては特定の政治家、特定の団体を支持しません。政治には介入しません。この三つの原則を用いて、この活動を続けております。

そして、大学に対する寄附講座がスタートしたのは２０１０年9月ですからまだ4年と4カ月ぐらいしか経過しておりません。しかし、現在、36の国と地域で３１７の大学までこの寄附講座が広がりました。おそらく3年後には５００の大学、そして、参加する大学の先生方は５０００名を超えると思われます。この様々な分野の大学の先生方のこのネットワーク、このことが次の時代を切り開く上で非常に重要な役割を担うというふうに考えております。

少し表が小さくて見にくいと思うのですが、今ここに、いちばん上、日本はすでに45の大学が開設済みで、36大学が準備中。このように見ていただいて、中国本土のほうは、54の大学がすでに開設が終わり、24大学が準備中。それから、香港、マカオ、台湾、北朝鮮、シンガポール、タイ、モンゴル、ベトナム、ミャンマー、ネパール、フィリピン、カンボジア、インドネシア、マレーシア、スリランカ、インド、バングラデシュ、ラオス、ブータン、キルギス、カザフスタン、トルクメニスタン、ウズベキスタン、タジキスタン、オーストラリア、米国、ロシア、ウクライナ、トルコ、カナダ、メキシコ、エジプト、コンゴ。

この表を見ていただくと二つの特徴に気づくと思います。

まず一つは、中央アジアの国々が参加しているということ、この財団が考えているアジアの範囲というのはきわめて広いです。北の方はロシア、南の方はＡＳＥＡＮ10カ国＋インド、アフガン、パキスタン。そして、西の方は中央アジア。そして、さらに南の方は、オーストラリア、ニュージーランドまで含まれます。この財団が考えるアジアの範囲のアイデアは、この財団が最初に考えたわけじゃなくて、１９５５年、第二次大戦が終わって10年後、インドネシア、バンドンで、インドネシアのスカルノさんと、インドのネール首相、中国では周恩来さんが参加して、１９５５年アジア・アフリカ会議が開かれました。そして、そのとき参加国は30カ国いかないぐらいでした。アフリカは10カ国あるかないか、そういう状況でしたが、50年後の２００５年、同じ場所、同じ建物で、インドネシア、バンドンの会場でアジア・アフリカ会議が開かれたときに、なんと、アフリカ約50カ国、アジア50カ国、１００カ国がそこに集まりました。そのときのアジアの範囲にこの財団が考えるアジアの範囲が非常に近い。そのアイデアはそのへんからいただいているということになります。

そしてもう一つ、アメリカ、ウクライナ、カナダ、トルコ、メキシコ、エジプト、アフリカのコンゴが入っています。この財団の活動を続けていく中で、大学の学生の皆さんの中から、財団の活動のアジア共同体って、また一つ新しいアジアの壁をつくることをやるのですかという質問がありました。まさにその学生の質問のおっしゃるとおり、アジア共同体が最終目標であってはいけないと、最終目標は世界共同体でなければいけないだろうというふうに考えています。

この財団の目的は「アジア共同体の創成に寄与する」なんですが、未来、さらにその先は、世界共同体の創成ということにつなげていくために、もし、アジア地域以外、アメリカでもカナダでも、エジプトでもアフリカ、コンゴでも、このアジア共同体論のプログラムをやりたいという大学があればどうぞやってください、財団はお手伝いしますという考え方に変わりながら、現在アジア地域以外の大学もこのように増えております。

そして、わずか4年と4カ月の間に317の大学までこのプログラムが広がりました。財団はまったく宣伝をしておりません。この拡大の理由は、大学教授の先生方の熱意、たとえばこの青山大学におかれては、羽場先生が非常に熱心に、このアジア共同体講座のために、多くの国からいろいろな先生を招へいして、この教壇に立っていただくような計らいをやっていただいています。こういう先生方が国を超えて、非常に多くの先生方のネットワークを持っています。大学間のいろんなネットワークを通じて、わずか4年と4カ月の間にどんどん広がり、317の大学、今でもまだまだ申し込みがたくさんあります。そして、何よりも、外部の先生方が一コマずつ教壇に立って講演をするということは、学生の皆さんにとっては大変新鮮で非常に興味深いことだろうと思います。そして学生に人気があるということ。

三つ目は、財団のスタンス、この財団は国からの支援を受けておりません。企業の寄付もいただいておりません。したがって、国家の利益を代弁するという役割を持っておりませんし、また、企業の宣伝も一切ありません。したがってアジア中のあらゆる大学がこのプログラムを受け入れやすいという状況にあります。おそらくメインランドチャイナのほうは４年制の大学が約２０００以上もあります。おそらく、もっとこれからいちばん広がりを持つのだろうと思います。

それから、前のほうの方に質問しますが、今、世界の人口ってはどのぐらいおありでしょうか。

佐藤：イメージで結構です。

学生：10億ぐらい。

学生：70億。

佐藤：だいたい70億の方は正解だと思います。そして、今地球上の72億の方たちは、民族だとか、国の壁だとか宗教だとか、今まさに、地域によってまだまだ争いが絶えないと思います。この72億の方たちは、概ね三つの壁の中でものことを考え行動していると思われます。

一つ目の壁、「自我・自己の壁」。皆さん方もそれぞれの自己・自我の壁の中側で、その中側からものを見て考えているとおもいます。これから取り組む対象が自己にとって有利か不利か、役に立つか立たないかという判断・評価を持ちながら、常にものを考え行動している。これは至極当たり前のことですが、そういうふうに思います。でも、時として、この壁の中の自己主張があまりにも強すぎて、常に自己主張が強すぎると友達同士でもなかなかコミュニケーションがとれなくなる。友達がもう、「うるさいな」、「そばに居たくないな」ということもままあるかと思います。

それから、二つ目の壁、企業・団体の壁です。皆さんが卒業して就職します。どの企業に勤めようが、その企業は皆さんを、企業の利益を第一に考えなさいという企業の教育をうけるようになると思います。そして、その企業同士はまさに、国際的な競争の中で生き残れるか、倒れるか、激しい戦いをしています。たとえば、スマートフォンの世界では韓国のSAMSUNGがシェア30％。それから、アメリカのAppleが15％。それにアジアの新興勢力、日本のシャープとかソニーとか、多くの企業が対抗しながら、シェア争いをして、残れるか倒れるか、激しい競争をしております。

そして、三つ目は、国・民族の壁。それぞれの国、それぞれの民族はその利益を追求し、主張しあい、争いが絶えない状況にあります。たとえば、日本と中国の関係においては尖閣諸島の領有権の問題、韓国との間に竹島（独島）の問題、この領有権の問題はそれぞれのトップの政治家が前面に出て、そして、メディアがそれを後押しして、国民感情が悪化して、大変厳しい状況にあるように思います。しかし、この領土問題こそが、政治家といえども簡単に妥協できる話ではなくて、エンドレスにこの争いが続くように思います。

でもどうでしょうか、未来、この争いがずっと続くことによって何がプラスなのでしょうか。両方の国民にとっても、また、二つの国以外の国にとってもマイナス面が多くて、プラスのところはきわめて少ないと思います。けれど、しばらくの間はお互いに主張しあう、これが現実だと思います。しかし、十分に主張しあって、お互いに争いをやった上で、これは未来、こんなエネルギーを使っていても意味がないな、と。できれば両国にとって、しかも世界の人々にとってプラスになる方法はないのか、というふうに考えたときに、この壁の中の考え方が卒業できる時期が未来に来てほしいと思います。今は、まだまだこの壁の中で、それぞれの国益を主張しあうという状況がありますが、できれば、できるだけ早い未来、これを卒業する。そして、卒業すると考え方は、その壁の外から、すべての国、世界中の72億の方たちの状況を俯瞰しながら、いちばんいい方法はなんだろうかという考え方が出てくるとき卒業のときです。ここで卒業という言葉を使ってありますが、卒業というのは皆さん大学を卒業する、必要な単位を十分にある時間に取らなきゃいけない、取らないと卒業できません。同じように、この三つの壁の中で卒業ということは、それぞれ自我は自我形成を十分にやり、やりつくして、そして、やがて卒業していく、というシステムになっているのだろうと思います。

そこで今日は、この壁をどうすれば少しでも早く卒業できるか、この壁を卒業できるとおそらく、卒業できた暁には、アジア共同体、または世界共同体、この創成が非常に近づいていくと思います。どうすればこの壁を卒業できるか、卒業するための重要な思考、考え方について今日は触れます。

ここに大きなりんごの絵が描いてあります。りんごの表面には、政治の問題、経済、法律、芸術、スポーツ、歴史、科学、文学、教育、医学、物理学、また、格差の問題、たくさんいろんな問題がこの表面にあります。この表面のいろいろな課題は、時間、歴史の時間軸とともにこの課題は揺れ動きながら、なかなか解決が難しい問題も多々あります。

たとえば、格差の問題について、今、20カ国ぐらいで翻訳されている、『21世紀の資本』という、フランスのトマ・ピケティさんの素晴らしい本が今出ておりますが、21世紀の格差の問題を、どういうふうにその問題を整理するかということで、２００年、３００年のデータを駆使しながら、現在の資本の蓄積、収益率の高さのほうが常に、ＧＤＰ、国民生産よりは常にカーブが高いという、格差はどんどんついていくという本が今、非常によく売れているそうです。これをどうすれば、その課題、テーマを解決に導くことができるのだろうかということ。たとえば、学生の皆さんで、学生ですか？

専門はなんですか？　何を勉強していますか？

学生：国際政治を勉強しています。

佐藤：国際政治。何のために勉強をしていますか。

学生：研究者になるため。

佐藤：国際政治の研究者になるため。そして、研究者になってから先はどうしたいのですか。

学生：先は……、まだ……、考えておりますけれど……。

佐藤：ありがとうございます。あなたは今何を勉強していますか。

……

はい、ありがとうございます。今日の話は、まず最初は、「楽しいから、興味があるから」、または「研究者になりたいから」。まずスタートは、自己が一生懸命に勉強して社会的に評価を得たいというところからスタートします。

でもやがて、研究をさらに深く掘り下げていくと、どうしてもある地域とか、ある国だけでは解決ができないです。どうしても国際政治ということは地球上の72億の人が対象にならなければ、国際政治のいろんなテーマの問題、または分析・研究は最終的にはできないと思います。スタートはどの学問、または専門家も自己がスタートになるのですが、やがて72億の人というものが対象になります。少なくとも、政治、経済、法律という、今、よりポリティカルなテーマについて、研究者も実務家も、最終目標は何ですかという質問をしたときに、先ほど言ったように、「お金儲けしたいから」とか、「社会的評価を得たいから」、「研究者として第一人者になりたいから」というのは当然スタート時点ではあるのですが、最終目標は72億の方たちの争いがなく、お互いに助け合いながら、平和で安心して生活ができることが最終目標でなければいけないだろうと財団の理事長として思います。そうするとそこに72億の人というものが対象になってくるはずです。

このあらゆるテーマ、たとえば、医学、山中伸弥教授、iPS細胞でノーベル医学賞を取りました。彼もその分野において世界一、ナンバーワンの評価を得る。そのことはスタート時点では山中教授の専門の分野としてのナンバーワンになるというそういう動機があったと思います。しかし、山中教授が、研究を続けてこられたのは、過去も現在も未来も、この研究が多くの人の役に立ってほしい、できれば72億の人の役に立ってほしい、という高い志があればこそこの研究はできたし、またこれからもできると思います。

そういう意味で、この地球上のあらゆるテーマ、課題、学問、宗教、芸術、文学、スポーツ、あらゆるものを含めて、そのテーマを掘り下げていくと、やがて人類の根本的な四つの普遍的テーマに突き当たります。この四つは、一番目、「自己・自我とは何か」。二番目、「人間とは何か」。三番目、「生命とは何か」。四番目、「実体とは何か」という普遍的なテーマにぶつかります。そして、この普遍的テーマの扉を開ける努力を継続していくことによって、再度、表層の今揺れ動いているあらゆる問題を見直すと、非常に早く解決に結びつく可能性が大です。

今日は、少ない時間をこれから一番目の、自己・自我とは何かというテーマについて皆さんと少しやりとりしながら掘り下げていこうというふうに考えています。その結果何を期待するかというと実は、この壁、とりわけ国、民族の壁をいかに早く卒業に近づくかというところに、近づいていくと思います。そのことを期待しながらこれから、自己・自我とは何かということを皆さんと一緒に掘り下げていこうと思います。

この自己・自我とは何かというテーマは、2700年前、ギリシャのデルフォイというところで大きな神殿が建設されました。そして、その神殿が建設されたときに、当時の7人の賢者、タレスという哲学者を筆頭にして、7人の賢者たちが一生懸命に考えて、その神殿の正面にある額文字を掲げました。この額文字はギリシャ語で、「グノーティ・セアウトン」。一般的に日本語では、「汝自身を知れ」というふうに訳されています。汝自身を知れ、まさに自己とは何者なのですか、このテーマは2700年前、ギリシャ哲学のスタートの時点からもうすでにあったテーマです。たとえば、タレスというこの哲学者は、アリストテレスが哲学の祖と称している哲学者ですが、彼は、汝自身を知れ、最も困難なことは自分自身を知ることである、ということを述べております。

それから、モンテーニュは、自分自身を知れという教訓は重大な効力を持つに違いない、なぜならば、知識と光の神アポロンが人間に対して忠告しなければならないことをすべて含んでいるものとして、かの寺院の正面に刻まれているからだ。またいちばん下の岡倉天心は、汝自身を知れとは、デルフォイ、アポロンの神殿の神託によって語られた最大の秘儀であった。このように、歴史的な哲学者、賢者たちがこのデルフォイの神殿について語ったこのフレーズは、まさに、汝自身を知れ、自己とは何者かというこのテーマは非常に大きなテーマであるとのことです。そして、今日まで続いているテーマであるというふうに言われております。

それでは、まず、自己・自我とは何かということを掘り下げていく最初の段階に二つの質問をしたいと思います。皆さんの体のどのへんに、皆さんの自己は存在しているとおもいますか。これはイメージで結構です。

学生：心です。

学生：頭の中に。

学生：はい、脳です。

佐藤：脳ですか。同じ質問をアジアの１５０以上の大学にしてきました。そうするとだいたい三つの答えに収斂されます。一つ目は、脳です、頭。二つ目は心、ハート。それから、三つ目は、体中全部に存在しているという答えに収斂されます。しかし、皆さんが大学病院に行ってどれだけ検査しても皆さんの自己の存在は出てきません。見えない、その存在が明らかに証明できないのだけど、あることは間違いないんです。

二つ目の質問をします。皆さんが赤ちゃんで生まれきたときにすでに皆さんの自己は存在していたか、しなかったか。していた、しなかった、答えはこのどちらかで答えてみてください。いかがですか。

学生：してなかったと思います。

学生：してない。

学生：してないと思います。

佐藤：皆さん、生まれた赤子には自己の存在がなかったという答えなのですが、そうすると、いつどこで自我ができるのですかという質問になるのです。生まれたときになかったとすれば、いつどうやって自己ができあがるのですかという質問になるのですが、ちょっと考えていてください。この二つ目の質問は実は非常に重大な意味を持っています。これから二つのストーリーをお話ししますが、この二つのストーリーによると、自己・自我の存在は生まれた赤子にはどうもないようなのです。

一つ目の話は、この資料に出ていますが、西暦1200年の頃、神聖ローマ皇帝で、シチリア島、ドイツの国王も兼ねたフリードリヒ二世という王様が家来たちに命令を出しました。家来たちの中に、これから1カ月先、2カ月先、赤ちゃんが生まれてくるような家庭の家来たちを集めて、そして王様は、赤ちゃんが生まれてきたら、赤ちゃんに名前も言ってはいけない、言葉もかけてはいけない、何の雑音も入れずに、最初に赤ちゃんがしゃべる言葉を紙に書いて持ってこいと、こういう命令でした。残念ながら、すべての赤子は15、16歳で、しかも白痴の状態で亡くなりました。言葉も通じない、文字も理解しない、生物として、食べることと寝ることと排泄することだけで、すべてが15、16歳で亡くなりました。王様が期待したのは、赤ちゃんは神から授かったものであるから、最初にしゃべる言葉は神の言葉に違いない、その言葉を書いて王様に持ってこいという期待を込めて出した命令が、結果はいち生物体として、15、16歳で全部亡くなりました。もし生まれた赤子に自己の存在があるとすれば、外の景色、四季折々、見るものがどんどん変化していきます、音も聞こえてきます。そういう中で自我がさらに形成していくはずなのですが、どうも自己の存在が生まれた赤子にはなかったようです。

二つ目の話は、西暦１９２０年、10月17日、インドのカルカッタの近くのミドナプールという村で、狼と少女が発見されました。そして、少女だけを狼から離して、シング牧師さん夫妻が９年間、推定年齢５、６歳の女の子に、カマラという名前を付けて９年間育てて、言葉と文字を一生懸命に教えたのですが、残念ながらそのカマラちゃんも、15、16歳で亡くなるとき、言葉も文字も理解しないまま、狼の習性をほとんど残したまま亡くなりました。この二番目の話は、育児日記が残っています。そして、１９２０年、写真も残っています。本もいくつか発行されています。この二つを総合的に判断すると、生まれた赤子には自己の存在がない、というふうに考えられます。では、先ほど向こうでちょっと質問したように、生まれたあとどうやって自己が形成されるのかというのが問題になります。

今ここに、赤ちゃんが生まれてきました。通常赤ちゃんが生まれると、まず命名、名前を付けます。たまたまここではタイヘイという名前を付けました。お父さんお母さん、周りの人たち、この赤ちゃんに向かって、タイヘイ、タイヘイ、タイヘイ、これを毎日、何十回、何百回、何千回、何カ月にもわたって呼び続けます。このタイヘイという音波振動で、タイヘイ、タイヘイ、この同一の音波振動がやがて、タイヘイ自己、脳のあるところに塊となってタイヘイ自己が形成されます。もう１歳近くになってよちよち歩くようになると、もうタイヘイって呼ぶとその赤ちゃんは、呼ばれるほうにニコニコ、よちよち歩いてきます。その時点ではタイヘイ自己が赤ちゃんの体の中に成立しているという状況になります。

そして、そのタイヘイ自己は、着物を沢山着ていきます。着物と言ってもこの服ではありません。まず最初に着る服は、タイヘイは男の子、それから幼稚園生、小学生、中学生、大学生、そして、皆さんが社会人になれば、何々会社社員、課長、部長、取締役、そして、結婚すれば夫婦という名の着物を着ます。子どもができれば父親、母親。この着ていく着物のことを我己と言います。いちばん最初、生まれてきた赤子に、最初に名前を呼ばれてできるのが自己、そしてその自己が受け止めてたくさん服を着ていく、名の服を着ていくこの我己、両方併せて自我と言います。ですから、皆さんが生きていくということは、自我を育成していく、形成していく、ということと同義語です。

ここまでのところで、本当にそういう仕組みが正しいのかどうかということを証明する方法があります。皆さんが結婚して、子どもができたときに、その赤ちゃんに1年間、名前も声掛けも一切しないでみてください。一切声掛けしない、そうするとフリードリヒのやった実験のように、白痴でどうにもならなくなるのか、ちゃんと自我形成ができて大丈夫なのかどうかということがわかります。でもその実験は恐ろしい実験です。やる気ありますか?

学生：ないです。

佐藤：ないですよね。これは勧められません。でもどうしてもやりたいという人はやったあとに、そのレポートをください。これは人類にとって大変なレポートになると思います。

そして、ここにゼロ歳から10カ月という、この数字が実は非常に重要なのです。赤子の脳がゼロ歳から10カ月のとき、この名前を言って自己が形成される。この10カ月間にスイッチが開かれているのです。そのあと閉じてしまう。閉じてしまうとカマラちゃんのように、5、6歳でどれだけカマラという名を付けて呼ばれても、もう自己形成ができないようになっているようです。

ですから、生まれてから最初の10カ月間、一切名前も声掛けもしないとどうなるかというのは、皆さんがもし、あえて挑戦するなら、その結果は皆さんがよくわかることになると思います。

そしてここまでの話で、何が言いたかったのかというと、実はいちばん下に書いてある、人体と自我とは別々のものであるということが言いたかったのです。

３年半前（２０１１年）、東日本大震災がありました。その時に、１万名以上の方が津波で海にさらわれました。そして、翌日、５千の遺体が海岸に並びました。日本の警察がどれだけチェックしても未だに遺体がなんの誰かわからずに土の中に眠っている人もいるそうです。もし、体と自我がイコールであれば、体をチェックすれば、なんの誰でというものがわからなきゃおかしいです。もともと違うからわからない仕組みになっているのです。このことは人体と自我とは別々のものだということです。生まれてきたのは体で、赤子として人体が生まれてきた。そして、赤子の外から赤子の名を繰返し一定の音波振動で、自己ができ、やがて我己を着ていって自我形成していく。ですから、生まれた赤子にはもともと自己も自我も存在してなかった、別々であるということが、この自己・自我とは何かというテーマの最も重要でいちばん最初の難しいハードルです。

そして、ちょっと質問します。体のほうはどうすれば成長しますか。

学生：食事を食べる。

佐藤：正解です。物を食べれば栄養素を摂って体は成長します。

では、自我のほうはどうすれば成長するか、これが問題です。自我のほうは、言葉と文字と数と名、この四つの道具が必要です。たとえば、赤子が育っていく、いちばん最初に覚えるのは言葉です。そして、文字を覚え、算数を覚え、あらゆる名を覚えていきます。そうやって自我形成していきます。皆さん方はもう大人ですが、でもこの四つの道具はきわめて重要です。たとえば、皆さん方の出したレポートが担当教授から、大変素晴らしい、よくできています、と。この一言で皆さんはもっとやる気になります。皆さんの自我形成は数段アップします。

そして、「文字」、図書館に行けば大変素晴らしい本がたくさんあります。その文字を通して皆さんの自我形成は大いに進みます。

「数」、これは皆さんの成績、学校の成績、社会人になれば営業成績、この「数」によって大いに自我形成が進んでいきます。一般にこの地球上の社会は、概ね、マネーによってだいぶ揺さぶりがかかります。お金のない場合も苦しい、それでも自我形成につながっていくし、ありすぎる人も今度、その苦労もありすぎる苦労があって、マネーというのは自我形成にとって大変重要なファクターです。

それから、いちばん最後の「名」、これは物の名称というよりはタイトルです。皆さんは今大学生というタイトルです。大学生を認識して、大学生の縛りがかかって大学生を演じています。皆さんは今大学生ですから、ちゃんと単位を取るために時間の縛りもかかるし、ちゃんと出席しなきゃいけないし、レポートも出して合格点を取らなきゃいけないし、大学生というその名を認識して大学生の縛りがかかっています。後ろに男性がいます。二人はまったく関係ないと思うのですが、とりあえず友達同士としましょう。ということは二人、男女は今友達を認識して友達を演じています。友達同士ですからべつに普段どこにいても、時々メールで「元気ですか?」、これで済むと思います、友達同士は。

ところが、二人が大学を出て、これから5年後結婚しました。夫婦という名をお互いに認識しなきゃいけないはめになりました。そうすると、夫婦でありながら、男性のほうが1カ月ぐらい外泊してどこにいるかわかんない。帰ってきて、お前元気だったか、では夫婦関係が壊れると思います。夫婦の名を二人が所有すると、夫婦の縛りがかかって夫婦を演じないわけにはいかなくなります。名の仕組みというのはこの認識、縛り、演じるという仕組みがあります。

たとえば、皆さんは今、海外の留学生の方、いらっしゃいますか。いないですか。どこの国ですか。では、だいたい日本人でよろしいんでしょうね。皆さんは日本人を認識して日本人の縛りがかかって日本人を演じているということになります。

しかしあるとき、中国人が突然に日本人に変わるという話があります。これは、１９４５年、日本が戦争で負けました。中国の東北部、満州というところに民間の日本人が何十万生活していました。その中で、戦争に負けた後、日本に生きて帰りたい、でも生まれたばかりの1カ月、２カ月、この赤子たちを生きて日本に連れていくことは不可能と考え、その赤子を中国の夫婦に置いてきました。なんとかこの赤子の命を育んでください。

そしてその赤子たちは今年70歳になります。中国の言葉、中国の文字、中国の数、中国のあらゆる名、この四つの道具を使いながら、中国人として認識して中国人を演じてきたところ、一言で、中国人からとして生きてきた。しかし、この育ての親が、あるとき、あまりにも歳とったので、その子どもたちに、実はお前の父親母親は日本人で置いていった。この話をした瞬間に中国人を生きてきた、中国人を認識して演じてきた人が今度日本人にチェンジします。日本人の認識、そして、日本人を演じないわけにはいかなくなります。今から15年とか20年前、残留孤児として親戚、父親母親探しにたくさん日本に来ました。でもうまくいった方もいれば、概ね苦労された方も多かったように思います。なんの疑いもなく未だに中国人として生活している方はほとんどいます。今からわずか一言で、中国人が日本人にチェンジした。このことはどういうふうに受け止めたらいいのでしょうか。

このことから二つの大きなことが学べると思います。

一つ目は、今のテクノロジーではDNAを調べることによって親子関係は全部わかります。しかし、子どもを産むことは概ねあらゆる生物ができます。でも、産むことよりは、子どもを産んだあと育てること、言葉、文字、数、名の世界のこの道具を使いながら、その方が自我形成をしていくことのほうがもっと大きくて重要だと思います。DNA上の親子以上に、その方の自我形成した、時間量、場所、環境、そのことがもっと重要だと思います。

それから二つ目の重要な話は、皆さんのDNAを調べてもその中には、国籍、民族の情報はありません。これは世界中72億の方、どれだけチェックしても、そのDNAの情報の中には、民族、国籍の情報はないのです。しかし、皆さんは日本人を認識しています。日本人を演じています。それは皆さんが生まれたあと、自我形成の過程で、言葉、文字、数、名、この道具を駆使しながら、日本国、日本人、これを認識して、日本人を演じているだけであるということがわかってきます。

このことがわかると人類、世界中の72億の方たちは、生まれながらにして客観的に絶対的に国籍も民族も決まっているものではないということ。生まれたあと、自我形成の過程で、それぞれの民族、国籍を認識して演じているということがわかってくると、人類は未来、この壁の中は卒業できる可能性があるということです。少なくとも72億の方たちは未来、今はまだまだこの壁の中でそれぞれ民族を、日本人という名を、韓国人という名を、中国人という名を受け止めてそれを演じて、お互いにぶつかりあっている、主張しあっている。

でもよくよく考えると、それは生まれたあと、外からの教育によって認識、縛りがかかっているというふうなことがわかってくると思います。人類は本当はホモ・サピエンスというのは一種なのです。黒人とか、白人とか言うけど、生物学的にはホモ・サピエンスというのは一種です。人類は一つなのです。その一つの人類が、やがて世界中に散らばっていって、長い年月をかけて、違う言葉、違う文字、そして、違う習慣、こういうものを形成しながら、国籍とか民族とかできあがってきたわけです。しかし、もとを正していくと人類は一つである。そして、もういちど、人類は一つであるということ、皆さん若い人たちがこのことを掘り下げて認識していくと、未来はもっと平和になります。

今、この民族、国以外に宗教という問題もあります。日本にいると宗教についてあんまり多くを話しませんが、宗教については無宗教という方がおそらく半分ぐらいいるんですかね。

ところが世界中、72億の方たちは85%、全部宗教があります。いちばん多いのはキリスト教系（プロテスタントもカトリック）が25%で25億です。次が、イスラム教が15%で15億が、インドのヒンズー教が9億、仏教が4億、そして中国のもともとある現地のある宗教、たとえば道教など、こういうものを入れて4億。そして、ユダヤ教は１５００万。

しかし今まさに時代はキリスト教、イスラム教、この激しい宗教の争いが非常に、色濃く、トルコとトルコの南のシリア、イラクの北方のイスラム国と戦いの中にこの宗教の問題というのは色濃く入ってきています。でも、皆さん冷静に考えると、皆さんが宗教をどの宗教を持ってもこれもちろん自由で大事なことですが、宗教というのは、少なくとも、言葉と文字、数はあまり宗教にはいりませんが名です、言葉と文字、名、これが少なくとも、一定のレベルの自我形成をこの道具を使いながらされた方でないと宗教を持てないです。まったくわからない、赤子のように言葉も文字もわからない人たちが宗教を持つことはできません。でも、言葉、文字、数、名、これは赤子が生まれたあと使ってきた道具、これを利用して宗教も、また宗教のいろんな名を持って、それを認識して縛りがかかっているということになります。そうすると、宗教の争いも含めて、人類は未来、根本的なテーマ、要するに自己、人、生命、実体ということを掘り下げていくことによって、未来、卒業できる可能性があります。

この財団は少なくとも、人類、未来、これらを卒業することによって、その壁を卒業する時期が必ず来る、来なければいけない、来なければとても取り返しのつかない、人類全部が消滅してしまう可能性が大であると考えています。広島・長崎の原子爆弾、それ以前は、物理的な鉄砲とか大砲で肉弾戦をやっていたのが、あの瞬間から人類は変わりました。原子の核分裂によって、一瞬の間に何十万の人が消えてしまう。そして、現在はさらに水爆、その原爆の1千倍も2千倍も大きなものが作られて所有されている。その事は次の第三次世界大戦になるとおそらく人類は消滅してしまうほど大きな争いになる可能性が大です。

しかし、今いちどこの四つの人類の普遍的で根源的なテーマを掘り下げながら、人というものはもともと一つだった。むそれが言葉、文字、数、名の世界で、それぞれの自我形成とともに分裂していった、分裂して今争いを大いにやっている。歴史の中で、時代の流れの中でそのことも必要であったと思います。自我のエネルギーが極限まで高まり、次の卒業のステージに行くまで、たぶん人類はそういうことが必要で、現在もあるのだろうと思います。しかし、できれば次の第三次世界大戦の前に、人類がお互いに助け合いながら、限られた資源も分かち合いながら、平和で安心して生活ができるという方向にぜひいってほしい。財団はそういうことに対して期待をしながらこの活動を続けております。

そして、今ここに二つ目、人、人間というテーマがあります。たとえば、人、人間についてで、人間とは何かについて、龍谷大学の山本佛骨教授は、全ての宗教及び学問は人間とは何かを問い求めることにこそある、しかし答えはまだ出ていない。その四番目の東京大学の松井孝典教授は、自然科学にしろ社会科学にしろ哲学にしろ文学にしろ、その問うところは突き詰めていけば人間とは何かという永遠不変の命題である。この人間とは何かという二番目の扉、これも大変人類にとってとてつもなく大きな課題です。

しかし、この賢者たちが、人間とは何か、きわめて難しいテーマであると言っているわけですが、でもヒントはあります。そのヒントは、人という単語が成立するのは72億全部を含めて人という単語が成立します。１個２個の個を付けて「個人」といいますが、本来、「個人」という言葉はまったく成立しないのです。個の人じゃないのです。人というのは72億すべてで人なのです。その反対語が自我・自己で、72億分の１です。72億の方たち、すべてが自己・自我が存在し、全部が別々です。ある意味で現在の世の中は自我の世界、72億の自我の集合体です。そういう世の中であると言っても過言ではありません。まだ、人の社会、人の世の中になっておりません。

人の社会、人の世の中はどういうふうな状況なのか。

そういう状況の経験が人類にないのでなかなか説明が難しいのですが、イメージとしては、この人体、皆さんの人体には、60兆の細胞があります。この60兆の細胞には全部DNAが仕組まれています。それぞれのすべてのDNAは体をつくるぐらいの情報が全部入っています。でも、髪の毛は髪の毛の働き、あとの部分は全部フリーズして、眠っています。爪は爪、皮膚は皮膚、歯は歯、この役割を誰が命令するわけでもない。この60兆の細胞がお互いにそれぞれの役割を見事に調和が取れた状態で、この人体が機能しているということを考えたときに、人類72億の方たちがそれぞれの役割を分担して、そして、その役割を見事に調和が取れた状態になったときに初めて人の社会、人の世の中というフレーズが使えると思います。今は、自己・自我の社会ですがこれも必然です。次のステージ、人の社会にいくための必然的なステージで、十分に自我・自己の形成が今必要な段階だと思います。しかし、やがてそれは未来、卒業していくときが必ずくると思います。

今日の話は、この大きな大木に喩えれば、ほとんどの方たちはこの大木の表面に目がいってしまいます。表面は、春になれば芽が出て、葉が夏になれば茂り、花が咲き、秋に実が成る、冬に全部落ちてしまう。台風が吹けば小枝が折れて飛んでいってしまう。その表面の変化に心が奪われます。たとえば、政治家は今度の選挙で議席がいくつとれるだろうか、いくつ減るだろうか。または経済の人たちは、会社の利益がどれだけ次上がるだろうか、株価が上がるだろうか下がるだろうか。この表面、表層は、変化の連続です。これは変化する宿命にあります。そこに焦点を合わせるとその変化に心が奪われて、もう上がったり下がったり、心身ボロボロになります。

しかし、この大木にいちばん大事なところは、幹から普段見えない根の部分、ここがいちばん重要です。根はあらゆる栄養素をすべての木に供給しています。しかもこの大木をしっかりと根を張って支えている。その根の根本の話が実はこの普遍的なテーマの、自己、人、生命、実体とは何か、この四つのテーマです。ここに考えと思いをいたしたときに、表面がどれだけ変化しても、そこに心身ともに揺れ動かされることが少なくなります。

皆さんに今日お話しした話は、自己・自我とは何かということだけ掘り下げても、国籍も民族もやがて卒業していくことができますよという話をしました。しかし、今日の話が全部正しいからというつもりは毛頭ありません。これは一つのキッカケを皆さんに与えたので、若い皆さん方はぜひ、掘り下げることを続けてください。そして、皆さんの30年後、40年後、この地球が、争いがなく、お互いに助け合いながら安心して生活ができる、本当の人の社会に向かってほしいです。若い皆さんが、人類はそこの方向に行かなきゃいけない、行くはずだと、この夢と希望を持つだけで、全体はその方向に行くと思います。そのために、この財団はつなぎ役として若い皆さん方に期待してこの活動をしております。

また、そのつなぎ役の第一段階は、アジアのあらゆる専門のプロフェッサーたちの皆さん方の力、そのネットワークを利用して、よりよい人の社会に向かってほしいなと思います。ちょうど予定の時間がきましたので、どうもありがとうございました。

◇

羽場：佐藤理事長、非常に哲学的な尚且つ非常にスケールの大きいアジアの協力関係の重要性、そしてその背景には自己というものをいかに認識しながら、世界とつながっていくかという非常に大きなお話をしていただきました。ありがとうございました。

では、今日はこれからワンアジア財団の懸賞論文の奨学生の表彰式を行わせていただきます。この304名の授業の参加者の中から、アジアに出かけていって、そして、将来どのような形でこのアジアの現在の大変な問題を解決していくべきかということで、多数の論文が寄せられました。その中で8名の方を奨学生として選びましたので、表彰式をさせていただきます。最初に青山学院大学の学長、仙波憲一先生のほうから皆さんに一言ご挨拶をしていただきます。仙波学長どうぞよろしくお願いします。

仙波：学長の仙波でございます。今日はワンアジアの財団からの懸賞論文ということで、常に日頃、ワンアジアの財団の皆さま方にはお世話になっております。そのおかげで今回大変素晴らしい論文が出てきたと、8編候補者があるということでございます。今の時代、皆さんご承知のとおり、アジアというものについての関心が大変高まっております。これを論理的にきちっと考えて、自分なりの理論をまとめて今回素晴らしい論文が出てきたということで、私どももこの2年間続けさせていただいたということに対して、心から御礼申し上げますし、それの成果であるというふうに大変心から喜んでおります。

改めてワンアジア財団さんにも御礼を申し上げるとともに、ここで学生が、その成果としてこういうものが出てきたということも大変嬉しく思っております。今日この８名の学生に対する表彰を行うということでございますので、残念ながら選に漏れてしまった学生もいらっしゃると思いますけども、また勉強を積んでいい論文、あるいはいい勉強ができるように努力していっていただければと思っております。

いずれにしましても、奨学生に対するお祝いの言葉と、ワンアジア財団さんに対する御礼の言葉とさせていただきます。以上でございます。

第7章

アジア文化交流の歴史と未来

王　敏、青木　保

◇

王敏：王敏と申します。中国に生まれました。日本の魅力に魅せられて30年以上日本で暮らしてまいりました。たくさんの本が書いたと先生が紹介していただいたんですが、私が書いたのは、日本での見聞でして、日本の魅力があったからこそ私が書くことができた、整理することができたということを申し上げなければなりません。そして、私が少しずつ前へ進んでいく度に、青木保先生のご指導をいただいております。本日も私の恩師、恩人の青木保先生の前で報告させていただくことは、どうもテストのような気がいたします。時間が経ってもいつも先生のテストを受けるつもりでおります。

そして、皆さんのテストを受けるつもりで、ご報告させていただきます。

皆さんにとっては空海の名前がよく知られていますが、讃岐うどん、そして、亀の子せんべいなどが、空海が中国留学しに行ったときに持ち帰ってきたものであることを皆さんもきっとご存じだと思います。しかし、日本では、亀の子せんべいと讃岐うどんを空海が持ち帰ってきたと言われてますが、中国の中では果たしてそれらしい原形が存在したかどうか、その検証が必要だと思いまして、私は今年の10月18日、空海が滞在した福州へ行ってまいりまして、それらしい食べ物を発見しようとしてまいりました。

結果を申し上げますと、それらしいものが見つかりました。そして、それ以上の収穫もありました。その収穫は空海がちょこちょこ通っていたお寺です。このお寺の名前はなんと、涌き水の涌の漢字に、泉の漢字で涌泉寺《ゆうせんじ》と言われております。

空海はなぜそのお寺へ時々行ったかということを調べてみたところ、讃岐うどんがおいしいというのはその地域は、よく干ばつに見舞われていました。その干ばつとどう付き合い、そしてどのようにその苦難から逃れていくか、地元の人たちがずっと長い間工夫してきました。空海が中国で、涌き水の泉がどうやって、千年経っても枯れない、その方法を調べました。

そして、その方法を日本に持ち帰り、地元のダムの建設に生かしました。そして、このような空海と関係があるものでしょうか、京都にありますお寺の名前は、泉涌寺《せんにゅうじ》と言います。もう一度中国のお寺の名前を見てみましょう、涌泉寺ですね。そして、京都のお寺は泉涌寺と言います。まったく同じ漢字で順番が違うだけですね。どれも水と関係がありまして、そしてどれも空海と関係があるんですね。で、空海といえばまた、唐、中国と繋がりがあります。これは面白いことではないでしょうか。それでは、空海が学んだ中国の水を涸れさせない、つまり、治水の方法といったものがどこに生かしたでしょうか。そこでは、まず、日本では数えられるほど大きいダムでもありまして、満濃池があります、ふるさとの讃岐にあります。で、そこに生かしました。

そして、もう一つ生かしたのは、奈良にありました、益田池です。この益田池はもう現在ありませんが、空海が中国で勉強、参考にした治水の方法を作品の中に直筆で書いてありました。三筆の一人でありますが空海の直筆です。皆さんご覧ください、とても素晴らしい書ですね。皆さんもおそらく書道の授業でご覧になったりしたことがあると思いますが、赤い枠組みの中にある四つの文字を見ていただきたいです。「前、堯、後、禹」となります。

禹というのは、治水の方法を空海が参考にした人物であります。では、この禹というのは誰でしょう。あまりにも白髪三千丈のご老人になりました。中国最初の王朝、夏王朝の王と言われていて、日本の歴史書の中でも夏王朝の創始者とされてあります。この禹の漢字を書くと、虫の字が付いてありますが、虫というのは蛇を意味しておりまして、そして、蛇は水神という性格を持っておりまして、ここでも空海と一致していますね。空海が日本のあちこちで水神とされていました。ということも治水の功績、また、参考になった中国の禹の手法と繋がっているような気がいたします。

で、このような禹に関して、実は日本の北海道から沖縄まで１００カ所ぐらい史跡が残ってあります。このような調査に２００７年から私は参加させていただき、そして、今現在に至る１００カ所ぐらい、はっきりとなったという調査に加わりました。

地図を見ていただきたいんですが、日本の地図ですけれども、この100カ所ぐらいの禹にちなむ、治水、治水神にちなむ史跡があることをわかりやすく示されてあると思います。では、この禹が渡来人になりますね。実際日本に来たことあるでしょうか。鑑真などが来たことは知られていますが、禹が日本に来たことがありません。だけれども、この禹は皆さんが修学旅行のときに必ず行く京都の京都御所の襖絵に描かれてあります。京都、修学旅行のときのことを思い出していただきたいです。京都御所の大きな襖絵にはこの素晴らしい襖絵があります。日本の狩野派による素晴らしい芸術品であります。真ん中に座っております、このきれいな着物を着ておりますが、この人が禹だと言われております。

また、京都御所にあるこの襖絵を展開してお見せしますと、このように非常におごそか、そして、品格ある空間に収まっております。で、色彩をつけてみてまいりましょう。京都御所では今も一般公開となります。是非ご覧になっていただきたいです。

では、この襖絵がいつ頃、京都御所に入ったか、それは1641年頃のことでした。そのときの日本では、禹という治水の人物に対して、日本の神様として認識されておりまして、で、モデルとしてきました。こちらの掛け軸が日本の東京国立博物館に収蔵してありまして、また、湯島聖堂などにもありますが、徳川家康の「だいきゅうし」によって描かせてあります。この禹の、絵はともかくとして、今現在の我々の生活に深い関係がありますのは、掛け軸にある文字です。その文字を見ていただきますと、「大禹、地平天成」と書いてありますね。

地平天成となりますと、皆さんは年号と連想できますよね。今年も平成なんですけれども、平成というのは何の意味をしてあるでしょうか。中国の古典の中では平成は理想の世界とさせてあります。自然災害なく、農業、豊作して人々が豊かに暮らすことが地平天成と言われております。そのような願いがおそらく日本も同様に込められて、古来から同じ古典を読んで、そして、平成を迎えられたときには年号を平成にしていただいたと思います。

では、地平天成といったものが、中国ではどのように扱っておりますでしょうか。

実は禹の時代を理想の世界としました。その時代にはまだ神がありませんでした。そして、古典といったものもわずかありました。で、そのときはどのように、考え方を、理想、夢を描くか、どこに描きますでしょう、石に刻ませてありました。で、この大きな石に刻ませてある格言、たくさんありまして、昔の長安、今の西安にある博物館に全部集まっておりました。その石碑のうちの一つには地平天成と書いてあります。

皆さんこちらをご覧ください。この行、ブルーの矢印のところがありますが、そこからこの行を見ていきますと、地平天成となってありますね。地平天成が描かれた古典を昔は多くの人々に読ませたい、紙が足りない、それで、石に刻ませてありました。この時代は８３０年のとき、唐の時代、つまり、空海が中国に行った時代のことでした。で、この石碑が西安にあります博物館に収めてありまして、私が調査しにまいりました。そのようなことがあったので１９９２年10月26日、両陛下が中国を訪問されたときには先ほどお見せしました石碑をご覧になり、地平天成のところをご覧になりました。とても喜んでおられたことを中国の人々は胸に刻ませてあり、今もそれに関係する記事が中国のインターネットに紹介されてあります。

日本では地平天成を得られたそのような指導者をモデルにしてきました。それは、日本最初の古典、古事記をとおしても見ることができます。古事記の中では、時の天皇の名は文命よりも高く、と書いてあります。文命というのは禹の別名にあたります。で、この禹に対する日本人の願いと希望と理想が込められていたわけです。そんなわけで明治以来の治水口跡の碑文にはほとんど禹の名前が刻ませてあります。で、ここでは6本だけを印としてご紹介してありますが、漢字がいっぱい書いてあって、地名があって読みづらいので飛ばさせていただきます。

それでは、100カ所の禹に関係する石碑、碑石、どのような形、イメージで反映されているか、一番近いところ、神奈川県開成町にある石碑をご紹介したいと思います。

スクリーンにありますのは、その開成町にある石碑ですが、見づらいですけれども、そこにある文字を拡大して、私が編集した研究論文集の表紙にさせていただきました。これだとよく見えます。この行の上のところに「神禹」と書いてありますね。つまり、治水神というようなことなのですが、これも達筆ですね、しかしこれは空海ではなく、荻生徂徠によるものでした。300年前のことでした。

同じ地域では、13の禹にちなむ史跡が見つかりました。ここにご紹介いたしましたように石碑の他にまた用水路、それから、橋、なによりも面白いのは神社の名前も文命神社でした。文命は禹の別名ですね。この神社は1909年、福沢諭吉を記念して、福沢神社に名前が変わりました。どうして福沢になるでしょうか。福沢諭吉がよくこの神社に通い、そして、地元の人たちと古典を勉強したりして、治水をとおして日本を豊かな国にしたいという夢を共にこの神社で見たことがあったからです。で、この地域は富士山に近いところにあって、大きな川が流れていて、よく暴れます、ですから、禹が、治水の神が必要なんです。その治水の神がインドの仏様であり、中国の王様であり、なんでも構いません。日本の文化が混合性を持つ豊かな文化ですから、どこの神も、インド人であってもアジア人であってもヨーロッパ人であっても暖かく迎えられておりました。歴史上に証明されてあります。この中の一人は中国の禹ということでした。

したがいまして、このような発見があった舞台にして、２０１０年、第一回目禹王文化サミットを開催し、２０１２年10月第二回を開催してまいりました。そして、第二回目開催された地域になりますけれども、この地域の石碑を見てください。立派な文字が描かれてありますね。そして、地元では禹のお酒も地酒として販売しております。第三回の禹王サミットは高松市で開催されてあります。高松市の大禹謨にちなんで、地元の大禹謨お菓子がよく売れております。池袋の東部・西部デパートにいずれもコーナーがあります。禹が日本の地域で、地域の文化、地域の住民と共に楽しく暮らしております。

時間の関係でいろいろ飛ばしながらお話しをしたいですが、では日本では最初の禹王廟、いつ頃建ったものでしょうか、１２２８年、京都の鴨川あたりでした、今はもう何もありませんでしたけど。もう一つのイメージ、これは価値がありますね、高いと思いますが、金でできた18金ですが、名古屋城内の孔子廟にあったものでした。で、日本の東洋史教科書には、禹の治水について、今の教科書よりもっと詳しく紹介されておりました。こうして日本文化の柔軟性と、そして、地域にこだわらず、地域発展を目標とする受け入れ、受容の精神によって、禹王が中国から日本に移住しました。身分が転換した、日本の土着信仰と民間信仰の神となりました。ここまでは禹が持っている性格を皆さまにはきっとおわかりになっていただいたと思いますが、つまり、禹をとおして日本の文化を、日本人のアイデンティティーをもう一度考えて認識していただきたいと思います。

日本の中には禹と関係のものが、特に若い皆さんにとって関連があると思います。たとえば、登竜門、竜門というのは禹が治水したさまざまな工事の中で最も成功した地域なんです。それから、相撲の中でこのポーズがありますね、これが禹歩と言います。で、禹が治水成功した、成功したから終わりではなく、日本では多くの地域では、治水した所を通ってしまうと自動的に本能的に、足に力を入れて大地を踏むポーズをとるんです。それは古代の日本人の知恵であり、そして、治水に内在した知恵でもあります。で、相撲のポーズもそこから禹歩と呼ぶようになりました。

日本は明治以来、西洋をモデルにして中国とのモデルを転換させました。日本の発展にとっては必要なことであり、そして、アジアも日本をモデルにして西洋に学ぶことにしました。しかし、それと同時に中国をモデルとしたものがだんだん少なくなってきました。

これに対して西洋人はこのような風刺画を描いてありました。いくら西洋の着物、礼服を着ていても、東洋人はやはり未開のサルでした。そして、横山大観はこのような絵を描きました。日本が子どものようでして、孔子さまにはあっち行けと言うならば迷い、また、イエス様があっち行けと言うならばそれもと迷いという、発展途上の日本の状況をイメージ化にしました。

その時期を過ぎまして日本が今日のように近代化成功したアジアにおけるモデルとなってきてまいりました。しかし、このような日本には、まだいろんな問題が内在しておりまして、特に3・11震災後に日本の受難といったことが世界への教訓の素材となりまして、ライフスタイルの再構築としては注目されることとなります。この中で特に公共意識、公共教養に対する日本の国民の持つ高いレベルが認識されておりました。

世界各国にこの一枚の写真を発信されてあります。だとしますと、東洋とアジアとともにあった、かつての教養、教育の中にある、その教養のデータベースから現在に有用なものをもう一度取りだして考える必要があるだろうと思います。

そのうちの一つには、本日キーワードとしてご紹介しました、治水の神、禹のことでした。中国全土には禹に関する遺跡が７００カ所以上あります。この７００カ所と日本の１００カ所ぐらいとリンクしていて、お互いに修学旅行、そして、地域交流すればなにか実らせることがあるかもしれません。それを真剣に考えて進まれていくと、かつて遣唐使たちが行われたこと以上のこと、現代の日本人がされていくかもしれません。

で、青木保先生が文化庁長官されたときには、南通宣言、済州宣言、奈良宣言などをされてきてまいりました。日本がアジアとの新たな交流、そして、発展、ともに互いに中心とする発展を始めようとしております。私のつたない話をこれで終わりにいたしまして、次には青木保先生に代わりたいと思います。どうもありがとうございます。

羽場：王先生、素晴らしい講演をありがとうございました。

特に私たちが気がつかない水、治水という、最近、地球環境の中でも最も重要なのが水であるということを言われていますけれども、そうした治水という観点から、禹王と日本人に関する非常に深い教養と教育的視点に満ちたご講演をいただきました。ありがとうございました。それでは次に、国立新美術館の館長、青木保先生からのご講演をお願い致します。よろしくお願い致します。

青木：皆さまこんにちは、国際的に世界的に活躍なさる国際政治学者の羽場久美子先生がワンアジア財団と組んで、このアジアの地域統合を考える、この素晴らしい講師陣による連続講義、大変素晴らしく、他では見られない充実した内容です。

皆さん大変幸福というか、大変貴重な機会を先生に与えていただいたと思っていいと思います。これだけいろんな人を集めてこういう講座をなさるというのは、今日本にもいろんな大学がありますけども、なかなかやっておりません。まあ、部分的にはね、アジアに関しても講演とかするところはありますが、ともかく大変見事なもので私は尊敬致します。

それから、王敏先生はもう本当に日本にとってはかけがえのない貴重な方で、日中間、いろんな問題があるんだけれども、もうまさに全身で日中間の文化交流、相互理解のために奔走されております。中国にとっても本当にかけがえのない人だと思うんですけれども。今、日本で王さんに相当するような日本人の学者とかは見当たりません。我々にとっては王敏先生がいらっしゃることが大変貴重です。

今日は、禹王？　禹王って全然知らなかった、禹王って、王さんの話にはいつも驚かされるんですけど、ともかく日中の歴史的に深いところから現在に至る文化交流というか文化の関係をですね、こういういろんな局面、いろんな要素を王さんが見いだしながら我々に教えてくださって、今日の禹王も本当にもっと話をお聞きしたかったと思います。素晴らしいお話だったと思います。まあ、この禹王の話が現在まで続いて、それから、今の平成という言葉そのものが中国の古典から取られているということですけど、そういうことも教えていただきましてどうもありがとうございました。

私はどちらかというと王さんのような歴史的な深い知識を持っておりませんで、もっぱら体験主義でアジアを歩いて、アジアに住んで、アジアでいろいろと人々と話したり、それから、アジアの料理を食べて、また文化や自然を経験しながら勉強してきたものですから、現場主義というか、自分で体験しないものはあんまり信じないタイプでございます。

それで、今日お話しするのは三点あって、一つは、最近私は文化力ということをよく話しているんですが、一つは文化力という話をします。それから、二つ目は、アジアに文化の時代が来たという話をしたいと思います。三つ目は、日本の役割について簡単に話をさせていただきます。

それで、文化力、文化の力のことですけれども、この言葉はあんまり普通は使いません。政治力とか経済力、あるいは軍事力という言葉はよく使いますけど。その中で文化力ってあまり使われませんが、実はこの21世紀のこのグローバル化する世界においては、実は政治力とは経済力だけではなかなか物事が進まなくて、そこに文化力が加味されますとスムーズにいくということがたくさんあると思います。それで、文化力に改めて着目をして、その文化の力でいわば国際平和を築いていく、そういう努力というものも必要だろうと思うんですけど、なかなかそういうふうには政治も経済のほうも、また社会も進んでいきません。その中で孤軍奮闘というか、文化力文化力と言ってきたんですけれども、文化力という言葉をまず覚えていただきたいと思います。

まあ、文化力というと皆さんは政治学専攻の方だから、思い出すのは一つはソフトパワーという言葉がありますね。これは１９９０年代の東西冷戦が終わったあとで、アメリカの政治学者のジョセフ・ナイという人がソフトパワーという本を書いて、ソフトパワーということを言い出しまして非常に有名になりました。今でもみんなまだ議論する場合がありますが、日本でも大変議論されました。

このソフトパワーというのは何かというと、基本的にはアメリカは超大国で、超軍事力国です。それから、経済力ももちろん、政治力も世界で一番強いですね。だけど、そういう政治力や経済力や軍事力のようないわゆるハードパワーという、ハードパワーで世界の国際関係の中で、アメリカが世界に世界の国々に対して、アメリカの言うことを、ついてきなさいというようなことを言う場合に、ハードパワーだけだとどうしても軋みができるし、言われた方ももちろん強制されて、軍事力が強いからしょうがないから従うというふうになってもどこかで必ず破綻がきて、たとえば、9・11みたいな問題も起こってくるわけです。

ですから、それに対して、もっと文化を中心にしたソフトパワー、文化だけじゃありませんが、アメリカという社会は非常に自由で民主主義的で、それから、若い人に対してもいろんな可能性がある。それから、アメリカの大学は世界一素晴らしい、ハリウッドの作る映画やアニメは世界的に愛好されるなど、世界の人々をその魅力で惹きつける力というものを世界に示して、そういうことを示すことによって、ああいう素晴らしい国、ああいう魅力のある国ならば、世界の人たちもアメリカの言うことについて従っていこうというような気持ちを起こさせることが大事だというのがジョセフ・ナイの考え方でありまして。これはアメリカの政府も、クリントン政権なんかが取り入れたりいたしました。

それから、日本の3・11の災害が起こったときにはハードパワーと、それから、ソフトパワーを組み合わせてスマートパワーということをクリントン国務長官が言い出して、それで、友達作戦というので日本の被災地の救済活動をいたしました。これは本来ハードパワーであるアメリカの軍事力、軍艦とか戦艦とかですね、あるいはヘリコプターとか、そういうものを使って日本の被災地に食料を、救助のために投下したり、いろんなことをしました。

それでアメリカ政府は、軍事力といったものもいざとなるとソフトパワーとしても使えるということを示そうとしたもので、かなり成功したと思います。日本の自衛隊も、基本的には軍事力ですけれども、被災地の災害救助というものが今非常に大きな役割を持ってるので、これはやはりそういう訓練を受けた、軍事訓練を含めたいろんな訓練を受けた人たちしかできないような救助活動、一般の人間ではできないことがいっぱいあるわけですから、そういうところに日本の自衛隊も活躍できる、そうするとそれは単に軍事力の行使というだけじゃなくて、むしろその軍隊が、ソフトな協力作戦に利用できるというか貢献できるということだと思います。実際にこうした自衛隊の行動は各地で感謝されています。いまや災害救助になくてはならない存在でしょう。

で、日本の場合は超軍事大国ではありませんので、超政治力による世界的な支配をしようとするような国ではありませんから、むしろ文化の力によって、いわば日本というものを世界に、日本の影響力と言うとちょっと言い過ぎになるかもしれないけど、日本の存在価値というものを示していくことが必要だと思います。それはかなり実は有効なんです。実は文化力は今、私が思うにはあんまり日本の政府も、日本の財界も企業も使ってないんですけれども、本当は使えば本当に有効だと思うことがたくさんあります。例えば、日本の「マンガ、アニメ、ゲーム」には世界のどこでも沢山のファンがいます。こうした日本の現代文化とコラボレーションして経済活動も、また政治活動も行っていく面をはっきり示すとか、いろいろな可能性が考えられます。

で、その文化力というものを一つ考えていただいた上で、次にお話するのは21世紀に入ってから、アジアにようやく文化の時代が来たということです。つまり、20世紀は戦争の時代だし、アジア諸国は植民地からの独立、それから、貧困とか社会問題、いろんな形で戦ってきたのが、ようやく21世紀に入って、中国をはじめ経済力がついてきまして、そこで、次は文化というものを国内的に国際的にも奨励して振興させるということに意味があるということに気がついてきた。

アジアにようやく文化の時代がきたというのはそこなんですが。それはどういうことかというと、たとえば、中国は2007年に北京に国家大劇院という大きなオペラハウスとコンサートホールと、それから、演劇劇場が天安門広場の隣に素晴らしい劇場施設をつくりましたけど、こういうものは20世紀ではまったく考えられなかった。そこでオペラをやったり、それからもちろんコンサートをやったり、日本のNHK交響楽団なんかも客演したりする。また中国のいろんな伝統的な音楽もしておりますし、また、私も2、3年前かな、ちょうど尖閣問題が始まる頃に、北京でシンポジウムに出ていまして、そのときに国家大劇院のコンサートホールに中国の友人たちと行きましたら、NHK交響楽団のコンサートがあって、中国人のピアニストと協演してチャイコフスキーのピアノ協奏曲を演奏したのですが、超満員の観客が、しかも90%中国人の観客が、演奏が終わって総立ちで拍手を送ってありました。

ちょうど新聞やマスコミでは尖閣問題で日本と中国のいろんな行き違いが報道されていましたが、実はそういう時期にあっても、日本のNHK交響楽団の演奏を聴きに来る人はたくさんいるんですね。

そういう人たちはやはり音楽を愛するだけじゃなくて、日本のそういうオーケストラに対してもおしみのない拍手を送る。それから、北京では新しい国立博物館ができましたが、これが巨大な日本には存在しない本格的なものです。

オリンピックサイトの近くに国立美術館、これも巨大なものが一本できるということですが、そういう文化的な施設を、今、中国では全土で、美術館だけでも３００ぐらいつくるとかいろんなことが言われています。これまでは中国政府はあまりお金を現代的な文化施設にかけなかったんですけれども、やはり今や文化だという、文化が非常に魅力的に、いわば、国が文化力で魅力を発揮すれば、逆に中国そのものに対する社会の評価が上がる、国内的にもみんな中国はすごいと自分たちで思いますし、また、国際的にもたいへん地位が上がるということに中国政府が気がついて、積極的な学術支援、大学に対する予算を増加させるということ、それから、文化施設をつくる。それから様々な、まあ、映画のスタジオも、世界、ハリウッドを凌駕するような大スタジオを今つくっていますが、もう半分以上出来てると思いますけど。そのうち世界の映画の監督たちはほとんど中国のスタジオで映画をつくりたいと思うような時代が来るんじゃないかと、まあ、そうなると中国の人は言っていますけど。

いずれにしても文化の振興にお金を出すようになりました。また、外に向かっては孔子学院ってご存じでしょうか、中国語や中国文化を普及させる国際文化機関をつくって、これはもう全世界に出来ています。日本にも10いくつの大学にあります。

また、東京にも、中国文化センターがありますし、そういう対外的な文化交流の場をやはり中国政府は非常に熱心になってつくり始めました。これはなかなか以前の中国の姿からは見れなかったことであって、画期的なことだと思いますが、それが成功して世界中で活動している。ハーバード大学なんかも僕も昔行った頃は、たとえば１９８０年代に行ったときは、もうほとんど学生が選択する外国語といえば日本語だったんですが、日本の経済が大きく発展していた頃で、みんな日本関係のことを知りたかったんですが、今はハーバード大に行くと日本語を取る人は少なくて、逆に中国語ばっかりになってしまっている、とハーバードの日本研究者たちが言っています。

そんな時代が来たんですが、東アジアでは、韓国も対外文化活動に積極的です。韓国は、国家の支援のもとに文化、たとえば、テレビドラマとか映画とかそういうあるいはＫ－ＰＯＰみたいな音楽とか、そういうものが世界に出ていく。日本にも韓流ブームがありました。

アメリカとかヨーロッパとか、あるいはアジアのいろんな国のホテルに泊まると、テレビが置いてあります。液晶テレビが置いてありますが、ほとんどこれサムスン、韓国製品です。日本のソニーとかパナソニックはあまり見かけない。もうアメリカに行ってもそうだし、もちろんアジアでもそうだし、ヨーロッパでもそうだし、それからもちろんモスクワとかそういったところでもそうです。

これはどうしてか、１９９０年代ぐらいまでは、テレビといえば、まずソニーとか日本の製品だったのが、今は、基本的には全部もう韓国製になってしまった。それは韓国の宣伝が非常に上手いのと、もちろん製品ももちろんいいんですけども、また、文化と、いわばその産業が一緒になって外に出る。それでそれを国家が後押しをするという構図が出ています。ですから、たとえば私、今年のミャンマーとかベトナムとか行きましたけども、そこでもほとんど韓流なんですね、韓国の製品が出てきて、韓国のテレビドラマは日本でも非常に人気がありますけども、ミャンマーでも大変人気があって、ミャンマーの人たちはそれを見て韓国に憧れる。10年前は日本に憧れていたのがいまや韓国になって、若い人たちも東京に留学したいと言ってた人たちが、逆に今はソウルに行きたいと言い出したというのは、現地で働いている、ヤンゴンで働いている日本の企業の人たちがもうほんとに真剣になって心配しながらそういうことを言っております。

韓国の場合、その点で非常に成功していて、それはもう外から見て魅力的な文化をつくる、テレビドラマその他の韓流的なブームを巻き起こして、それを産業が一緒になって、出ていく、文化のイメージをまずつくって、それからそこに産業が出て、それから、それを国が全面的に後押しするというそういうスタイルですが、これは日本ではなかなかできる対外文化経済発信のスタイルではありません。

そういうわけで、アジアに文化の時代が来たというのは、中国や韓国や、韓国にも、昨年（２０１３年）11月にソウルに国立現代美術館がオープンしまして、開会式に行きましたけども。そこでは現代美術を大々的に展示する。で、今度は国立新美術館と、韓国の現代美術館が一緒になって日韓現代アートの展覧会を来年の夏に、まず六本木の国立新美術館で開催して、それからそのあと秋に同じものを韓国のソウルの現代美術館で開催することになっていますが、こういうのはまあこれまではまず考えられなかった企画ですが、今そういう作業を進めております。

もう一つは、来年（２０１５年）の夏に国立新美術館では、日本の漫画、アニメ、ゲームの非常に大きな、美術館としてはもう日本で初めての、二千平米の展示スペースを使った、総合的な展覧会を開催するのですけども。この展覧会はそのあと、先ほど言いましたミャンマーとかタイとかですね、あるいは香港とかそういうところに巡回展をしていきます。これもミャンマーへ行ったときに、現地の日本大使館とか、もちろんミャンマーの国立博物館とか、みんなもう日本の漫画とかアニメとかゲームはどこに行っても好きですから、絶対開催してくれと言うんですけど。

ミャンマーという国は大きな可能性を持った国。それにこれからインフラをつくる。たとえば、鉄道、道路、それから発電所、で、これはもう日本の企業がみんな協力できる対象なのです。で、こういうこと、こういう建設チャンスというか、そうした経済協力の大きな可能性があるところは今世界であまりなくなって、東南アジアでもミャンマーやベトナムなどは最有力の国なのです。

そこで働いている日本の人たちが言うには、日本のイメージというのは今非常に低くなっているので、むしろ漫画とか、みんな子どもたちが好きなような漫画とかアニメとかゲームの展覧会を国立博物館で開催したら、それを契機に日本に対する親近感とか日本のイメージがアップしてくると。で、そこで日本がいろんなことを協力、経済協力をしようとするときに非常に有利に働くという見方もあります。今ミャンマーの国立博物館の館長さんは、もしできるならば、全国の小・中学生を動員しますと言っていましたけど。そういう小・中学生が来てくれれば、お兄さんも来る、お姉さんも来るし、親も来ます。一応、2016年の2月に開催することになっているんですけど、具体的にどういうふうにやっていくか非常に難しいところもあるんですが、今、準備交渉中です。

この企画についてはアメリカもヨーロッパも、みんなやりたいと言って、向こうにむしろ呼ばれている超人気分野なのです。日本で今、日本の美術とか芸術で、世界的にお呼びがある分野というのはこれが筆頭です。漫画、アニメ、ゲームについてはもうどこの、モスクワの国立美術館の館長さんが来て、別の要件で来たんだけど、たとえば、今の漫画・アニメの巡回展をやりたいと言ったら立ち上がって、漫画！　絶対モスクワのところでやって、と言われたので驚きましたが、そういう熱狂ぶりなのです。

そういうことを全然やってないんですよ、今まで。日本の美術館はまったくどの分野でも対外文化発信をしていない。だから、日本の文化力として使え対外的に評価されるものは他にもあるんだけど、国も企業も、あるいは一般の大学なんかもそういうことをやろうとしないので、それが非常に残念です。つまり、文化力ってべつに悪い意味じゃなくて、文化を、世界のいろんな国、外国の人たちが好んでくれるような文化というものが自分のところにあれば、それは非常に国際関係にも役に立つという、国際政治にも経済にも役に立つであろうということです。

◇

最後は日本の役割ですが、特にここで言う日本の現代文化は、第二次世界大戦が終わったあとには発展したのが大半ですが、もともとは、江戸時代、それから、中世、その起源もルーツを辿れば日本文化の伝統の力にあります。また戦後に、ディズニーと映画かいろんなものの影響を受けながら、手塚治虫とかいろんな人が努力して現代の日本の漫画、あるいはアニメ、あるいはゲームというものをつくりだしてきたわけです。

ここで強調したいのは、こういう日本の現代文化は、世界のどこに行っても入っていける。あるいは村上春樹の文学を加えてもいいでしょうね。日本の現代文化は世界のどこに行っても人々が安心して楽しめる、そういう文化を楽しむ娯楽です。つまり、日本の場合にはその背後に帝国主義的なもの、あるいは覇権主義的な政治力が働かない。ですから純粋にアニメならアニメというのが国境や地域や宗教を越えて楽しめる。

アメリカのものだと、そこには背後にはやっぱりアメリカの力って感じてしまうんですね。そうするとアメリカの影響を受けたくないとか、そういう気持ちも出てきたりして、必ずしもちゃんと受け入れられるかどうかは知りません。もちろんアメリカには素晴らしい文化がいっぱいあります、文学もあります、映画ももちろんありますけれども、一般的には言えないけど、ただアメリカのものというだけで色が付くことは事実なんです。魅力でもあると同時に色も付く。

それに対して日本のものというのは、イスラエルでもアラブ諸国でも、あるいはアメリカでもヨーロッパでも中国でもどこでも入っていける。これは戦後日本が平和国家である日本が生み出した文化なんですね。ですからこれを我々は非常に大事にして、その文化というものをもっと我々ははっきりと認識して、自分たちが楽しむだけじゃなくて、日本の国力としても考えなくてはならない。文化を利用すると言うとすぐ批判もされますが、そうじゃなくて文化力を活用するという時代に入ってきて、それに気がついたのが中国や韓国、むしろ日本より先進的に。そういうわけで、アジアを見る場合に、前世紀とはまったく新しい局面が今できてきてるということ、それは文化の面で起こっていて、それは文化というだけじゃなくて、それはもう社会、それから、もちろん政治力や経済力と結びついてるということです。特にアジアではそれが非常にはっきりしてる。

フランスなんかはもう文化を非常に巧みに使って自分たちの国力を高めてきたんですけれども。アメリカでもですね、先ほど言ったソフトパワーだけではありません、ハリウッドとか、あるいは食べ物、ファストフード、マクドナルド、ジーンズ、コーラみたいなものも含めてアメリカは全世界的にスターバックスとか売り込んでいるわけで、それも基本的には文化力です。その文化力によってアメリカは逆に言えば世界から支持されているわけです。

東西冷戦が終わったときに感じたことは、やはりソビエトの方は、文化的にほとんど魅力がなかったんですね。世界の人々を惹きつける文化力が無かった。アメリカは逆に世界を魅了するような文化を持っていたと思います、この差は非常に大きい。

我々が日本人として、今アジアに向かう場合に、基本的にまず言いたいことは、アジアは常に変わっているので、絶対に観念的に考えるんじゃなくて、既存のデータだけで判断するのではなくて、そうじゃなくて、まず現場に行って、中国に行って、北京に行って、上海に行って、広州に行って、皆さんにお願いしますが、実際に見ていただき、物を食べるところから始めてほしいということを強調したい。

東南アジア諸国10カ国、みんな行ったことある？　10カ国ってわかる？　ＡＳＥＡＮ10カ国っていうけど10カ国ってみんな頭に入ってますか。どこかな。皆さんが知っているのは、タイは知ってる、シンガポール、マレーシア、インドネシア、知ってますね。それから、たとえば、他はどこですか、フィリピン？　ミャンマー、ラオス、カンボジア、ベトナム、それから一番最後は言わない、もう一つはどこか、今僕が言わなかったのでもう一つ東南アジアのＡＳＥＡＮ10カ国の１カ国がありますね、それはブルネイという、産油国で、日本はブルネイの石油をいっぱい買ってます。で、そういうところを皆さん自分の足で確かめてね。東南アジア、足で訪ねて行って、そこでちょっと滞在して、いろんな人に会い話をして、またご飯食べたり、そういう交流をしてほしい。頭でね、文献だけで考えても意味がない場合が多い。やっぱりこう自分で見る、確かめることが特にアジアにとっては必要です。もちろんヨーロッパもアメリカもそれは必要ですけど。アジアにとっては特に、自分の情報、自分で獲得する情報というのが一番大切です。それを強調しておきたいと思います。

私はもう50年ぐらいアジアとつき合っているんですけど、基本的には体験主義だもんで、自分で体験しないことはまず書けないですね。日本でも大体アジアに対しては決めつける、非常に観念的に決めつける傾向が強い場合が多いのですけど、それが日本のアジア観を歪めてきましたし、また、非常に平和的発展的な相互理解の道というものを閉ざしてきたと思う。ここで、日本のいわば文化力というものをよく、どういうふうに使うかということを皆さん考えていただきたいということと、もう一つは、国際的な平和発展に、その文化力をいかに上手く使っていくか、使っていくかというと文化の専門家たちは怒りますけど、実際その文化力というものをポジティブな形で行使していくということをどうしたらできるかということをよく考えていただきたい。大学ももちろん文化力の一つです。じゃあどうも、というわけで簡単ですが失礼致します。ありがとうございました。

羽場：ありがとうございました。青木先生、非常に文化の力の重要性ということを強調していただき、特にこの間、尖閣の問題の中でN響のコンサートが中学で大入り満員であったことや、あるいはハーバード大学などで、１９８０年代においては日本が大きな力を持っていたけれども、最近中国語を学ぶ人が急増している。これは私もハーバードで感じたことであります。

そして、サムスンの力ですね、韓国におけるサムスンの力など、文化と産業と国家が一体となって、今アジアの国々が頑張っているときに日本がどうしていけばいいのかということを指し示していただきました。

特に先生が最後にその変化するアジアをちゃんと見てきてほしい、これは懸賞論文のテーマでもありますけれども、アジアに行って見て感じてくる、Seeing is believing ですね、百聞は一見にしかずということで、それこそまさに今変化し発展するアジアに日本がどう関わるかという形で、日本の若者に対するメッセージであったとも思います。

第2部において本日はシンポジウムということで、特にこの3カ月間、政治や経済や安全保障などハードな問題で考えてきたことを文化としてどのように発信できるかというお話を先生方にしていただきたいと思っています。

フロアからのご質問も交えてやっていきたいと思いますけれども。これまでスケジュールとして鳩山元内閣総理大臣や、あるいは西原早稲田元総長、それから、ＩＭＦからも篠原副専務理事などが来ていただき、この2週間は、北岡伸一先生、元国連大使や、劉先生に尖閣の問題を、歴史、史実から考える、史料から問題を考えていくことによって政治的な対立を抜け出て、お互いに史料をつきあわせながら学術的に話をしたらどうか、というような貴重な提案もいただきました。

それらを踏まえながら、本日、王先生と青木先生から、文化力というのが政治や経済の対立を超えて、私たちアジア、そして世界を結びつけていけるんだというようなお話をしていただきました。で、まず最初にできれば補足として、先生方のそのご活躍の場として、王先生には、たとえば文字の問題、漢字がいかに日中をつないできたかとか、あるいは自然に対する憧憬というのが、日本人の非常に貴重な背景にあるというようなことも発信されてきましたので、それについて一言言っていただきたいということと、青木先生はタイの僧院で宗教の問題を考えてこられたので、宗教の持つ役割ということについてできればお一言ずつお話をしていただきまして、そのあとフロアに投げかけたいと思います。よろしくお願い致します。

◇

王：ありがとうございます。羽場先生がとってもかわいいイメージを持っておられますね、皆さんもそう思いませんか、このような方ですね、国際政治をやっておられるとはとても、なんと言いますでしょうか、と思うところがあります。

逆にですね、文化力となるとこれは非常に柔らかいイメージですけれども、多くの人からですね、文化がわかりません、文化はなんなのかってよく質問されておりました。おそらく文化というのは教養だと思いますね。広く言いますと。だから、文化がわかりません、というのは、教養がわかりません、教養がないということに近いようなことに受け止められるところがあります。

それで、文化、教養、最も持っておられて世界で高く評価されている地域は実は日本なんですね。

で、そこで最も代表的な事例では羽場先生が漢字とおっしゃっていましたが、古い漢字、しかし、新しい生命力を抽出したのはむしろ日本なんです。日本が西洋の科学、思想など翻訳成功したのは漢字を生かしたからなんです。中国は漢字をつくったんだけれども、生かして、西洋の翻訳を成功にしたのはむしろ日本が先行者になります。

で、中国に翻訳された西洋のものが、多くの単語固有名詞、四字熟語、全部日本人が１００年前に翻訳したものをそのまま使っております。そして、中国語の辞書にそのまま反映されていて、若い世代はそれが日本人の創造だということを知らないまま中国語だと考えているわけなんですね。

このように古いものを新しく変革させ、そして、進化させる日本の体験とその知恵ですね、もっと注目され、学ぶべきところだと思います。

今年（２０１４年）の秋から日中韓三国で８０８の漢字を共に使いましょうというような動きがありました。日中韓賢人会議による呼びかけでした。８０８の漢字が日中韓で共用できるということでした。サムソンに入る場合、また、韓国の大手企業のその社員になるため、全部この８０８の漢字の試験を通さないとというようなルールになっておりました。だとしますと、漢字だけを切り口にして、教養とは何か文化とは何か、そして、そこにあるパワーを力として、文化力として、文化力という観念ですね、共に築かれていただいたらと思います。体験的文化力の増強というモデルとしては日本に学ぶところが多くあると私は提案しております。というところです。ありがとうございました。

羽場：ありがとうございました。では、宗教の役割について青木先生お願い致します。

青木：まず、今日いただいた東アジアのことを、東アジアというのは大体先ほど言いましたように、

ＡＳＥＡＮ10カ国プラス、日本、中国、韓国というのが一般的に言われていることですね。で、東アジアサミットとかいろんなことがありますけれども、この地域はですね、宗教的に見ると、まず、世界最大のイスラム教の人たちが住んでいます。大体、インドネシアだけで2億人ぐらいですからね。それから、マレーシア、ブルネイ、タイ、フィリピンなんかにもいるし、中国には1億人ぐらいのイスラムがおりますし、世界最大のイスラム圏だと言っていいと思います。イスラムというと中東というのが一般的ですが。メッカやそういうものは中東にありますけれども、イスラムの普及というか信者が多いという点では東アジアが世界で一番です。

それから、そこにまた仏教徒も、もちろんタイ、それから、ラオス、カンボジア、ベトナム、もちろん日本なんかも、中国、日本、あるいは韓国というところも含めて、まあこれも世界最大の仏教圏でもありますね。

それから、儒教、道教、これも中国、世界最大の儒教、道教の文化圏で。それから、さらにキリスト教ですけど、キリスト教も、フィリピンは南部を除くと基本的にはキリスト教。それから、中国の南部にもキリスト教がたくさんいる。それから、タイにもいるし、もちろん日本にも。日本は人口の1％ぐらいしかいませんけれども。韓国は30％ぐらいキリスト教徒がいます。これもしっかりと土地に根付いた宗教として存在する。それからもう一つ、ヒンズー教ですね。ヒンズー教もインド系の人がたくさんこの東アジアに住んでおりますから、ヒンズー教もしっかりとした人口、また、信仰として根付いております。

それから、土地の、たとえば日本の神道にあたるような、タイだったらピー信仰、精霊信仰みたいなのがあって、それぞれ土地の神様を祀ることが、もちろん中国にもいっぱい道教系のいろんな土地の神様がいますけど。そういうものが各地に存在していて、世界的な宗教も全部あるし、それから、土地の信仰もいっぱいある。各地にあります。ですから一大宗教圏と言ってもいいかと思います。

ただ、宗教が今、いわゆる対立して、宗教が違うことによって紛争が起きたり、あるいは摩擦が起こったり、戦争まではいかなくてもそういう宗教を媒介にしたさまざまなテロ行為もあれば、内乱的なこともあったり、スリランカなんかは今は収まっていますが、ヒンズー教徒対仏教徒の大きく見ればそういう対立があって、内乱状態もありました、そういうことが各地であります。

中国でも新疆ウイグル自治区では、常に漢民族といわばウイグル系のイスラム教徒との対立というのがあるし、まあ、いろんなところで起こっているんですけど、ただ、中東とか欧米みたいに宗教が全面的に出て、対立を繰り返すというようなことはありません。東アジアのイスラム教徒は、特に東南アジアの人たちは、非常にいわば穏健であって、違った宗教の人たちともちゃんと交わりますし、イスラムだからあるいは仏教に反対する、あるいはキリスト教に反対するというような形ではあまり存在しておりません。小さな小競り合いはありますよ、小競り合いはタイ南部で仏教徒とイスラム教徒の対立があるとかいろいろとありますが、国の全面的に出てくるような問題としては宗教的な対立はあまり大きくはなっていない。

ただ、違いがある、しかもいろんな宗教があるということはちゃんと知っていたらいいと思います。今度来るタイの、ＡＳＥＡＮの事務局長をしている、タイの元外務大臣スリン・ピッスワンさんは、タイは90％以上が仏教、いわゆる小乗仏教の国ですけれども、南部のイスラム教徒なんですね。

タイでは珍しいイスラム教徒の人がタイを代表してＡＳＥＡＮに出て、また、外務大臣を務めておりましたからね。そのタイも仏教の国なんですけれども、そういう人材を起用して、それでしかもそれがちゃんと納まって、国際的にもスリンさんは尊敬されていますしね。そういう人材がいて国の重職に就くということです。

ですから、宗教によって駄目だ、こうだ、ということは全面には出てきません。そこが、東アジアのいいところであります。

民族も、多民族、世界で最も多民族地帯ですけれども、民族的な要因は、小競り合いはあっても、国の全面に出てくるような民族対立は少ない。

それから、言語も違います。言語はもう世界で一番多言語地帯です。ですから、インドネシアにいくつ言語があるかって誰も知らないし、これは誰も、言語学者に聞いてもわからないぐらいたくさんあります。で、インドネシア語というのは、マレー・ポリネシア語族の言語を母体にしてつくった人工語ですからね。ジャワに行けば、ジャワ島の言語がありますし、バリに行けばバリの言語がありま す。スマトラに行けばいろんな少数民族の言語があって、インドネシアでは数千の言語があると言われていますが、そういう多言語地帯で、マレーシアでもそうだし、それからもちろん、他の国々でも、まあ比較的統一的な言語があるのは東南アジアにおいてはベトナムとかタイぐらいでしょうか。

シンガポールでも基本的には中国語ですから、中国語もこれ、北京官話ではなくて、福建語とか、広東語とか、そっちのほうなので。中国って、まあ、王敏さんの前で言うんだけど、中国って、中国語だと我々思っていてね、だけど、そんなの通じません、中国語なんて基本的にないです。北京で喋っている言葉はもう上海に行けば全然通じませんから、ただ、漢字が統一されてる、これは天才的です。漢字が統一されているので、どこに行っても漢字だけはみんな読める。

でも発音は全然違います。だから前に香港映画で面白い映画があって、台湾から来たギャングが、香港のギャングと密談をやっているところに香港の警察が乗り込んでくるですよ。で、警察はこの台湾のギャングをみんなぶちのめせって言うんだけど、それが広東語で、つまり香港の言葉で言うんですよ、そうすると、台湾は潮州語中心だからわからなくて、ポカーンとしているんですよ、同じ中国語を喋っても。我々から聴くともう全部中国語だけど。それで急にギャングが殴り始めてびっくりするような場面があって実に興味深かった、その言語の違いについて、インドと中国を比べると一つ大きな事は、インドは文化の違いが完全に歴然として社会、国家の中にあります。だから、インドではヒンディーとかですね、ヒンディー語、それから、ベンガリー、それから、ウルドゥーという三大言語がありますけど。他にもたとえば、南部のインドの少数民族と言われているタミルという人たちがいますけど。そのタミル、少数民族、インドの中でタミル語があって、少数民族と言われてるのに、人口的には5千万以上いるんですよ、だからイギリスと同じぐらい。だから、それで全部言葉が違うし、だからまあ、共通語といえばどちらかというと英語です。中国の漢字に当たるものがない。しかし宗教は基本的にヒンズー教です。もっともイスラム教もあればキリスト教も土地の宗教もありますが。

もう一つだけ言いますと、僕は体験主義と言いましたが、１９６５年、君たちがまだ生まれるずっと前からタイに行っています。で、タイに行くと、タイの友人たちが、本気になってタイのことを勉強したいなら僧になれって、坊主になれって言われて本当なのかと思ってたんですが、実際に1970年代のはじめに、タイのバンコクの僧院に入りました。頭を丸めて、眉毛も剃って、法衣だけ着ての生活です。で、朝、早朝に托鉢をして、それを食べて生活し、守るべき227の戒律があります、それを守りながら半年修行しましたが、まあ、そのときのことは中央公論新社の中公文庫にも入ってると思いますが、『タイの僧院にて』という本を昔出しましたので、それでも読んでくだされば体験談としてわかります。

ただ、やっぱりその、それまでいろんなタイの仏教研究が人類学的にもあって、それはみんなどうもなんか、どっちかというと僧侶の生活を研究しているのを見ると、なんか動物園でそれこそ動物を観察するような研究が多い。で、やっぱり自分でこう、僧院に入って同じ生活をしてみなくちゃわからないだろうと思っていたこともありますけれども、自分でもなにかそういう生活をやりたかったのでやりました。で、実際問題は非常に闊達した素晴らしい生活で、最初の1カ月で15キロぐらいやせましたけれども。結果的には6カ月もった。

今、この歳になって、いろいろと経歴とか紹介されるんですけど、唯一自分で意味があると、自分のこれまで生きてきたなかで意味がある経歴というのはタイのバンコクで1970年代のはじめに僧侶になったっていうことぐらいかなと思っています。やっぱりタイで僧院に入った、僧侶になったというのは人間の体験としては自分の中に強く残っております。まあそんなことでどうも失礼します。

羽場：ありがとうございました。青木先生、王先生ありがとうございました。特にお二人のお話で文化というものの多様性と広がりがわかったと思います。治水に始まり、芸術、音楽、文学、そして、文字、多様な言語、さらには多様な宗教、多様な民族、そして、まさにそのSeeing is believingを体験されたタイの僧侶となられて自分のアイデンティティー、自分の存在意義を確かめてこられた青木先生の言葉は非常に重かったと思いますし、皆さんが何をやっていけばいいのかということを考える上でも大きな示唆になったと思います。

ではあと10分ぐらいありますので、フロアからご意見をいただきまして、まとめて答えていただきたいと思います。できるだけ短く、そして、お名前と所属をおっしゃっていただいて、質問をしていただきたいと思います。どうぞよろしくお願い致します。手を挙げてください。ありがとうございます、お願いします。では、お願いします。

◇

質問者：大変貴重なお話をありがとうございました。

先ほど音楽が東欧の崩壊とアメリカ文化の素晴らしさを東側に伝えたというようなお話がありましたが。本日、朝日新聞の天声人語で、やはり似たような話で、キューバの音楽をアメリカの映画界が非常に好意的に伝えたということで、キューバとアメリカの和解が進んだというようなことを、今日の朝日新聞の天声人語に書いてあります。

その一方で、まったく別の意図が込められたような映画もつくられておりまして、それがソニーがつくった、北朝鮮を題材にした映画なんですけど。ああいった映画を、まだパイロット版しか世の中に出回ってないんですけど、それを見ただけでも、非常に北朝鮮の元首、キムさんを非常にこき下ろしたのがもうありありとわかるような内容で、で、しかも主人公側が白人なんですけど、そういった国家間の対立を煽るような映画がつくられてしまったこと自体が間違いだったと思うんですが、そういったものを防ぐ方法は行政としてなにか、たとえば文化庁が何か警告を出すとかそういったですね、ことはできないものなんでしょうか。

羽場：ありがとうございました。まとめてでよろしいでしょうか。申し訳ございません。ではそちらの方、お名前と所属を含めてお願い致します。

質問者：青山学院大学大学院、国際政治経済学研究科修士1年の杜と申します。中国からまいりました留学生です。

先ほど青木先生は、N響が尖閣諸島問題が発生してから北京の国家大劇場で公演されて大勢の方がいらっしゃるということをおっしゃいました。私も非常に関心がありまして、まあ、とても素晴らしいと、こういった文化交流で国家間の対立を超えて大勢の、ソフトパワーを発信するということに非常に肯定的に評価すべきだと思いますけれども。

でも、そこから思ったことはやっぱり、N響の切符は非常に高いということです。とても中国の中間層以下の人は日本の文化を享受する、エンジョイすることはたぶんできないと思います。２０１２年に、反日暴動が起こって、私はちょうどその現場を通ったんですけど、でもやってる人はやっぱり中間層ではなくて富裕層でもなくて貧困層なんです。貧困層は日本の文化をエンジョイする、評価するというより破壊する、日本車を壊したり、あるいは日本の料理屋さんを壊したりといった行為をしてきました。ですから、日本の文化の力、もしあるとするならば、それは中国の中間層以下の人に届くという力はあるかどうかということについてちょっとお聞きしたいと思います。ありがとうございます。

羽場：ありがとうございました。いずれもとても素晴らしい質問だと思います。あとお一人ぐらいいかがでしょう、ありがとうございます。ではこれを最後でお願い致します。

質問者：今日は貴重なお話をありがとうございました。社会情報学部2年のMと申します。端的に青木先生にお伺いしたいのですけど。東南アジアの水についてなんですね。今年の冬休みに僕ベトナムとミャンマーのほうに行くんですけど、そのときにバックパッカーで回ろうと思っているんですが、やっぱりいろんな仲間から聞くのは、水がすごい汚いよ、で、それでちょっとでも飲むとお腹壊しちゃったりとかするよということを言われたので、そういう向こうに行ったときに失敗談みたいのをちょっと喋ってもらえると嬉しいです。

羽場：ありがとうございました。では、三つの質問について青木先生と、それから王先生にもお答え願いたいと思います。よろしくお願い致します。

青木：最初のお話しで、音楽、ドイツのヴィム・ヴェンダース監督の、ブエナ・ビスタ・ソシアル・クラブっていうキューバの現代音楽を取材した映画。まあ、素晴らしい、キューバってものすごく素晴らしい音楽を生み出して、アメリカともまた他の国とも違うような独特の音楽をつくりだしていることが判った。日本にブエナ・ビスタ・ソシアル・クラブって、映画ももちろん来ましたけども、同時に楽団も来たと思いますけども、それがというお話なんですね。

もう一つは、確かにこういう文化媒体はいろんなふうに使われます。たとえば反日映画とかいっぱいあります。それから、反中映画とか、反米映画も。いろんなものが政治情勢や社会情勢によって作られるので両面あるんですね。非常に中和して融解させるような側面で働くものと、逆にその、文化がその対立を煽ると、憎悪を煽るという両方あるので、それは我々も気をつけなくてはいけませんが、これは文化そのものというか文化そのものに備わっている一つの性格でもあるんですね。

たとえば、文化という場合にはたとえばですね、まあ、日本人は日本文化を持って、日本言語を持って、日本的な宗教も持っている。で、それで、日本のアイデンティティーを非常に強く、文化によって、文化がなければ日本人として意味がないわけですから、日本人が日本人であるというのはまあ、土地で育ったということもあるけど、同時にその土地の文化を持っているということで、特に言語とか。で、それがアイデンティティーの根拠でもあるので、そういう根拠を与えることと、同時にその根拠が今度、中国人と違うとか韓国人と違うというふうに対立を生むということの両面を見るということですね。

文化には両面、ヤヌスの面ではないけどあって、一つはもう非常に、たとえば今世界的に起こっているのは宗教対立、これも宗教ももちろん文化の一面なんですけど、宗教があることによって、違うことによって対立が起こる、それだけじゃなくて本当はね、政治的経済的な要因があるいは領土的な要因が多いんですけど、それが宗教という、相手がパレスチナ人で、イスラムだ、こっちはイスラエルでユダヤ教だっていうので、非常に相手を敵として、異宗教だというので、決めつけると、決めつけやすい、そういうふうに使えるところがある。で、それに対して、それに則ってまた文化というものも、表現文化も、反日映画とかそういうものが出てくる。それに対して我々は注意深くしなければならない、文化力という場合には、国内で自分たちが自分たちであるための存在根拠を与えるような文化力もあると同時に、要は日本のいい面や悪い面が外で受容されるという二つの面があるので、文化にはその両面あるということは我々も慎重に考えなくちゃいけないと思います。

ただ、文化はじゃあいいところだけというように、文化はたとえば非常に表面的には愛らしいというか素晴らしい世界を見せるかもしれないけど、同時に地獄みたいなものを見せるので。両面あるということは人間存在の一番基礎に結びついているので、両方必ずしも否定するわけにもいかないけども、ただ、たとえば、反日映画をつくったり、反中映画をつくったりというのはやっぱり、それから今のハリウッドの北朝鮮の金正日体制を皮肉ったような映画というのは、ないほうがいいでしょうね。だけどそれを作ったら、当たるとやっぱり思う映画もあるので、そこは難しいところですけど、我々はそういう両面を相対的に意識し文化に対して慎重にならなくちゃいけないとは思います。

それから、続いて、貧困層ですね。一つはですね、確かに反日で非常に暴力的に働いた人たちはそういう人たちだったというのは事実かもしれませんが、中国のことは私はあまり判らないけど、ただ、今の文化力の時代というのは明らかに、中国も経済的に成長してきて、非常にいわば中間層、社会の中間層的な人が、たとえば、大学に行くような人とかが出てきたことがバックになっていることは事実なんです。

中国が一つは富の分配がうまくいって、戦後の日本が発展させたように、あまり格差がない社会になってくれれば、日本に対する好感度が増えるとか増えないとかいう話でもなくて、文化の受容に対しても寛大にはなると思いますね。

北京大学に行っても、日本語が上手な学生が、女子学生10人ぐらいに取り囲まれたことがあったのですが、こんなに日本語がうまい、皆さんどうして日本語を勉強したのって聞いたら、漫画を読みたいからと言ってました。世界のどこに行ってもですよ。アメリカに行っても、みんな日本語習ってぃるる人は漫画を読みたいから。そういうことを私は感じます。で、我々はそういう、彼が言われたこともちゃんと頭に入れて、やっぱり文化交流はしなくてはいけないと思います。

それから、もう一つ最後は、水はタイに行っても、いわゆる生水は誰も飲まないです。

僕は僧院に入ったときに、僧侶はそんなことを言っておられませんのでね、水道の水を飲んだんですよ、そうしたらね、下痢が、4週間止まらなかった。4週間止まらなくて、ここの骨が旨の骨がボンと出るぐらいに痩せてしまった。しかし、4週間で止まったんです。で、止まったら、あとはもう何食べても平気になったんです。だから試してみたらいいかもしれないけど、それで病気になる人もいるから、B型肝炎とかそういうのが流行ったこともあるし、私はそれに全然かからなかったので、それ以来どこに行って何を食べても基本的にはもう平気になりましたけど。

水はやっぱり必ず沸かして、川の水だって飲めるけども、それは沸かして飲んだほうがいい。やっぱりそれで健康を損なわれたら大変ですから。他のものは大体こう煮たり焼いたりね、そういう食べ物は基本的にはそれで済むけど。水は気をつけたほうがいいですね。で、タイの人でもやっぱり生水は飲まないです基本的には。まあ、シャワーとかはべつですけどね。気をつけて楽しんでください、しかしずっと行くのはいいことですよね、素晴らしいですね。

羽場：ありがとうございました。では王先生、少し短めに申し訳ございません。

王：文化力というのは、抽象的な言葉なんですが、それを体験という方法で実施して模索していくのが妥当だということを青木先生のお話や皆さんの質問を通して改めて認識されてありました。

また、文化というものは、補完的な一面あります、それは経済力、物質的な社会構築と補完しあうとなればということですが、中国貧困層の問題とそれから日本の文化音楽が中間層に留まることが可能になるというのも、補完力のところに鍵だと思います。

変化的流動的、そして、時差があるということも文化力の持つ特徴の一つとは言えるだろうと思います。東南アジアの水が汚いのがありますけれども、また、中国などの貧困といったことが過去のことではあるんですが、でも、変化がないということではない。それに見合う文化の働き及びそれぞれ個人による模索ということが、どれだけ大事なのかということを深く認識させていただきました。

タイの大臣にはイスラムの人がいて、そしてインドネシアでは多民族の間で、仲良く共通できたのはおそらく最大公約数の文化認識の範囲を得られたからだと思います。共有できる範囲を最大限に発揮していく、そのマイナス面を最小限に回避するというのがおそらく我々の課題であり、青木先生が提唱された文化力の今後の発展の過程に注意すべきところだろうと思います。ありがとうございます。

羽場：ありがとうございました。

本日は文化ということで全体のまとめに相応しいお話。それも非常に多様で、そして広がりのあるお話をしていただきました。皆さんの心に届いたお話だったと思います。本日は大変お忙しいなか、国立新美術館の青木保先生、王敏先生、法政大学の日本学研究所の教授のお二人に来ていただきまして、大変深いお話をしていただきまして本当にありがとうございました。もう一度大きな拍手をお願い致します。ありがとうございました。

第8章
アメリカの指導力と自由主義的な国際秩序のゆくえ

ジョセフ・ナイ Jr

◇

第二次世界大戦以降、アメリカはグローバルな政治において、空前の力を持っています。このことを、アメリカの「覇権」と指摘する人も存在し、また、第一次世界大戦以前のいわゆるパクス・ブリタニカと、アメリカのその力とを比較する人も存在します。しかし、今日のアメリカと比較して、その当時のイギリスに、同程度の圧倒的な力はありませんでした。今日、アメリカがハード・パワーの源泉である国内総生産（GDP）や軍事支出といった基準の両方において第一位であり、また、魅力というソフト・パワーという点においても第一位であることに対して、1914年に、イギリスはGDPの点において第四位であり、軍事支出においては第三位でした。しかしながら、分析者のなかには、アメリカの自由主義的な秩序は終焉するかもしれないと思っている人もいます。フィナンシャル・タイムズのコラムニストのフィリップ・ステファンズ（Philip Stephens）の言葉によれば、「1945年に確立され、冷戦終焉後に拡大した自由主義的な規則に基づいたシステムは、先例のない重圧の下にある。グローバリゼーションは退潮の過程にある」とされます。

世界政治における二つの主要な力の変化が、アメリカの力と関連した自由主義的な秩序に対して、挑戦を引き起こしています。一方は、西から東への国家間の力の移行であり、それは、中国やインドのようなアジア経済の劇的な台頭によって示されています。また一方は、情報技術の効果が引き起こした政府から非国家主体への力の拡散であり、それは、インターネットの進歩に象徴づけられています。アメリカの秩序は、中国のような権威主義的国家の台頭によって取って代られるのでしょうか？あるいは、アメリカの秩序は、非国家主体から成る新しい封建的な無秩序に屈するのでしょうか？

▼アメリカの自由主義的な世界秩序

1945年以降の自由主義的な国際秩序は、アメリカによって導かれたシステムでした。そこでは、弱い国家は、アメリカの力の行使への制度的な接近が与えられ、そしてアメリカは、多角的な規則や制度から成る緩やかなシステムのなかの開かれた貿易や海洋の自由といったグローバルな公共財を提供しました。そして、ソ連との競争を強めた冷戦の期間、独裁者への支援を行ったにもかかわらず、アメリカは、民主主義と開放性という全般的な好みを行使しました。アメリカの自由主義的な国際秩序が不完全であろうとも、仮に、ドイツが第二次世界大戦に勝利したり、ソ連が冷戦に打ち勝ったならば、20世紀後半は非常に異なった世界となったでしょう。そして、21世紀後半は、もしその世界が権威主義的諸国家によって統制され、あるいは、秩序が存在しないならば、非常に異なった世界となるでしょう。

注意深い分析は、過去に関する楽観的な見解に用心するものでなければなりません。楽観的な見解は、現在を過度にゆがめてしまうでしょう。多くのフィクションが、アメリカの自由主義的な秩序に関する社会的通念のなかで、事実と混同されています。ヘンリー・キッシンジャー（Henry Kissinger）が指摘したように、真にグローバルな世界秩序は、これまで存在しませんでした。アメリカの自由主義的な秩序は、何よりもまず、アメリカや西ヨーロッパを中心とした同じ目的を共有した国々の一団であり、それは、非参加国に対して、有益な効力を持っていませんでした。最も大きな国々（中国、インド、そして、ソ連圏）が参加できなかったため、アメリカの「世界」秩序は、世界の半分以下であった。グローバルな軍事的側面においては、アメリカはソ連がアメリカの力とバランスを保ったため、覇権的ではありませんでした。

経済的側面においては、アメリカの指導力は、世界経済を制御した規則や慣行だけでなく、自由主義的なブレトン・ウッズ制度を生み出しましたが、それは、正確には、「半―覇権」と呼ばれるようなものでした。アメリカの力が最大であった時でさえ、アメリカはどれほどの秩序と支配に関わる力を持っていたのか、という点に関する社会的通念も存在します。それは、たとえば、１９４９年の「中国の喪失」、１９５６年のハンガリーへのソ連の侵攻、キューバにおけるカストロ政権の創立と存続、１９６０年代のベトナムにおけるアメリカの失敗、です。今や、分析者のなかには、我々は、ポスト・アメリカの世界へと入り込んでいると公言する人もいます。しかし、いわゆる過去の覇権は、我々の社会的通念が示しているように、決して完全なものではありませんでした。

▼起 源

今日の状況へとアメリカはどのようにして辿り着いたのでしょうか？ 19世紀に、同盟に巻き込まれることを避けること、というジョージ・ワシントン（George Washington）のアドバイスや、西半球の問題に集中すること、というモンロー主義に続いて、アメリカは、グローバルな勢力均衡のなかで、小さい役割を演じました。大きな変化は、アメリカの第一次世界大戦への参戦でした。その時、ウッドロウ・ウィルソン（Woodrow Wilson）は、伝統を捨て、２００万人のアメリカ人を、ヨーロッパにおける戦闘へと送り出しました。さらに、彼は、グローバルな基盤の上に、集団安全保障を組織するために、国際連盟の創設を提案しました。上院が国際連盟へのアメリカの参加を拒否した後、軍隊が帰還し、アメリカは「日常へと復帰」しました。現在まで、それがグローバルな力のバランスの主要な要素であったけれども、１９３０年代にアメリカは悪意に満ちた孤立主義者となりました。

雄弁なフランクリン・ローズヴェルト（Franklin Roosevelt）の言葉でさえ、ヒトラーの脅威に対して立ち向かうことをアメリカの人々に説得することはできませんでした。アメリカは世界で最も大きな力となりました。しかし、グローバルな公共財を提供するような、リーダーとしての役割を踏まえた行動をとることを望みませんでした。１９３０年代に、自由主義的な秩序を目指したアメリカ人は存在しませんでした。そしてその結果、経済の不況、大量虐殺、および世界大戦がもたらされました。

転機であり、そしてまたアメリカがグローバルな勢力均衡の中心となった70年間のはじまりは、他国への軍隊の駐留を伴った永続的な同盟関係の構築へと導いたハリー・トルーマン（Harry Truman）の戦後の決断でした。１９４７年に、イギリスが、ギリシャとトルコを支えることができないほど弱体化していた時に、アメリカがその立場を引き継ぎました。アメリカは１９４８年にマーシャル・プランのなかで投資を進め、１９４９年にＮＡＴＯを創設し、１９５０年に朝鮮半島で戦った国際連合の作戦を指揮しました。１９６０年に、我々は日本との新しい安全保障条約を調印しました。これらの行動はソ連の力への封じ込め戦略の一部でした。

ジョージ・ケナン（George Kennan）（そしてその他の人）が戦後の世界を見た時、産業の生産力と強度の点で、五つの主要な地域が存在しました。すなわち、アメリカ、ソ連、イギリス、ヨーロッパ、そして、日本です。アメリカの利害関心のなかには、他の三つ（イギリス、ヨーロッパ、そして、日本）との同盟を組むことがありました。そして、アメリカの軍隊は、ヨーロッパ、日本、朝鮮半島、さらにそれ以外の場所に、今日まで、駐留し続けました。

ベトナムやイラクのような発展途上諸国への介入について、アメリカでは、激しい議論と特定の主義に偏った意見の相違が存在しましたけれども、70年間のアメリカの外交政策における基本的なコンセンサスは、同盟システムと多角的な制度でした。

２０１６年の選挙において初めて、その基本的なコンセンサスが、主要な政党の大統領候補によって、問題にされました。それは、アメリカの外交政策における基本的な変化を示していました。歴代の大統領と国防長官は、同盟国の防衛支出のレベルについて不平を述べてきましたけれども、彼らは、常に、同盟とは、自分に有利な取引をすることを試みる不動産取引というよりは、むしろ、結婚のような安定した係わり合いとして評価されると、理解してきました。たとえアメリカの指導者達が、ただ乗りをする国々について不平を述べたとしても、ドナルド・トランプの大統領の任期までは、同盟の構造について疑うことはありませんでした。しかしそれは続くのででしょうか？

▼上昇する力とグローバルな公共財

良く秩序づけられた国内の政治組織体において、政府は、治安維持や清潔な環境といった公共財を提供し、そこでは誰もが、恩恵を受け、排除されることはありません。国際政府が存在しないなかで、汚れていない気候、安定した財政、あるいは、公海の自由航行権といった、グローバルな公共財は、最も大きな強国によって導かれた連合によって作られました。小国は負担を引き受けず、公共財のために負担を分かち合おうとする動機をほとんど持っていません。小国の貢献が、小国の利益にとってほとんど違いをもたらさないので、ただ乗りをする方が、これらの国々にとっては合理的です。しかし、最も大きな強国は、その効果を理解することが出来る上、その貢献の利益に気づくこと出来ます。このようにして、グローバルな公共財を実現するために、その先頭に立つことは、強国にとって、合理的であり、そうでない場合、グローバルな公共財は、過少生産に陥ります。第一次世界大戦の後、イギリスは弱体化したため、その役割を果たすことが出来ず、またアメリカが、指導的な強国として、その新しい役割を引き受けなかった時、その結果は、世界にとって破滅的なものとなりました。

観察者のなかには、国力の点において、まさに中国が、アメリカを追い越すところであるけれども、国際秩序を支えることはないであろうと、懸念する人もいます。しかしこれは、「独自技術に固執し、外部の技術を敬遠するような傾向」と同じです。私はこのことを、世界大恐慌を、１９３０年代のアメリカのただ乗りに問題があったと分析したマサチューセッツ工科大学（ＭＩＴ）の経済学者にちなんで、「キンドルバーガーの罠」と呼んでいます〔1〕。中国は、１９４５年以降の国際秩序から利益を得ているが、公共財の創出について協力するでしょうか？　国際連合安全保障理事会において、中国は拒否権を持った５カ国のなかの一国です。中国は今や国連の平和維持軍の二番目に大きな出資国であり、そして、エボラや気候変化と関連した国連のプログラムに参加しました。中国は、世界貿易機関や国際通貨基金のような、自由主義的な経済的制度からも大いに利益を得ました。国際通貨基金では、中国の投票権は拡大し、中国は重要な副理事の地位を占めています。

２０１５年には、中国はアジア・インフラ投資銀行をスタートさせました。それを、世界銀行の代りの組織と受け止めた人もいますが、新しい制度は、国際的な規則を支持し、世界銀行と協力しています。２０１５年に中国は、サイバー戦争や気候変化への対応に備えて、アメリカと共に、新しい規範の開発に参加しました。２０１６年に国際海洋法裁判所が下した判決を、中国が拒絶したことは、やっかいな問題を引き起こしたけれども、そのような振舞は、自由主義的な国際秩序の崩壊を示す出来事ではありません〔2〕。アメリカも、時折、状況に応じて、法の履行義務に向き合ってきました。１９８０年代のニカラグア港湾の機雷の敷設の事例に注意してほしいのです〔3〕。全体として中国の行動は、自由主義的な世界秩序をひっくり返すことを試みたもの、というよりは、むしろ、その秩序のなかで、自国の影響力を高めることを試みたものであり、中国は自由主義的な世界秩序から利益を得ています。

さらに重要なことは、中国の台頭が、アメリカの自由主義的な秩序の終焉を示していないことであります。というのも、それは、一般的な従来の知見とは逆に、中国が世界の最も大きな強国として、アメリカの地位に取って代ろうとしていないためです。中国は、10兆ドルの経済規模であり、それに対して、アメリカは18兆ドルの経済規模です。中国が、(ドルに換算して)世界で最大の経済大国として、アメリカを追い越すことを予測する人もいるが、推定されたその時期は、２０３０~２０５０年と、さまざまであり、それは緩慢な中国の成長予測に基づいています。仮に中国がいつか、すべての経済規模において、アメリカを追い越したとしても、それは地政学的な重要性にとって、ただ一つの物差しに過ぎません。

力―すなわち、あなたが望むことを手に入れるために、他者に影響を与える能力―は、三つの側面を持っています。すなわち、強制力、報酬、さらに、魅力というソフト・パワーです。経済力は地政学的な相関関係の単なる部分に過ぎません。そして経済力においてさえ、中国は相変わらず、(経済の精密な基準である)一人当り収入の点において立ち遅れるでしょう。それに加えて中国は、軍事力やソフト・パワーといった指標において、アメリカに対して、相当、遅れています。アメリカの軍事支出は、中国の軍事支出の四倍です。中国の軍事力は近年、増大しているけれども、軍事力のバランスを注意深く見ている分析者は、中国はアメリカを西太平洋から締め出すことはできず、なおさら、グローバルな軍事的な覇権を行使することもできないであろう、と結論づけています。そしてソフト・パワーの点においては、ロンドンのコンサルタント会社であるポートランド(Portland)によって発表された最近の指標によれば、アメリカは一位に、中国は28位に位置づけられています。

さらに、アメリカはじっとしていないであろう。アメリカ人は、長い間、衰退について心配してきました。しかし、さまざまな問題にもかかわらず、アメリカは決定的な衰退へと向かっていません。アメリカは、人口の減少や、人口が他国に追い越されることよりも、むしろ、人口統計上の順位において、上位（第三位）を占め続けることになるであろう、唯一の主要な先進国です。それに比べて、中国は間もなく第一位の人口の順位を、インドに対して失うでしょう。エネルギーを輸入に依存する傾向は、中国では増大する傾向にあるが、アメリカでは減少しつつあります。アメリカは、今世紀の経済成長の中心を成す主要なテクノロジー（バイオ、ナノ、情報）の発展において最前線の位置を維持しています。そしてまた、アメリカの大学は、高い教育レベルを提供しています。上海交通大学が発表した順位では、グローバルな大学の上位20の大学のなかで、15の大学はアメリカにあり、中国には一つもありません。

もちろん、アメリカの自由主義的な世界秩序は、20世紀と同じようには見えないでしょう。中国、インド、そしてその他の国々の経済が成長するにつれて、世界経済のなかのアメリカの占有率は、前世紀半ばの時期と比較して、少なくなるでしょう。そして他の国々の台頭によって生じる複雑性によって、アメリカは行動を計画することが難しくなるでしょう。しかし、中国も含めて、他の国々はアメリカに取って代る段階に達していません。ヨーロッパには結束が欠けているし、「ブリックス」（BRICS）には実体がありません。ロシアは人口統計上、衰退しているし、インドやブラジル（それぞれは、２兆ドルの経済規模である）は発展途上国の段階にあります。ロシアと中国との間にある不信感を考慮に入れると、権威主義諸国には、真の同盟は妥当しません。急速なアジアの経済成長は、その地域へのパワー・シフトを促進しました。しかし、アジアの内部では、中国の力は、日本、インド、そして、オーストラリアによってバランスが保たれています。アメリカは、そのアジアの勢力均衡にとって、欠くことができない存在であり続けるでしょう。

▼非国家的な行為主体、新封建制度、そして、無秩序

未来に関するさらに興味深い問題は、政府から力の拡散が生じていることです。国家間の力の移行は、世界政治においてよく知られています。しかし国家から、非国家主体への力の移行は、新しく、そして、未知の複雑性をもたらします。今日の情報革命のなかで、財政上の安定性、気候変化、テロリズム、そして、感染爆発やサイバー・セキュリティのような多くのトランスナショナルな問題が、同時に、グローバルな協議事項の課題となりました。そして情報革命は、すべての政府の対応能力を弱める傾向があります。政府の管理の外で、国境を横断するトランスナショナルな関係という領域には、資金を電子転送する銀行家、武器を移動させるテロリスト、サイバー・セキュリティを脅かすハッカー、そして、感染爆発や気候変化のような脅威、といった多様な行為主体が、含まれます。

複雑性が拡大している。未来に関する一つのモデルは、強国による対立や協力ですが、第二のモデルは、「情報の無秩序」に関係しています。その世界では、「誰が次か？」という問いに対する答えは、「誰もいない」となります。この答えはあまりにも単純であるけれども、次のような重要な傾向を示しています。すなわちそれは、アメリカの自由主義的な秩序は終わることにならないかもしれないが、

確実にそれは変化するであろう、という点です。

世界政治は、政府だけの領域とはならなくなるでしょう。ウィキリークス（Wikileaks）から、企業、非政府組織（ＮＧＯ）、テロリスト、そして、自発的な社会運動に及ぶ個人や私的な組織は、すべて、世界政治において直接的な役割を果すために機能を与えられています。情報の広がりは、力がより広く分布し、非公式のネットワークが、伝統的な官僚政治の独占権を削り取ることを示しています。インターネットの時間の速度は、すべての政府が、自らの協議事項について、十分に管理できなくなることを示しています。政府は、サイバー・スペースに関わる規範を開発する業務に取り掛かったに過ぎません。そして、アイキャン（ＩＣＡＮＮ：the Internet Corporation for Assigned Names and Numbers）のような組織は〔4〕、マルチステークホルダー・モデル（a multi-stakeholder model）を強調します〔5〕。サイバー世界においては、政治指導者は、以前とは異なり、ほとんど自由を享受できません。そして政治指導者は、他国の政府だけでなく、市民社会とも、同様に、意見の交換に向き合わなければなりません。

政府や大きな国家は、より大きな富を持つでしょう。しかし、それらが活動する舞台は、トランスナショナルな会社、テロリスト、暴徒、犯罪者、あるいは、個人を含む―私的な行為主体の能力を高める―情報によって、過密な状態にあります。我々はたった今、今世紀における、力に関する情報革命の影響について、理解し始めたばかりです。一つの明確な点は、国際システムの複雑性の増大が、政府の管理を、いっそう難しくさせていることです。現代の世界政治を、「無秩序の時代」や、有用な仕事をすることの無力感として理解することは、極端な簡略化です。しかし、モイゼス・ナイム（Moises Naim）が指摘しているように、政治の真空状態は、「過度に単純化する人々」、すなわち、真の解決策を提案しようとしないで、麻痺状態をさらに深くする左派や右派の扇動的なポピュリストを、際立たせている。140文字で政策を組み立てることは困難である〔6〕。

情報革命とグローバリゼーションの影響の下で、世界政治は、アメリカが最も大きな強国の地位を維持したとしても、単独の行動では、アメリカは国際的目標の多くを達成することはできません、そのような方向へと変化しています。たとえば、国際的な財政の安定化は、アメリカ人の繁栄にとって重要ですが、それを確保するためには、アメリカには他国との協力が必要とされます。グローバルな気候変化と海面レベルの上昇は、暮しの本質に影響を与えるでしょう。しかし、アメリカ人は、単独でその問題に対処することはできません。そして、麻薬、伝染病、さらには、テロリズムといったすべてに対して、国境は穴だらけとなっています、そのような世界において、国民はネットワークを発展させるために、ソフト・パワーを使わなければなりません。そしてまた、公平に共有される脅威と挑戦に立ち向かうために、制度を築かなければなりません。

グローバルな集合財を組織的に生み出す上で、指導力を提供することができる最も大きな国の事例とは、相変らず強さです。軍事面や経済面の財に関わるいくつかの領域において、アメリカの指導力は、多数の解決策を提供することができます。たとえば、アメリカ海軍は、海洋法の警備や、航行の自由を守ることにおいて、不可欠の存在です。そして、2008年~2009年の金融危機において、最後の貸手の役割を果たすことによってもたらされた信用は、連邦準備銀行によって提供されました〔7〕。

しかし、アメリカの指導力は重要であるけれども、新しいトランスナショナルな課題に直面して、成功は、他国の協力を必要とするでしょう。この意味において、力は、非ゼロサムゲームとなります〔8〕。もしアメリカの自由主義的な秩序が続くのならば、他国を覆うアメリカの力、という観点から考察することは、十分でないでしょう。共通の目標を成し遂げる力、そこには、他国と一緒の力、という点も含まれますが、その観点も考察されなければなりません。多くのトランスナショナルな課題に直面して、他国を強化することは、そうした目標を成し遂げる上で、アメリカにとって有益であり得ます。アメリカは、もし中国がエネルギー効率を改善し、また、二酸化炭素の放出量を削減するならば、利益を得ます。この世界において、ネットワークとコネクションは、関連を有する力の重要な源泉となります。複雑性が増す世界において、最大限、コネクションを有する国家は、最も強力です。幸運にも、アメリカは、オーストラリアのローウィー研究所（Lowy Institute）が発表した、大使館、領事館、そして、公使館の総数に関わる国別のランキング表では、第一位です。ワシントンはおよそ60の条約同盟国も持っていますが、中国にはほとんどありません。政治的な提携において、『エコノミスト』は、世界の１５０カ国のなかで、ほぼ１００カ国がアメリカに傾き、これに対して、アメリカに逆らっている国は21カ国に過ぎないと推定しています。

アメリカの開放性は、ネットワークを築き、制度を維持し、そして、同盟を支えるための能力を高めてきました。しかし、その他の世界と関与するための開放性と自発性は、国内政治においてもちこたえられるでしょうか、あるいは、１９３０年代と類似した21世紀を目撃するのでしょうか？　おそらく、アメリカの自由主義的な秩序の未来に対する主要な脅威は、外部からではなく、内部からやって来るのではないでしょうか？

▼内部からの脅威

仮にアメリカが、いかなる他の国よりも、軍事力、経済力、そして、ソフト・パワーに関わる資源を保持したとしても、そうした資源を、グローバルな舞台における効果的な力の行使へと転換することをアメリカは選択しないかもしれません。先に指摘したように、二つの世界大戦の間、アメリカはそれをしませんでした。イラクやアフガニスタンにおける戦争の10年後、２０１３年の世論調査の結果によれば、アメリカ人の52パーセントは、「アメリカは国際的に自国のビジネスのことに専心すべきであり、他の国々を、それらが自ら成し遂げることの出来る最良の道へと方向づけるべきである」ということを信じていました。

２０１６年の大統領選挙は、グローバリゼーションや貿易協定に対する二つの政党のなかのポピュリストによる反応によって特徴づけられました。ポピュリズムは、一般に、過去70年間以上の自由主義的な国際秩序を援護した学会や解説者を含むエリートに対する抵抗を示しています。ポピュリズムは新しい現象ではないし、パンプキンパイと同じくらいアメリカ的です。19世紀に反移民の立場を掲げたノウ・ナッシング（Know-Nothing Party）や、それ以降のジョー・マッカーシー（Joe McCarthy）やジョージ・ウォレス（George Wallace）のようなポピュリストたちは、外国人への嫌悪や閉鎖的な立場を強調しましたけれども、民主主義にとって健全なポピュリストの反応（たとえば、アンドリュー・ジャクソン〔Andrew Jackson〕や、ウィリアム・ジェニングス・ブライアン〔William Jennings Bryan〕の事例を想像してほしい）も存在します。トランプ現象は、外国人への嫌悪や閉鎖的な立場を強調した種類に属します。

ポピュリストの反応の根源は、経済と文化に根差しています。世論調査の結果は、外国との競争の結果、仕事を失った地区では、トランプを支持する傾向が強かったことを示しており、その上さらに、人種、ジェンダー、さらに、性的な傾向に関連した価値の変容を含む文化戦争において立場を失った年配の白人男性のような集団も、トランプを支持する傾向が強かったことを示しています。仮に経済的なグローバリゼーションが進まなかったとしても、文化的な変容と、人口的な変容が、ある程度のポピュリズムを生み出したでしょう。トランプ主義（Trumpism）は、貿易と同様に、ロボット工学によって、仕事が失われるため、ポスト・トランプの時代においてさえ続きそうであり、文化的な変容は続きます。

２０１６年の選挙が、これまで急拡大してきた貿易と投資の流れに終わりを示す出来事であったと思う観察者もいます。彼らは、１９１４年の状況と今日の状況とを比較します。１９１４年は、急速に進むグローバリゼーションが、一方で多くの人を豊かにしたが、他方で不平等を増大させ、さらに、戦争を招くこととなった共産主義、ファシズム、そして、国家主義の台頭を促した時期でした。しかし、１９１４年には、社会的なセーフティー・ネットは、ほとんど存在していませんでした。グローバリゼーションと開放経済を支持する政策エリートに対する教訓は、変化によって混迷した人々を救う仕組みを調整することと同様に、経済的な不平等の課題にもっと注意を向けなければならない、ということでしょう。インフラストラクチャーへの投資のような、成長を促す政策も重要でしょう。

例えば、移民に対する態度は、経済状況が好転するにつれて、改善されます。２０１５年のピュー研究所の調査によれば、アメリカの成人の41％が移民は重荷であったととらえていたのに対して、

51％が、移民が国を強くしたと言っていました。その数字は、不景気の影響がまだ実感されていた2010年半ばには、重荷として移民をとらえていた人々が50％であり、移民が国を強くしたととらえた人々が39％であった点と比較されます。

同時に2016年の選挙の白熱した言葉から、アメリカの世論の長期的な傾向について、過剰に示唆を得ようとすることは誤りでしょう。トランプは、選挙に勝利したけれども、彼は一般投票では、勝てませんでした〔9〕。環太平洋パートナーシップ（TPP）や、環大西洋貿易投資パートナーシップ（TTIP）のような苦心してまとめられた貿易協定に対する見通しが痛手をこうむることとなったけれども、1930年代と（あるいは1980年代とも）異なり、保護主義への大規模な逆戻りはまだ発生していません。科学技術が、脱グローバリゼーションをもたらすであろうと信じる分析者もいるけれども、長期的な傾向に関する最近のブルッキングス研究所（Brookings Institution）の調査は、その反対のことを示しています。そして、マーティン・フェルドシュタイン（Martin Feldstein）のような経済学者のなかには、一般に知られた数字が、科学技術の進歩を把握しておらず、外見上の経済の停滞を誇張している、と指摘する人もいます。

実際、アメリカの経済は、国際貿易への依存を高めてきています。1995年から2015年までの世界銀行のデータによれば、商品貿易の取引量は、GDPの割合として、4・8％、増加した。そして2014年には、アメリカは情報通信技術（information and communication technologies：ICT）に関連したサービスの分野において4000億ドルを輸出し、それは、サービス分野に関するアメリカの総輸出のほぼ半分でした。そして、2016年9月のシカゴ外交問題評議会（the Chicago Council on Foreign

Relations）による世論調査は、アメリカ人の65％が、仕事に対する心配を抱えながらも、グローバリゼーションはアメリカにとってほとんどの場合、良いことであると回答しています。「孤立主義」というレッテルは、現在のアメリカの態度の正確な表現ではありません。

アメリカ人のなかには、アメリカが自由主義的な経済秩序を支えることができるのかどうか、懸念する者もいます。しかし、彼らの心配は間違っています。アメリカは現在、防衛問題と外交問題にＧＤＰの約３・５％を支出しています。GDPの割合として、今日のアメリカでは、冷戦が最も激化していた時期と比較して、その支出は半分以下です。同盟はそれほど費用がかかるものではありません。問題は、「銃」対「バター」ではなく、「銃」対「バター」対「税」である。積極的に税率を上げることによって予算を拡大させない限り、防衛経費は、教育、インフラストラクチャー、そして、研究と開発への支出といった、国内の修復に関わる重要な投資に対して、ゼロサム（零和）的な取引のなかに固定されてしまいます。このことは、防衛改革ならびに国内改革の双方を損なう可能性があります。そして、２０１２年の経済協力開発機構（ＯＥＣＤ）の所得税率の平均値は、アメリカの所得税率よりも、10％、高く、アメリカは依然として、全ての主要な先進国のなかで、最も税率が低い国です。

自由主義的な秩序を維持する上での、その他の国内的な挑戦は、干渉の問題です。どのようにして、またどのような方法で、アメリカは他国の国内問題に関与すべきか？　その問題は、新しいことではない―ジョン・クィンシー・アダムズ（John Quincy Adams）は、ほぼ2世紀前に、ギリシャ独立戦争への干渉を求める国内の要求と格闘し、その時、彼は、我々は撲滅すべき怪物を捜索するために外国に行くのではないと宣言しました。しかし、トランスナショナルなテロリズム、ならびに、トランスナショナルな難民危機の時代において、ある程度の干渉は不可避です―オバマ政権が対応したシリアの内戦の例を見よ。中東は、17世紀の三十年戦争の時のドイツのように、数十年間に及ぶ政治的・宗教的な革命を経験することになりそうです。これらの危機は、干渉の傾向を促すでしょう。しかしアメリカには、侵略と占領という仕事とかかわりをもたないでいる必要があるでしょう。

ナショナリズムが高まり、住民が社会的に動員されやすい時代においては、他国を占領することは憤慨を引き起す可能性が高い。そして、最高の結果を追求する指導者の時代には、過剰な関与は、自制的で自由主義的な国際秩序を支える上で必要であった国内の合意形成に対して、それを取りまとめることよりも、むしろ、損失を深めてきました。ウッドロウ・ウィルソンのグローバルな理想主義に対する政治的な反発は、ヒトラーに対するアメリカの対応を遅らせることとなった孤立主義を高めました。ケネディとジョンソンがベトナム戦争をエスカレーションさせたことは、１９７０年代に、10年間に及ぶ内向き志向の時期をもたらす原因となり、そのことは、２００３年のブッシュによるイラクへの侵攻にも同様に当てはまりました。

自由主義的な国際秩序へと国内の支持を方向づけていく上で生じるその他の問題は、政治の分裂状態と、外交政策の課題に扇動的な策略が用いられる傾向です。トランプ主義は、トランプと一緒に消滅しないかもしれません。そのような策略は、制度を強化し、ネットワークを創出し、さらに、新しいトランスナショナルな傾向に対処するための政策をまとめるアメリカの実力を弱めます。国内の政治的な行詰り状態は、しばしばそのような国際的な指導力の行使を妨げます。例えば、アメリカの上院は、アメリカが、南シナ海における航行の自由を促進する必要があるにもかかわらず、海洋法条約を批准できませんでした。同様に議会は、国際通貨基金（ＩＭＦ）によるヨーロッパから中国への割当ての再分配について、アメリカにとってはほとんど費用がかからなかったにもかかわらず、それを支援するためにアメリカが関与する方針を、５年間、まとめられませんでした。そして、議会は、外国にいるアメリカ人を保護するために、主権の不可侵という国際的な法原則を侵害する国内法を成立させました。気候変化への対応の指導力の点においては、炭素の放出に関して価格を設定することについて、強力な国内の抵抗が存在する。そのような態度は、グローバルな公共財を調整するなかで、指導力を担うアメリカの実力を弱めることとなります。

▼結　論

アメリカは、今後の数十年間、世界の指導的な軍事大国の立場を維持するでしょう。そして、軍事力は、依然として、グローバルな政治における重要な力の構成要素であるでしょう。台頭する中国と、衰退するロシアは、近隣諸国を脅かし、そして、アメリカが用意するアジアやヨーロッパにおける安全保障上の安心感は、自由主義的な秩序の繁栄を基礎づける安定にとって、決定的な自信を提供します。同時に、軍事力は鈍器です。中東革命のなかで国家主義に共鳴する人々の国内政治を占領し、管理することを追求することは、逆効果をもたらす失敗の原因となります。そして、気候変化や金融の安定性、あるいは、インターネットを制御する上での規範のような多くのトランスナショナルな課題に関して、軍事力は答えではありません。ネットワークを維持し、制度と共に活動し、サイバー活動や気候変化のような新しい分野のために規範を創出することは、ソフト・パワーを生み出します。そしてソフト・パワーは、アメリカのハード・パワーの源泉を補完することを目指していました。しかし、トランプの単独行動主義的な政策が挑戦している力の種類は、このハード・パワーです。

指導力は支配と同じではありません。70年間に及ぶアメリカの自由主義的な秩序の間に、常に、異なる指導力の程度と、異なる影響力の程度が存在してきました。現在、優勢な部分が弱まり、より複雑化する世界に直面して、他国と協力して、アメリカがグローバルな公共財を提供することは、決定的であり続けるでしょう。しかしその指導力の役割は、中国の台頭よりも、トランプの台頭によって、いっそう、脅かされるかもしれません。

【訳者注】

〔1〕キンドルバーガー（Charles Poor Kindleberger）は、⑴覇権国の衰退による国際政治の変化は、国際公共財の空洞化をもたらし、国際政治上におけるリスクを増大させ、逆に、⑵覇権国の力が維持される場合には、国際政治の安定は保たれる、と議論をまとめた。しかし、この議論の実証性は乏しく、また、アメリカ（覇権国）の立場を不必要に正当化する理論として、批判も向けられた。

〔2〕中国の主権が南シナ海のほぼ全域に適用されるとした主張に対して、フィリピンが、国連海洋法条約への違反であるとして申し立てた仲裁裁判で、ハーグの仲裁裁判所は、中国の主張（「九段線」）を退ける判決を下した。

〔3〕ニカラグア革命（サンディニスタ革命：１９６０年代～１９７９年）が勃発した後、アメリカは親ソ勢力の拡大を阻止するため、同国に介入した。その過程で、アメリカはニカラグアの港湾に機雷を敷設した。ニカラグアはアメリカの行動を武力行使と内政干渉と位置づけ、国際司法裁判所（ＩＣＪ）に提訴した。ＩＣＪは機雷の敷設を差し控えることをアメリカに命じたが、アメリカはそれに従わなかった。

〔4〕アイキャンは、インターネット上で活用される識別情報の管理を行う国際的な非営利法人を指す。

〔5〕マルチステークホルダー・モデルとは、複数の関係者―国、事業者、消費者、有識者など―が、開

かれた手続で、ルールの決定などを行うことを指す。

〔６〕ツイッター（Twitter）の文字数制限は１４０字である。現在、文字数制限の変更も検討されている。

〔７〕最後の貸手とは、多額の預金引出しの事態に直面した銀行を、中央銀行が、「最後の貸手」として機能することで、資金支援する役割を示す用語である。主要銀行の資金繰りの悪化が、銀行決済システム全体に波及することを防ぐために、中央銀行が最後の貸手として機能することを指す。

〔８〕非ゼロサムゲームとは、関与した全員の「損」と「得」の総計が、「零」（ゼロ）にならない事例である。

〔９〕一般投票は、アメリカ大統領選挙人を選ぶ手続を指す。

（翻訳：清水　聡）

第9章

変化する世界システムの中の日本の安全保障政策

田中明彦

◇

▼世界システムの中の変化

冷戦の終焉から四半世紀が経過する中で、多くの点が変化してきています。最初に、冷戦の終焉以来、世界システムの中に見られるいくつかの顕著な変化をリストにしてまとめましょう。少なくとも、四つの重要な変化を指摘することができます。

第一には、経済発展のグローバルな拡大です。冷戦の間、経済発展という観念は、北の国々に限定されていました。先進工業国と低開発国との間の分裂は、全般的に固定されていました。豊かな国々はますます豊かになり、貧しい国々はますます貧しくなる、ということを指摘する観察者もいました。これが変わりました。貧困の問題は、依然として多くの開発途上国において非常に深刻であるけれども、多数の低開発国は、20世紀後半、あるいはとくに20世紀最後の四半世紀に、顕著な経済発展を達成しました。１９９０年に、一日あたり1・9ドル未満の極端に貧しい生活を送っていた人々は、世界中でほぼ20億人いました。しかしその数は、２０１５年には7億２００万人となり、１９９０年の数値の半分以下となりました。グローバルなレベルでの人口動態が、53億人から72億人へと、この期間に増加したのに対して、最貧困層の割合は、37・1%から9・6%へと減少したのです。

最貧困層の数を最も減少させたのは、中国や他の東アジアの開発途上国でした。インドはこの傾向に加わり、同様に、サハラ砂漠以南のアフリカ諸国も、それに続きました。この経済発展の結果、大半のミレニアム開発目標が、多くの国々において達成されました。そしてこのポジティブな傾向に基づいて、国際社会は、２０１５年9月に開催された国連総会の場で、「持続可能な開発目標」を、２０３０年までに達成することを目指した野心的な指針に同意しました。

しかし、経済発展に関して有望であったこの傾向は、国際政治に深刻なインパクトを及ぼすこととなった「パワー・シフト」を引き起こしました。１９９０年に、中国のＧＤＰは日本の１／４であり、それは世界で11番目でした。しかしここ四半世紀の間に、中国はドイツと日本をしのぐようになり、今や、中国のＧＤＰは二番目であり、アメリカに次ぐ規模です。１９９０年のインドのＧＤＰは15番目であり、２０１５年には8番目まで上昇した。インドネシアは、１９９０年には上位20番目に入っていませんでしたが、今や、グローバルなＧＤＰのランキングにおいて十六番目の順位となっています。

経済力の変化によって、軍事力の分布も変わってきています。毎年、公表されているように、中国の防衛予算は、１９９０年には日本よりも少なかったのですが、続く二十五年間の間に、毎年、10％以上、増額され、今や、日本の防衛費の４倍以上の規模となっています。ロシアの軍事支出は１９９０年代に著しく減額されましたが、資源価格の高騰の結果、ロシア経済は回復し、それに伴い、同国の軍事支出は増額され、今や日本を上回る規模となっています。インドの軍事支出も増額されつつあります。

冷戦終焉以降の世界システムの第二の重要な変化は、世界の多くの地域において、自由民主主義が広まっている点です。旧ソ連を構成していた各共和国が自由民主主義を強化するにつれて、それらの国々はヨーロッパ連合（ＥＵ）への加盟を認められました。すなわち、２００４年に10カ国が、２００７年にブルガリアとルーマニアが、そして２０１３年にクロアチアが、それぞれＥＵに加盟したのです。今や、ＥＵは、28カ国の自由民主主義諸国から構成されている巨大な統合の地域です。しかしながら、民主化の傾向に障害がないわけではありません。政治を自由化せずに、経済が発展した複数の重要な事例が表面化したのです。中国は、共産主義の権威主義的支配を変えずにダイナミックな経済発展を遂げた典型的な事例です。多くの産油国、その中にはロシアも含まれるが、それらの国々も、政治の自由化を達成せずに、経済成長を示しました。さらに、チュニジアを例外として、アラブの春、あるいはアラブの覚醒は、いくつかの事例において、失望となり、またシリアやリビアの事例においては大惨事となりました。

21世紀の最初の10年間に見られた世界システムの第三の傾向は、多くの国々における「脆弱性」の長期化、そしてまた、テロの頻発や、難民と流民の増加です。冷戦の終焉以降、ソ連陣営あるいはアメリカ陣営のいずれかからの支援を失った開発途上国の中には、無秩序の状態、あるいは時として内戦の状態に陥った国がありました。しばしば、複雑な民族構成や、著しい退廃が折り重なり、それらの国々は効率的な統治システムや一貫した開発計画を作り上げることが出来ませんでした。これらの国々の多くの領域は、政府の管理が及ばない領域となり、そこに、越境的なテロリストは、自らにとって安全であり、鍛錬を実施するためのキャンプを築くチャンスを見出しました。もちろん、アフガニスタンは、アルカイダがそうしたキャンプを設置したという点において、典型的な事例でした。そして、２００1年9月11日は、脆弱な地域の存在がもたらした最も象徴的な結果の一つでした。すなわち、そうした脆弱な地域から、越境的なテロリズムは、グローバル資本主義の中枢に対して、破壊力のあるテロ攻撃を開始したのです。

9・11テロ攻撃に対するアメリカの反応は、特定の国々における脆弱性をさらに悪化させました。アメリカは、サダム・フセインの体制を首尾よく転覆させました。しかし、イラクにおける機能的な民主主義を築くことはいうまでもなく、独立したイラク国家を築くことも出来ませんでした。その結果、イラクは実質的に三つの別個の区域へと分裂しました。すなわち、南部のシーア派の地域、クルド人の地域、そして残りのスンニー派の地域です。そして、スンニー派の地域は、ＩＳ（イスラム国）を含む世界中の多様なテロリストを引き付ける地域となりました。ＩＳは、依然としてイラク北部の広大な領域を支配しています。リビアにおける民主的勢力を支援するために費やされた西ヨーロッパの努力も、極度に脆弱なもう一つの国家という結果を残して終わりました。カダフィの独裁は、終わりました。しかし、その後、何も成立しませんでした。シリアの内戦もアラブの春という希望によって引き起こされました。しかしそれは、21世紀に他に見られないような、無数の死傷者と流民を伴う最悪の内戦となりました。

　世界システムの四番目の傾向は、権威主義的な国々による地政学的で軍事的・準軍事的な行動の復活です。デモクラティック・ピース理論（民主的平和論）、すなわち、自由民主主義諸国が相互に戦争をすることはないという見解の理論的正確性の点においては、これまでのところ、自由民主主義諸国間の戦争の実例が観察されたことがないので、私たちには、それを信じるかどうかの選択肢しかありません。しかしながら、権威主義諸国間において、あるいは権威主義諸国と自由民主主義諸国との間においては、戦争や軍事的紛争は、発生し得るし、また実際に発生しています。権威主義諸国の中には、ナショナリズムがしばしば体制の正統性を支えるために利用され、また、体制の国家主義的な熱心さを示すために、軍事行動という手段を排除していない国があります。これらの権威主義体制が、信頼ある防衛措置や、戦争抑止能力の向上について理解を示さない場合、これらの国々は、多大なコストを費やすことなく、国家主義者の関心を満たすことの出来る軍事行動という手段に関心を寄せるかもしれません。２００８年に勃発したグルジアに対するロシアの戦争や、ロシアによるクリミアの軍事的併合は、この傾向に該当する典型的な事例です。そうした明白な軍事行動とは異なり、中国による東シナ海や南シナ海における準軍事的行動の活発化は、他の事例に該当する出来事です。北朝鮮による核実験や弾道ミサイル開発は、さらに他の事例に該当します。

▼東アジアのいくつかの特色

もしこれらの四つの傾向が世界システムの全体を特徴づけているのならば、北東アジアと南東アジアの双方から構成される東アジアに特有の特徴は何でしょうか？

第一に、私たちは今日の東アジアの繁栄が例外的な状況にすぎないということを認識しなければなりません。世界第二位ならびに世界第三位の経済大国を抱えていることによって、東アジアの経済規模が巨大であることは、広く知られています。生活レベルの点では、東アジアは向上しつつあります。西欧における伝統的な高度経済、あるいは、石油産出国の経済と並んで、東アジアの7カ国の経済が、2012年の一人当たり国内総生産（GDP）の点においてトップ50に入りました。すなわち、マカオ（第5位）、シンガポール（第10位）、ブルネイ（第16位）、日本（第18位）、香港（第27位）、韓国（第36位）、そして台湾（第42位）であります。国際通貨基金（IMF）による世界経済の見通しによれば、2020年までに、マレーシアの一人当たりGDPは1万5千ドルに達し、中国の場合は1万2千ドルに達すると予測されています。人間性開発指数（HDI）の点においては、シンガポール、香港、韓国、そして日本が、トップ20に入った。国連開発計画（UNDP）は台湾のHDIを測定していないが、台湾当局の見積もりでは、台湾は2014年に第25位に位置づけられるとされます。

東アジアは、その上、平和である。1979年の中越戦争以来、国家間の戦争は東アジアでは起っていません。１９９１年にカンボジア内戦を終結させたパリ協定以来、同様の規模の内戦は東アジアにおいて発生していません。民族紛争は、ミャンマー、タイ南部、フィリピンのミンダナオ島において継続されていますが、それらはいずれも小規模であり、それらの多くが和平へ向けた道のりの途上にあります。戦闘に関連した死者数に関するウプサラ大学のデータベースによれば、東アジアの死者数は、過去20年間以上、２千人以下でした。このことは、20世紀のそれ以外の期間、戦争で疲弊していた東アジアの歴史を仮定すると、注目すべきことです。

しかしながら、平和と繁栄に関する東アジアのこの注目すべき偉業も、未来に関しては、過度な楽観主義は許されないでしょう。北朝鮮は、近年の核開発テストや複数の弾道ミサイルの発射実験、その最も新しい実験はほんの数日前のことでしたが、その結果から、今や、核兵器の実弾頭を開発する技術を手に入れ、また、弾道ミサイル技術の向上を達成しているように思われます。北朝鮮が国際連合安全保障理事会（ＵＮＳＣ）決議を無視し続けていることは、国際秩序に対する深刻な挑戦です。それに加えて、未来の動向を予測することは不可能であるけれども、北朝鮮が突然、不安定化し、それを目撃したとしても、私たちは、驚かないでしょう。

中国の近年の、特に大体２０１０年以降の振る舞いは、懸念を抱かせます。尖閣諸島周辺の日本の領海で、日本の海上保安庁の船に、自らの船を故意に衝突させた漁師を、海上保安庁が拘束した２０１０年9月に、中国は厳しく反応しました。漁師の勾留が長期化するにつれて、中国は閣僚級の連絡を停止し、多くの人的交流、その中には日本のポップ・グループによるコンサートも含まれていましたが、それらを取り止めることを発表しました。日本への中国人観光団の規模も制限され、日中間の航空路線増便に関する交渉を中止し、「軍事区域を撮影していた」ことを理由として4人の日本人の身柄を拘束し、「レアアース」の日本への輸出を止めました。「レアアース」は日本がその時、ほぼ100％、中国に依存していた原料であり、電子工学や磁気製品の製造にとって重要な原料でした。

これらの反応は、2012年秋に中国が行ったことと比べると、実際のところ、穏やかな反応でした。すなわち、尖閣諸島をその所有者から買い上げることを野田政権が決定すると、それに抗議して、中国は一連の強硬な措置を引き起こしました。すなわち、中国全土の100以上の都市で、反日抗議行動が行われました。日本のチェーン店のスーパーマーケットである黄島区のジャスコ（JUSCO）は、3千人の抗議活動家によって包囲され、その中の何人かは、スーパーマーケットに雪崩れ込み、店を荒らしました。中国の2億元に相当する商品が破壊されました。トヨタやホンダの自動車販売店は放火されました。尖閣諸島周辺の海域において、中国は急激に活動を活発化させました。9月14日、中国の海監（海事監視船）（CMS）に属する6隻の船が尖閣諸島周辺の日本の領海に侵入し、それは、6隻もの中国公船がこれらの海域に入った最初の出来事でした。それ以降、中国は尖閣諸島周辺の領海に定期的に海洋巡視船を送り込み続けました。中国は東シナ海における空軍の活動も活発化させました。

南シナ海における中国の活動も懸念されています。中国とASEAN諸国が2002年に合意した「南シナ海における関係国の行動宣言（DOC）」の宣言、その中では、関係国は「現在の段階において、無人の島、あるいはそれ以外の無人の地勢に住み着くことは差し控える」べきである、と述べられていたが、それにもかかわらず、中国は、無人の岩壁、岩礁、さらには低潮高地の中に1300へクタールに相当する埋立地を建設しています。中国は、軍事目的に使用したり、あるいは兵器を搬入したりすることのできる長距離滑走路や港湾施設のような巨大な建造物も建設しています。

これらの独断的なタイプの振る舞いは、中国の軍事的・準軍事的組織の能力が、向上しつつあることを反映しているように思われます。中国の軍事力は、量と質の双方の点において、着実に向上しています。公表された軍事予算、それは実際の軍事支出を少なく見積もっているけれども、そこでは、中国の近隣諸国にとっては、懸念が高まるような規模と傾向が示されています。先に述べたように、中国の公的な軍事支出は、１９９０年には日本の軍事支出よりも少なかった。しかし、今や日本の４倍以上の軍事支出となりました。中国の海洋巡視船の能力も目覚しい進化を示しつつあります。中国は、海事監視船の増産と近代化も進めています。２０００年から２０１２年の間に、中国は、１０００トン・クラスの巡視船を20隻、進水させました。

増強させた能力を最大限、行使することについて新しい目的が生まれたと推論する者もいるであろう。周知の通り、鄧小平（Deng Xiaoping）は、かつて、中国の指導者たちに対して、控え目に装い、「能力を知られないように気をつけること」と忠告しました。しかし、２００９年に中国が日本のＧＤＰを追い越すと、その直後の２０１０年頃から、少なくとも指導部の数名が、自国の能力を「示す」その時が来たと結論づけるようになったのかもしれません。胡錦濤（Hu Jintao）は、鄧小平のその他の指令に、重大な変化を含むこととなる一語を付け加えました。鄧小平の「私たちが出来ることをしなさい」と言う指令に代わり、胡錦濤は、「私たちが出来ることを積極的に進めなさい」という指令を下しました。

中国における実際の意思決定過程が、依然として不明瞭であるため、私たちは、そのような目的の発信について確信を得ることはできません。中央の指導部の管理が十分に行き届かない独断的な行動が存在するかもしれません。外部の観察者に独断的な印象を与えるいくつかの行動は、実際のところ、中国の国家構造を構成する異なる部門間において、組織的決定が十分に調整されていない結果であるかもしれません。しかしこれらの行動が繰り返され続けていることを踏まえれば、国家主義的な政治目的にとって効果的であるため、それらの行動は黙認されていることとなります。そのため、調整されていようと、されていまいと、また指導部の意向が明確に反映されていようと、されていまいと、中国の行動は、地域における平和の条件に対して否定的な影響を持っています。

そのため、東アジアも、先に指摘したようなグローバルな傾向から、深刻な影響を受けています。東アジアは経済発展の最前線に位置しています。東アジアは、民主化の挑戦が強く作用し、経済発展と民主化との関係が単純にはつながらない地域です。そして東アジアは、いくつかの権威主義国家、とりわけ北朝鮮と中国が、深刻な安全保障への挑戦を示している地域です。四つのグローバルな傾向の中で、事実上、東アジアは、「極度の脆弱性」や、活発化するテロリストの行動から免れていません。しかし越境的なテロリズムの本質を仮定すれば、警戒活動や、国境管理に関わる事務組織間の情報共有は必要です。難民や流民は、東アジアと無関係の問題ではありません。ロヒンギャの人々の惨状に日本の安全保障政策は取り組まなければなりません。

▼日本の安全保障政策

東アジアにおけるこれらの政治的、経済的、そして安全保障的な条件の下で、これらの挑戦に対する日本の対応はどのようなものであったか？　実際、１９９０年代以降の日本の安全保障政策における変化の大半は、安全保障上の挑戦、それはとくに北朝鮮からもたらされた脅威でありましたが、それらに対応することに動機づけられていました。１９９４年の朝鮮半島における核危機は、日本がすっかり法的にも機能的にも準備不足であったことを明らかにしました。法的システムは、その時、日本を直接、巻き込むような軍事的な偶発事態を想定していませんでした。その結果、日本は、朝鮮半島で遂行されるかもしれないアメリカの作戦を法的に十分に支援することは出来ませんでした。１９９７年の日米防衛協力のための指針（ガイドライン）は、そのような偶発事態の下で、二国間の協力関係を向上させるための一つの試みでした。「日本の周辺領域における状況」（周辺事態）においてアメリカとの日本の協力関係を合法化するための法律は、１９９９年に国会によって可決されました。

北朝鮮のミサイル発射も、日本における防衛力強化の議論を促しました。１９９８年にテポドンが発射された直後、日本は偵察衛星計画をまとめることを決定しました。小泉内閣は２００３年12月に、弾道ミサイル防衛システムの導入を閣議決定しました。日本は今日では、ＰＡＣ３（地対空誘導弾）システムを全土に配備し、６隻のイージス艦を保有しています。さらに安倍首相は、初めて首相となった２００６年に、集団的自衛権の行使を禁止した古い憲法解釈を変えない限り、日本はアメリカと効果的に協力することはできないかもしれないと決心し、諮問委員会における審議を開始しました。安倍が２００７年に退陣したため、この審議は何ら具体的な成果を挙げませんでした。しかし、そのアイディアは安倍氏が２０１７年に再び首相となったことで、復活しました。内閣は２０１４年に、集団的自衛権の限定的な行使を容認するために、憲法は新解釈されるべきであるという決定を下しました。そして国会は、安全保障関連法案を、２０１５年9月に可決しました。その他の進展は、２０１３年に、有能な職員から構成された事務局を備えた国家安全保障会議が設立されたことにより、集権化された意思決定システムが創設されたことにありました。

中国の台頭、そしてまた東シナ海における中国の独断的な行動は、配置に変化を引き起こしました。21世紀の最初の10年間に至るまで、自衛隊は冷戦期に基礎づけられた配置構造を維持しました。最も重要な施設は北方に集中しました。非常に小さな部隊が、台湾および中国に近接している沖縄県に配置されました。この北方志向は、南西エリアに重点を置くために変更されました。現在、多くのＦ―15（戦闘機）とＰ３ｓ（哨戒機）が沖縄に配置されています。２０１６年に、陸上自衛隊は、その駐屯地を日本の最西端の島である与那国島に初めて開設しました。海上保安庁は南西方面の作戦を強化するために、重要な配置転換も実施しました。

したがって、広い視点で指摘すれば、増大する地政学的リスクへの日本の反応は、常に、アメリカとの同盟の強化、ならびに自国の防衛能力の強化を、中心に置いてきました。２０１３年の国家安全保障戦略を含む日本の安全保障政策に関するすべての重要なドキュメントは、この説明と一致しています。従って、「リバランス」というオバマ政権下のアメリカの政策は歓迎されました。同様に、日本は、大統領選挙後のアメリカに、そのような方針が連続しているかどうか、深い関心を持っています。北朝鮮を制止するために、アメリカの拡大抑止力に関する信頼性を維持することは、ますます重要になっています。弾道ミサイル防衛システムの改良も重要です。韓国へのサード（ＴＨＡＡＤ）システムの配置は極めて重要です。南シナ海における既成事実化の試みが無益であることを中国に理解させるために、中国のさらなる行動を監視し、それに対抗するアメリカの決断は、重要です。

しかしここ最近、アメリカ大統領へのドナルド・トランプの選出が、大きな不確実性として、生じています。選挙キャンペーンの間、トランプ氏は、事実上、同盟の価値を否定する声明を出していました。すなわち、もし日本がアメリカ軍の駐留経費を支払わないのならば、アメリカは日本から撤退するだろう、と彼は発言しました。２０１７年1月20日に行われた彼の就任演説においてさえ、彼は次のように言いいました。

数十年間の間、我々はアメリカの産業を犠牲にしてまで、外国の産業を富ませてきた。我々の軍隊がひどく消耗したままであるのに、他国の軍隊を助成してきた。我々の国境を防衛することを拒んでいたのに、他国の国境は防衛してきた。そして、アメリカのインフラが荒廃し衰退したのに対して、海外に数兆ドルを費やした。

我々の国の豊かさ、強さ、そして自信が、地平線の向こうに消えていったのに、我々は他国を豊かにしてきた。

彼の声明の多くは、事実に基づいていませんでした。しかし、不満を抱え、中間層の中でも下層に位置していた、中高年の白人アメリカ人男性の間で共有されていたと思われる一種の感覚に基づいていました。実際、日本がアメリカに提供した受入国としての支援は、アメリカの同盟国の中でも最も寛大でした。さらに日本国内の米軍基地は、単に日本の保護のためだけに維持されているわけではありません。それらは、太平洋ならびにインド洋全域におけるアメリカの広大な利害のために従事しています。

アメリカが他国によって搾取されているとするトランプ氏の描写は、変った表現でした。先に指摘したように、中国は、経済成長によりダイナミックに変化し、目覚しく台頭しつつありますが、それにもかかわらず、アメリカは依然として、世界で最も巨大な経済です。アメリカの一人当たりGDPは、G7諸国の中でも最も高い。アメリカのGDP成長率も、G7の中では最も高い。中国が軍事支出を著しく増額させているにもかかわらず、軍事支出において、アメリカの軍事支出は依然として少なくとも、中国の軍事支出の三倍の規模です。

難民、ならびに、イスラム圏7カ国からのすべての市民の入国を禁止すること、という彼の行政命令は、安心を提供するものではありませんでした。ワシントン州の連邦裁判所が、行政命令の一時的停止を命令した時、トランプ氏は、裁判官を公然と批判しました。それはまるで、このアメリカの大統領が、法の支配が何を意味するのか理解していないような印象を与える振る舞いでした。

他方で、トランプ氏が、国防長官にジェームズ・マティス大将を、国務長官にレックス・ティラーソンを、任命した事実は、安心材料を提供していました。この二つの省において、高官のさらなる任命が必要とされているけれども、これら二人の長官の存在による安定効果は、明白になっています。最も重要なこととして、マティス長官が、彼の最初の海外の訪問先として北東アジアを選択したことは、非常に安心を提供していました。先月、彼が東京を訪問した際、彼は東京のリーダーたちに、アメリカの基本戦略が変らないだろう、と述べました。

この安定感は、先の週末に実施された安倍首相とトランプ大統領による首脳会談を通じて強化されました。

２月10日に実施された安倍首相とトランプ大統領による会談の後、日米共同声明は、次のような声明を出しました。


揺ぎ無いアメリカと日本の同盟は、アジア太平洋地域における平和、繁栄、そして自由の基礎である。米軍のすべての戦闘能力、そこには核戦力ならびに通常戦力が含まれるが、それを通じて、日本を防衛するために、アメリカが示す関与は変らない。……

二人のリーダーは、日米相互協力および安全保障条約の第５条が尖閣諸島をカバーすると断言した。彼らはこれらの島々に関わる日本の施政権が徐々に蝕まれるようないかなる一方的な行動にも反対するとした。……

米国と日本は、また、前哨地の軍事化を含む南シナ海での緊張をエスカレートさせる行動を避けること、国際法に一致した行動を取ることを関係各国に呼び掛けた。

米国と日本は、北朝鮮がその核と弾道ミサイル・プログラムを放棄すること、また、さらなる挑発行動に及ばないことを強く要求した。日米同盟には完全に日本の安全を守る可能性がある。米軍の展開能力を通じて、その本国、軍隊、および同盟国を防衛することに関与している。

フロリダのトランプ氏の豪華なクラブ・ハウスでの安倍首相の滞在の最中、北朝鮮は別のミサイル発射実験を実施しました。首相と大統領は、ディナーの席でどのように対応するべきか議論し、彼らは記者会見に一緒に登場しました。安倍氏は次のように言いました。

北朝鮮の最近のミサイル発射は完全に許容の範囲を超えている。北朝鮮は、該当する国連安全保障理事会決議に完全に従わなければならない。

トランプ大統領は次のように発言することで、完全に同調しました。

「私は、ただ、すべての人に、アメリカ合衆国が、その偉大な同盟国である日本と、１００％、共にあることを理解し、十分に知ってほしいと思う」とトランプは発言した。

したがって、トランプ氏の政権の本質については、幾分、懸念材料があるものの、少なくともアメリカの地政学的戦略においては、アメリカは同盟国をサポートし、規則に基づいたリベラルな国際秩序を維持すること、という基本政策を継続するように思われます。

台頭する中国に対する戦略は、軍事的・防衛的領域に制限されていません。日本と東アジアの経済にとって、健全な中国の経済の存在は重要であるため、様々な領域で中国に関与することは重要です。北京との直接的な対話は常に重要です。中国における意思決定の不透明性が続いているため、また、今年、中国が指導部の重要な移行期に入っているため、東アジアのリーダーたちが、習近平（Xi Jinping）および他の最高位の中国共産党（ＣＰＣ）の指導層と、対話の機会を維持することは決定的に重要です。

多角的な外交は万能薬ではありません。しかし、一連の多角的な首脳会議は、中国のリーダーたちに影響を与える上で、有益な機会です。近年、東アジアで開催された多角的な一連の会議―たとえば、中国で開催されたG20、あるいはラオスで開催された東アジア・サミットなど―は、数カ月の内に、中国の行動を制御するものではないかもしれません。しかし、これらの会議は、中国のリーダーたちが、たとえそこで面目を失うことを避けるためだけであっても、より大きな責任を自覚した行動へと誘導するような動機を生み出します。この点においてＡＳＥＡＮは、中国、アメリカ、日本、そして、インドのリーダーたちへと、誤解を避ける手段として、争点を議論する機会を提供することで、重要な役割を果たすことが出来ます。

東アジアの繁栄と平和は、歴史上、前例がありません。しかし、東アジアの繁栄の基本的、根本的な条件は、平和です。そして、東アジアにおける平和を維持するために、多くのことが必要とされています。最も重要なことは、アメリカ軍の確実な存在とその強力な同盟システムです。トランプ政権が、この基本的な了解事項について、繰り返し言明したことを知ることは良いことです。安倍首相の下の日本には、アメリカと緊密に行動する覚悟があるように思われます。

他方で、平和の維持は、中国にとっても、その根本的な利益であるはずです。アメリカ、韓国、ＡＳＥＡＮ諸国、オーストラリア、そして、ニュージーランドと一緒に、日本は、とくに東シナ海や南シナ海における不必要で独断的な行動を抑制することが、中国の繁栄を維持するための最良の道であること、という相互理解を共有するために、中国に関与するべきです。

（翻訳：清水　聡）

第10章

アジアとインドの関係における戦略的変化

K．V．ケサヴァン

◇

グローバルな利害の重心は、西半球から、アジアへと移行しつつあり、アジアはまさに、劇的な戦略的・経済的変化の過程にあります。その大陸は、経済的・科学技術的な成長の震源地として出現しました。最近の歴史において初めて、我々は、三つの主要なアジアの力―すなわち、日本、中国、および、インド―が、その地域において、同時に巨大な影響力を及ぼしていることを目撃しています。アジアは、グローバルな人口の三分の二が暮らす地域でもあり、また、その大陸の人々が、食糧、エネルギー、そしてその他の富の最大の消費者であるという事実は、その地域における平和と安全と密接に関連しています。

我々がアジアの情勢について調査する時、ある矛盾した傾向を見落すことは出来ません。一方で、その大陸では、アジア各国によって調印された無数の自由貿易協定や連携協定の存在によって示されているように、統合が進んでいます。この傾向には、ここ数年の内に、巨大なはずみがついてくるように思われます。他方で、アジアは領土や主権に関わる諸問題、すなわち、それらは、海上の安全保障、エネルギー安全保障、宗教上の原理主義、核兵器の拡散、そして、気候変動であるが、それらに起因した多様な問題の舞台でもあります。これらの問題は、進行中の地域統合にとって、深刻な影響を持っています。アメリカやロシアのような外部の力は、その地域における戦略的バランスを維持することについて、強い関心を持っています。

アジアは、中国、インド、日本、アメリカ、東南アジア諸国連合（ASEAN）、そして、韓国を含む複数の重要な国々の地政学的な利害関心が競合し、集中していることを、人々に認識させる地域である。それは、世界の経済的・戦略的な利害関心の重心です。

その大陸は、大国が競合する重要な舞台となった。領土、主権、さらには、資源に関する伝統的な敵意が、地域大国の間で強まり、また、テロリズム、海賊行為、麻薬密売、さらには、環境問題のような非伝統的な安全保障上の脅威も増大しました。

しかし、戦略的な状況に関わる重大な局面の一つは、アメリカと中国との間で進んでいる激しい対立に起因しています。このことが、ここ数年の内に、どのように展開するのか、この点が、その地域に決定的な影響を与えるでしょう。アメリカは、一連の安全保障上の同盟を維持することによって、

60年以上、その地域の安全保障を支えてきました。バラク・オバマ大統領のリバランス戦略の下で、アメリカは、伝統的な同盟国との関係を強化し、インド、インドネシア、ならびに、ベトナムのような国々との新しい戦略的な連携を作り出しました。それは、日本やインドのような民主国家への接近を通じて、新しい政治的な探求を目指す上で、開かれたミャンマーにおいても、重要な役割を果しました。しかし、最近のオバマ氏からドナルド・トランプ氏への政治的な移行によって、新政権が、従来のアジア戦略を追求し続けるのか、あるいは、同地域におけるアメリカの軍事的な影響力を弱めるのか、明らかになっていません。

▼中　国

しかし、ただ一つの最も決定的な事態は、経済的・軍事的な強国としての中国の出現でした。中国は、30年以上、経済改革を追求し、この30年間、あるいはそれに相応する期間、その着実な経済成長はアジアの戦略的な環境を作り変えました。中国は、２０５０年までにアジアにおける主要な戦略的変化を引き起こす推進国と見なされています。中国は、その地域における力のバランスを作り変えただけではなく、大半のアジア諸国にとって、最大の貿易相手国ともなりました。中国の野心的な軍事的近代化と独断的な海上活動は、その地域に深い懸念をもたらしました。アジア・インフラ投資銀行の設立や、「一帯一路」計画における中国の大胆なイニシアチブは、その地域に対する中国の長期的な戦略的ビジョンを明確に反映させたものです。大半のアジア諸国が懸念することは、中国の台頭の結果、新たに引き起こされる戦略的変化にどのように向き合うか、という点にあります。

日本、韓国、そして、オーストラリアのような多くの国々は、アメリカとの伝統的な同盟を継続させています。しかし、複雑で不確実な米中関係からもたらされる深刻なリスクを回避するために、「非同盟」諸国との新しい戦略的連携を築くことも望んでいます。それらの国々は、重複したり、しばしば対立したりする戦略的利害関心を、制御することを、ますます求められています。

インドとアジア太平洋に位置する複数の国々との間で深まりつつある連携について、我々が調査している目的は、この急速に変化しているシナリオをはっきりさせる点にあります。１９９１年以降、インドは、「ルック・イースト」政策を力強く追求してきました。そしてとくに、ＡＳＥＡＮ、日本、韓国、そして、オーストラリアとの強固な連携は、その政策が成功していることを示しています。

１９９１年に開始されたインドの「ルック・イースト」政策は、基本的に、冷戦の終焉の後、その地域が直面することとなった新しい挑戦への、インドによる反応でした。この政策が開始された時、それを駆り立てる主要な動機は経済でした。しかし、数年が経過するにつれて、そこには、戦略的な側面も加わりました。インドは、東アジア首脳会議（ＥＡＳ）、ＡＳＥＡＮ地域フォーラム（ＡＲＦ）、そして、拡大ＡＳＥＡＮ国防相会議のような地域フォーラムにおいて、重要な役割を果たしています。インドは、シーレーンの安全確保や、国際水域における航行と上空通過の自由に関する諸国民の権利、といった問題について、自国の見解を、表現しました。インドは、共同開発や共同訓練を含む長期防衛協力に関する諸協定ならびに諸計画も開始しました。インドが、とくに、日本、韓国、ベトナム、そして、オーストラリアとの安全保障上の協力関係を、どのくらい深めてきたのか、そのことを書き留めることは価値があります。

▼日　本

長い間、日印の連携は、経済関係という狭い範囲のなかで重点的に取り扱われてきました。しかし、近年、両国は次第に戦略的な結び付きを強調しはじめてきています。２００６年に、両国は、グローバルな連携という言葉を、戦略的でグローバルな連携という言葉へと、変えた。２００８年に、両国は、引き続き安全保障上の協力関係に関する協定をまとめました。２００９年に、インドは、同様の協定をオーストラリアと調印しました。インドと日本は、制度上の仕組みに関わる広範なネットワーク、例えば、定例サミット、戦略的対話、防衛的対話、さらには、次の分野、すなわちテロ対策、エネルギー協力、国連改革、海上の安全保障、そして、サイバー・セキュリティに関わる無数のフォーラムを作り出しました。

インドと日本は、地域的でグローバルな問題に対応するために、両国の作業を調整することに熱心であります。両国は、アメリカやＡＳＥＡＮ諸国との定期的な海上演習を実施しています。２０１６年以降、日本は、例年、開催されているマラバールでの米印海上演習への、正式の参加国となりました。インドは、多くのＡＳＥＡＮ諸国の海軍に対して、訓練や、教練開発の点において、貢献しています。インド、日本、そして、アメリカの間には三者間の対話の場も存在します。２０１２年には、書記官レベルで開始された三者間対話が、外務大臣レベルまで格上げされました。

日本が自国に課した防衛装備の移転に関する制限を取り除いたことは、兵器の購入ルートの多角化の機会、そこには兵器の共同開発の展望も含まれますが、そうした機会をインドに開くこととなりました。インドは、現在、日本が製造した水陸両用飛行機であるUS—2の購入を検討しており、その交渉は、長い間、進められています。同様に、両国は、日本がその高度な原子力技術をインドに提供することを可能にする日印原子力協定を首尾よく締結しました。これは、アメリカの会社がその原子力技術をインドへと広めるための道も整備するものです。そこでは三者間による高いレベルの協力の数多くの機会が開かれることとなるでしょう。

ナレンドラ・モディがインドの首相に就任した後、日印の連携は巨大な飛躍の段階を示しました。戦略的でグローバルな連携は、「特別な、戦略的でグローバルな連携」へとさらに高められました。2025年のインドと日本のビジョンの下では、両国は、インド洋・西太平洋地域における平和、開放、公正、安定、そして、規則に基づいた秩序を実現すること、という両国の変らない責務を述べました。

さらに最近、首相は、平和と安定を守るために海上の安全保障とインフラストラクチャーの開発のような分野において両国が寄与することを求めた新しい「開かれた自由なインド—太平洋戦略」を開始しました。新しい戦略も東アフリカ諸国へと範囲を拡大させました。

▼韓　国

同様に、韓国とインドは、両国の戦略的な連携を促進するために、複数の双務的な仕組みを作り上げました。外務大臣レベルでの双務的な協力のための共同委員会は、1996年以降、活発に開催されています。両国の防衛大臣も、両国の制度化された仕組みを通じて対話を深めました。両国もソウルが自国の高度な原子力技術をインドへと移転することを目指した原子力協力協定に調印しました。両国は、また、完全な貿易と投資の可能性を切り開くために、包括的な経済連携協定も結びました。トップ・レベルの交換訪問は、定期的に、行なわれています。

▼ベトナム

２０００年という変り目以降、アメリカへのインドの接近の高まりと、南シナ海における中国の海上における独断的な姿勢は、多くのＡＳＥＡＮ諸国の態度をインド寄りへと変化させました。その上、これらのＡＳＥＡＮ諸国は、中国に対抗したバランスを作り出すために、その地域における大きな戦略的役割をニューデリーに対して求めました。とくにこの点は、ベトナムの戦略的計画のなかに顕著に見られました。

インドのベトナムとの連携は非常に強固で、友好的であり、歴史に根差しています。早くも２０００年には、両国は、防衛装備とベトナム人の訓練に関わるインド側の支援の提供を含む防衛協力のための条約議定書に調印しました。２００３年に、両国は「包括的な協力のための枠組み」に関する共同宣言に調印しました。それは、２００７年に、次の点を強調した共同宣言の調印によって、継承されました。すなわち、(a)防衛装備品、共同計画、情報交換に関わる協力、(b)シーレーンの安全確保のために、教練開発、技術的支援、さらに、情報共有について協力すること、そして、(c)テロとの戦いにおける協力、です。

この協定は、南シナ海においてベトナムの国益と衝突する中国の海上活動の活発化する事例を想定して述べられました。この頃、ベトナムは南シナ海における資源開発においてインドとの協力を模索し、さらに、石油と天然ガスの会社と協定に署名しました。しかし、中国からの抗議に直面してインドは、その冒険的事業を取り消しました。しかし、1年後、インドは、その計画を継続することを決定しました。インドは国際法の原則と一致して、南シナ海を含む国際水域における航行の自由を支えることを明らかにしました。ベトナムの高官が北京を訪問した時、すなわち、早くとも2017年1月に、中国はインドがハノイへとミサイル技術の援助を行ったことに対して強い抗議を申し出ており、そのことは書き留める上で、関心深い点です。

モディ首相の就任以降、両国は防衛と経済の協力において連携を深めてきています。インドは、防衛生産の協力のために1億ドルを融資することを約束しました。両国は定期的な海上演習も実施し、障害のない合法的な通商活動を守るために航行の自由を信奉しています。

▼オーストラリア

オーストラリアは、多くの戦略的な展望をインドと共有するもうひとつの国です。しかしこれまでのところ両国は、少なくとも協力への可能性を十分に切り開いていませんでした。両国は、2009年に、両国の戦略的連携の開始を示すこととなった安全保障協力のための共同宣言に調印しました。しかし逆説的に、それまでインドの首相は誰も、2014年11月にナレンドラ・モディによって打開されるまで、28年間、オーストラリアを訪問しませんでした。この深刻な隙間を認めることによって、モディは、今後、インドは「我々のビジョンの周辺ではなく、我々の思考の中心」にオーストラリアを位置づけていくことを述べました。

これは、まもなく完全に軌道に乗ることとなるように思われる原子力協定が調印されたことによって継承されました。両国はまた新しい双務的な戦略的枠組み、そうした枠組みには、指導者すなわち、防衛大臣による例年の会議やテロリズム、サイバー・セキュリティ、さらには海賊行為への対策に取り組むための武装・非武装に関わる定期的な交換も指摘することができますが、そうした枠組みに調印しました。

とくに海上の領域に関わる相互協力のための大きな機会が存在します。２００７年の段階においてさえ、オーストラリアは、ベンガル湾で実施された多角的な海上演習に参加しました。しかし、中国の圧力を受けたため、そのような多角的な海上演習をインドが止めた後、オーストラリアは参加を中断させました。しかし、２０１５年9月に、両国は安全保障上の協力関係のための枠組みのなかで予定されていたようにベンガル湾における双務的な演習を開始しました。環インド洋連合やインド洋海軍シンポジウムのような、多角的なフォーラムにおける両国の協力のための広い機会も存在します。

インド―太平洋の国々は、海上の問題に関してインドによって取り上げられた無条件の立場を評価し、そして、インド洋におけるインド海軍の影響力を歓迎する国々も存在します。インドは海洋法に関する国際連合条約（ＵＮＣＬＯＳ）と調和して公海における航行の自由に関する円滑な権利を支持しています。インドはまた、南シナ海において、国際公共財を守ること、さらに、行動規範を身につけることを強く支持しています。１９９５年以降の「ミラン」(Milan) 海上演習や、２００８年以降のインド洋海軍シンポジウムのようなインドのイニシアチブは、その地域の大半の国々によって歓迎されました。

インドのように、日本、ベトナム、オーストラリア、そして韓国を含むその他の国々も、戦略的連携や防衛協定のネットワークの一員となった。それは、戦略的に支配的となっている流れに対して、強いバランスの要素を加えることができるであろう。

（翻訳：清水　聡）

第11章

論争と史料　中日領土問題についての新見解

―釣魚島問題の真相

劉江永

一、なぜ釣魚島は古来より中国の固有領土なのか

日本は釣魚島を沖縄県の管轄としているが、しかし沖縄県は今から約140年前は独立した琉球王国であった。

1872年日本による琉球併合の前まで、中国の使節である楊載の1372年琉球訪問から、中国は琉球国と約500年にわたる友好交流の歴史を持っていた。その歴史の中で、中国は最も早く釣魚島などの島々を発見しかつ命名しているのである。

中国では、早くも明代の歴史文献に釣魚島が登場する。今残される明の永楽元年（1403年）の書物『順風相送』には「釣魚嶼」と記載されている（章末史料1、2、以下番号のみ）。

中国は明の太祖の時代から琉球国へ作奉仕の派遣を開始した。1534年明の冊封使である陳侃氏に作られた報告書『使琉球録』には次のように記されている(3)。

「平嘉山、釣魚嶼、黄毛嶼、赤嶼を次々と通りすぎ、見る暇もないくらいだった。……その後、十一日の夕方に古米山が見えた。これは琉球に属するもので、夷の人は舟上で太鼓踊りで、故郷への到着を喜んでいる。」

古米山は姑米山(島)とも呼ばれ、現在の沖縄県の久米島を指す。「夷人」は、当時船上にいた冊封使を迎える琉球人のことを指す(三十六姓福建人の後代)。

これらの琉球人が古米山を見て、舟上で太鼓踊るという、帰還の喜びがありありと描写されており、当時の琉球人が釣魚島を過ぎ、久米島に至って初めて「自国に帰ってきた」と認識していることがうかがえる。

そして、273年後の1807年の清の時代の冊封使である斉鯤氏は、「姑米山此山入琉球界」と題する詩を残した。「忽覩流虬状，西来第一山。半天峰断續，八岭路迴環。海霧微茫里，船風瞬息間。球人欣指点，到此即郷関。」

これらの記録は、釣魚島、黄尾嶼、赤尾嶼などは、琉球国には属さないことを良く立証しておる。

明の浙江提督である胡宗憲氏が1562年に編さんした書物『籌海図編』の「沿海山沙図」には、福建省の羅源県、寧徳県沿海の島々に「釣魚嶼」、「黄尾山」、「赤嶼」などの島が描かれており、明代には釣魚島が早くも中国の領土として、当時の中国海上の防衛対象区域に組み込まれていたことがわかる(4)。

１７１９年に琉球へ派遣された清朝・康熙帝時代（１６６１～１７２２年）の冊封使である徐葆光氏の『中山傳信録』という著書は、当時の日本や琉球に対して、非常に大きな影響を与えた（5、6、9、12）。

同書は、徐葆光が琉球で研究に専念し、琉球の地理学者や王朝の執政官らとの切磋琢磨の末に書き記したもので、大変緻密で信用度も高い。同書は和訳され、日本人が琉球を理解する重要な資料となった。

同書によれば、琉球へ渡る中国の冊封船の海上ルートは、福州から出航し、花瓶、彭佳、釣魚の島々の北側を経て、更に赤尾嶼から琉球国の姑米山へと至るものであった。

同書では、姑米山は「琉球西南方界上鎮山」、つまり琉球の西南境界にある鎮守の山であるという注がついており、現在の八重山群島にある与那国島を「琉球南西の最果ての境界」としている。上述のとおり、明、清代の政府は一貫して釣魚島を中国の領土としてきた。

１７２２年、中国の台湾を視察する大臣である黄叔璥氏に作られた『台湾使槎録』には、釣魚台が台湾の島として記入された（13）。

琉球王国で一番権威的な学者は程順則氏であった。彼は１７０８年に完成した『指南廣義』と言う本の中で、釣魚台を辿って中国の福建省から琉球王国へ渡る針路について、「以上十条三十六姓所傳針本抄」だというふうに記載した（17、18、19、20、21、22）。

要するに、これらは１３９２年に琉球王国へ送られた三十六姓の福建人が、琉球人より、３００年以上先に釣魚島を発見、命名、そして記録したことをよく立証している。

二、明治政府が釣魚島を窃取した真相

日本側では、1884年に日本人古賀辰四郎が久場島（黄尾嶼）に大量のアホウドリを発見して欧州に売ることができるので、1885年に沖縄県令にその開拓を求め、さらに「黄尾島古賀開墾」と島に標識を立てた。日本政府は繰り返し調査した結果、島は「無主地」であることを判明し、日本人が先占したもので、甲午戦争時に中国から奪取したものではないし、『馬（下）関条約』に含まれていない、と称している。

しかしながら、事実はそうではない。日本外務省編纂『日本外交文書』第18巻、第23巻に日本政府は釣魚島が無主地ではなく中国に属すると知りながら、甲午戦争に乗じて秘密裏に占領したことが詳細に記載されている。古賀氏が開発権を得たのも1896年なので、日本の台湾植民地支配下での開拓だった。戦後では、その植民地開拓権は既に無くなった。

㈠釣魚島問題発生の歴史的原因は、16世紀末の豊臣秀吉による朝鮮半島侵寇に遡れる

1609年薩摩藩の琉球進入から始まり、1894～1895年の日清戦争がきっかけとなって、日本の明治政府が釣魚島を占領したのは、琉球への拡張の延長線上にある。

日本で最も早く釣魚島を記載した地図は、林子平氏が1785年に作った『琉球三省并三十六島之図』であり、琉球以外の釣魚島列島は中国大陸と同じ色で描いてある（26）。

日本の明治政府関係者が1877年に出版した『沖縄志』という本の中には、沖縄が三十六島と認定された。その中には、釣魚島あるいは「尖閣諸島」がない(27)。

1880年10月7日、琉球処分しようとする日本外務省の中国側に提供した「宮古八重山二島考」の中にも釣魚島がない(28、29)。

(二)『日本外交文書』第18巻に日本明治政府による秘密調査の結果が記載されている最初の秘密調査の結果

1885年9月22日西村捨三沖縄県令が日本内務省令によって実施した調査では、先日ご報告のあった大東島(本県と小笠原島の間にあり)とは地勢が違い、恐らく中山伝信録に記載された釣魚台、黄尾嶼、赤尾嶼と同一の島嶼ではないかと疑わざるをえない。同一なる時はすでに清国も旧中山王を冊封する使船の詳悉するのみならず、それぞれ名称をも付し、琉球航海の目標とされること明らかである。よって今回大東島同様、踏査直ちに国標を取りたてるも如何と懸念とあった(35、36、37)。

日本外務省の秘密調査の結果(38、39、40)

1885年10月21日付けで、井上馨日本外務卿の山県有朋内務卿宛書簡では、清国国境にも接近している。踏査を終えると大東嶋に比べれば周回も小さく見え、特に清国はその嶋名も付し、近時清国新聞紙などにもわが政府において台湾近傍清国所属の島嶼を占拠せんとする風説を掲載し、わが国に対して猜疑を抱き頻りに清政府の注意を促しているところだ。こんな時に公然と国標を建設すると清国の猜疑を招くだろう。むしろ実地を踏査させ、港湾の形状並びに土地物産開拓の見込みの有無詳細報告させるに止め、国標を建て開拓などに着手するは他日の機会に譲るべきだろうと述べている。

沖縄県二回目の秘密調査の結果（41、42）

1885年11月24日沖縄県令西村捨三が日本内務卿の命じた再調査の結論として、今般別紙の通り復命書を差し出したのは管下無人島に国標を建設する儀につき、清国に関係なきにしもあらず、万一不都合を生じては如何取り計らうべきか、至急何分のご指揮を求めていた。

1885年12月5日、山形有朋内務卿は外務卿と沖縄県令の報告に基づいて以下の結論を下した。「沖縄県令より上申された国標建設につき、清国との間の島嶼に関する帰属の交渉が絡み、双方にとって適宜な時期にこれを図るべきであって、目下の情勢では時宜に会わないと考える。」

日清戦争の直前、沖縄県知事の報告は、釣魚島に関して、日本に属することの証左できる旧記書類や伝説などがないと認めた（44）。

これらの歴史記述は、日本明治政府が当時すでに釣魚島列島は中国のもので無主地ではないと知っていることを十分物語っている。

日本外交当局と右翼は今日までこの確固たる証拠を正視するどころか、隠蔽しようとさえしている。

㈢『日本外交文書』第23巻に日本が甲午戦争に紛れて釣魚島を窃取した史実が記載されている

1894年7月日本は甲午戦争を仕掛けた。同年11月末、日本軍は旅順口を占領したので、日本政府は勝つこと間違いなしと確信した。同12月27日、野村靖日本内務大臣より陸奥宗光外務大臣宛文書で「久場島」（黄尾嶼）、魚釣島へ所轄標杭建設に関して、「当時と今日とは事情も相異なり、別紙閣議提出してご協議願いたい」と述べている。

1895年1月12日、内務大臣野村靖の閣議提出案では「標杭建設に関する件につき、沖縄県下八重山群島の北西に位する久場島魚釣島は従来無人島なれども近来に至り該島に向け漁業などを試みる者あり、これを取り締まるを要するを以って同県の所轄とし、標杭を建設する旨同県知事より上申があった。同県の所轄と認めるにより、上申通り標杭を建設させることにする」とある。

1895年1月14日、日本政府は戦争終結を待たずに、内閣決議によって、一方的に釣魚島を沖縄所轄に編入し、沖縄県管轄に帰属すると決定した。同年2月13日に中日甲午戦争は、日本の勝利を以って終結した。

同年4月17日に中日『馬（下）関条約』が締結され、中国は「台湾全島及びその附属各島嶼、澎湖列島と遼東半島」を日本への割譲を強いられた。

釣魚島は台湾の附属島であると中国は認識している以上、割譲された領域には当然釣魚島も含まれていた。1945年まで、中国の台湾省でさえ、日本に支配されたため、中国の清政府と国民党政権は、釣魚島の領有権を主張でき来なかったはずである。

三、中国はアメリカが勝手に釣魚島を日本に編入することに反対するのである

㈠釣魚島に関する米国の立場は『サンフランシスコ平和条約』によるものか？

同条約第3条によると、日本国は、北緯29度以南の南西諸島（琉球諸島及び大東諸島を含む）などを合

衆国を唯一の施政権者とする信託統治制度の下におくこととする国際連合に対する合衆国のいかなる提案にも同意する。合衆国は、領水を含むこれらの諸島の領域及び住民に対して、行政、立法及び司法上の権力の全部及び一部を行使する権利を有するものとする。

実際には北緯29度以南の南西諸島には「尖閣列島」の名が出ていなかった。

１９５３年12月25日、アメリカは琉球列島民政副長官の名で「琉球列島地理境界線」に関する米国民政府第27号令を布告した(54)。

同布告では、１９５１年に調印した対日平和条約に基づき、琉球列島の地理的境界線を改めて画定する必要があるとし、当時アメリカ政府と琉球政府の管轄区域に北緯24度から28度、東経１２２度から１２８度区域にある各島、小島、環礁、岩礁及び領海を指定した。

１９７１年6月17日、日米の調印した沖縄返還協定（『琉球諸島及び大東諸島に関する日米協定』）では日本の領土範囲を宣言したが、１９５３年国民政府第27号令と全く同じだった。こうして釣魚島が日本の沖縄県に切り取られた。

20世紀50年代の半ばごろから在沖縄米軍が毎年約５７６４万ドルで、軍用射撃場に琉球政府と古賀善次から黄尾嶼を賃貸していた。

これらに対して、周恩来氏は１９５０年、１９５１年、三回も正式声明を発表して、アメリカの琉球占領と「サンフランシスコ平和条約」は非法的と無効なものだと反対した。

１９５０年5月15日中国の「対日和約（対日講和条約）における領土部分の問題と主張に関する要綱草案」は、八重山諸島を台湾に組み込むかについても検討が必要だとしている。

実際には、日本の明治政府が１８７９年に琉球藩を廃し沖縄県を設置した際、中国からの反対を受けた。日本は当時、沖縄本島を日本領とし、宮古・八重山諸島を中国領とする案（分島改約案）を提示したが、清政府はこれに賛成しなかった。

このため、この資料の起草者は、戦後に日本の領土を確定する際、宮古・八重山諸島を台湾に組み込むかについて検討すべきとの見方を示しているのである。

注目すべき重要なポイトとして、要綱草案の起草者は赤尾嶼等を台湾に組み込むかについても検討すべきと強調している点だ。

これは当時中国が、釣魚島列島は琉球三十六島に含まれない中国のものだから、戦後の日本領土確定の際に台湾に組み込み、中国に返還すべきだと認識していたことを意味する。

それに、１９４６年1月29日に出された指令『連合国最高司令部訓令第６７７号』も引用した。日本の範囲を「日本の四つの主要な島嶼（北海道、本州、九州、四国）及び対馬諸島、北緯30度以北の琉球諸島の約１０００余りの近隣小島を含む」、その中には、所謂琉球の南西諸島が除外されると明確に規定している。

(AG 091 (29 Jan. 46) GS

(SCAPIN -677)

MEMORANDUM FOR: IMPERIAL JAPANESE GOVERNMENT.)

THROUGH : Central Liaison office, Tokyo. SUBJECT : Governmental and Administrative Separation of Certain Outlying Areas from Japan.

3. For the purpose of this directive, Japan is defined to include the four main islands of Japan (Hokkaido, Honshu, Kyushu and Shikoku) and the approximately 1,000 smaller adjacent islands, including the Tsushima Islands and **the Ryukyu (Nansei) Islands north of 30° North Latitude** (excluding Kuchinoshima Island); **and excluding** (a) Utsuryo (Ullung) Island, Liancourt Rocks (Take Island) and Quelpart (Saishu or Cheju) Island, **(b) the Ryukyu (Nansei) Islands south of 30° North Latitude** (including Kuchinoshima Island), ……

20世紀60年代末、アメリカの地質学者の調査によると、釣魚島海域の海底に豊富な石油の賦存がありそうだという。

１９６９年5月、日本は中ソ関係が逼迫する機に乗じて、石垣市の名義で釣魚島に「八重山尖閣群島魚釣島」という碑を建てた。

㈡釣魚島の主権（領有権）に関する米国の立場

１９７１年10月、アメリカ政府は「これらの島嶼の施政権を日本に返還することは聊かも主権に関する主張を損ねるものではない。アメリカは日本に彼らがこれらの島嶼の施政権を我々に引き渡す前に持っていた法的権利を増やすことができないし、日本に施政権を返還したからと言って他の要求者の権利を弱めることはできない。……これらの島嶼に対する如何なる係争にかかる要求も当事者間で解決すべき事項である」と表明した。

同年米上院が『沖縄返還協定』を批准した際、アメリカは当該群島の施政権を日本に返還しても、中日双方が対立する主権の主張については、中立的立場を取ると、米国務院の声明が発表された(58)。

１９９６年の米国議会図書館の報告書が最も肝要な問題において著しく事実を失している。報告書は「１８９５年1月14日、天皇は尖閣諸島を日本に帰属させる勅令を発した」としている。だが「尖閣諸島（釣魚島）」を日本に帰属させる天皇の勅令が発せられたといういかなる事実も存在しないのだ。日本の明治天皇は１８９６年3月５日の13号勅令で沖縄各島の範囲を公布したが、その中には釣魚島或は尖閣が全くない。

ただ残念ながら、米国の専門家はこうした基本的事実を間違えた。

㈢米国の日本に対する安全保障の意思表明

２０００年10月に米国防大学国家戦略研究所（ＩＮＳＳ）より、米国と日本：成熟したパートナーシップに向けて、と題するアーミテージレポートが発表された。同報告によると、アメリカとイギリスのあいだの特別な関係を、米日同盟のモデルとするには、「アメリカは、日本と、尖閣諸島を含む日本の行政管轄下にある地域の防衛にたいする誓約を再確認すべきである」と。

その後、アーミテージ氏はアメリカ国務副長官として２００４年2月2日に、日米安保条約第５条により、いざ日本の施政領域が侵攻された場合、アメリカ自身が侵攻されたと見なすとまで表明していた。

同年8月16日に、米国務院の報道官は記者の質問に対して「尖閣列島は日本政府の管轄下にあり、条約第５条では同条約が日本管轄領土に適用すると言明している。だから、今日条約は同島に適用するかと聞くならば、答えは〝イエス〟です」とはっきり表明した。

日本『産経新聞』の報道によると、2010年9月23日ヒラリー・クリントン国務長官は前原誠司外相と会談したとき、これらの島嶼は「明らかに日米安保条約が適用される」と表明したという。これは米国務長官としてはじめてこのような姿勢を表明したものである。

いわゆる「尖閣列島（釣魚島列島）は日本の施政権下の領域で、米日安保条約が適用される」というのは、どこが間違っているか。

『新明解国語辞典』によれば、領域とは、「国際法で国家の主権が及ぶ範囲の区域」であり、つまり領土そのものである。国際法によれば、領土とは地球空間における国家主権に完全に隷属する部分、すなわち国家主権範囲内の区域であり、主権が確定されていない区域をある国の領土と言えないとなっている。

アメリカは釣魚島の主権帰属に関して特定の立場がなく、その主権が日本に属すると認定しない以上、釣魚島は日本の「領域」だと言えない。つまり日米安保条約第5条の所謂「領域」の要件は持たないわけで、日米安保条約第5条が適用されると法的に解釈するのは辻褄の合わないのである。

また、アメリカが往時釣魚島の施政権を勝手に日本に渡したのは、アメリカによる恣意的な決定にすぎず、不法かつ無効であり、中国の領土主権を侵害したものである。これに対して、中国政府は一貫して反対して来ている。特に今中国の海洋監視が釣魚島領海での巡視活動が常態化となった以上、日本側の所謂「実行支配」が存在しなくなった。

日米安保条約第1条は「……各自の国際紛争を平和的手段によって解決し、国際の平和及び安全並びに正義を守る。たとえ領土保全又は政治的独立に対するものでも、武力による威嚇又は武力の行使並びに国際連合の目的と両立しない方法は慎むべきである」と定めている。

日本政府はこの条文に言及したことがほぼない一方で、釣魚島が日米安保条約第5条の適用対象であるということは頻繁に強調している。

四、国際法に即して釣魚島の帰属を見る

(一)日本の援用する「先占」原則は無効

日本政府は1894年甲午戦争（日清戦争）前には釣魚島に対して「実行支配」をしていなかったことをすでに間接的に認めている。国際法の解釈において、日本は釣魚島に対して「先占」したことにならない。「先占」とは従来の国際法上領土取得法の一つで、「一国の占有行為であり、その行為を通して当該国が意図的にその時他の国の主権下にない土地の主権を取得する」ことを指す。日本の『国際法辞典』の解釈によれば、「先占の主体は国家でなければならず」、「先占の客体は国際法上の無主地でなければならない」。

(二)「時効取得」説は釣魚島問題に適用できない

日本の一部では「尖閣列島」を長期的に実効支配すれば、「時効取得」の考えで同島に対して主権

を取得できると考える向きがある。

日本の『国際法辞典』の解釈によれば、取得時効（prescription）に必要な条件は、第一にその占有また統治する領土は無主地ではなく他国の領土であること。第二に占有と統治は相当長期間継続したものでなければならないこと。第三に占有と統治は中断してはならないこと。外交上有効な抗議（国交断絶、貿易制限など実効性ある報復措置を含む）または国際機構に解決を提訴すれば、時効の中断を引き起こす。第四に占有と統治は平穏で公開して行われるものでなければならないこと。第五に主権者の権利を根拠に主権を行使しなければならないこと、とある。

野田佳彦政権が「国有化」による「平穏」で管理する目的は多分「時効取得」だが、中国側の対応措置にとって既に完全に破られた。

日本はこれまで「尖閣列島」は無主地であることを盾にその「先占」（occupation）の「合法性」を主張してきたので、「取得時効」原則を同時援用できない。

一方、もし日本が「取得時効」原則を援用すれば、ロシア、韓国とそれぞれ係争にかかる対ロ「北方四島」と日韓で争われる「独島」に対する長期実効支配の現実を回避できなくなるのである。

(三)『サンフランシスコ平和条約』は釣魚島の帰属を決める権利がない

先ず、中国の領土は日米両国の条約または協議で決めるわけにはいかない。アメリカは中国の領土釣魚島を日本に引き渡す権利は全くない。それから、『サンフランシスコ平和条約』案が公表されるやいなや、当時の周恩来中国外交部長は直ちに声明を発表し、「中華人民共和国の参加なくして、その内容と結果如何にかかわらず、中国人民政府は悉く不法で従って無効だと断じる」と指摘した。そして、条約の原文には「尖閣列島」又は「尖閣諸島」が全然書いてないため、その条約を引用しても、この島々は沖縄に属する根拠と言えないのである。

㈣『カイロ宣言』と『ポツダム宣言』は日本の領土範囲を規定している

1943年12月中、米、英による『カイロ宣言』は日本が1914年の第一次世界大戦から太平洋で奪取または占有したすべての島嶼を剥奪し、日本が窃取した中国の領土をすべて中国に返還させなければいけない。日本が武力でまた貪欲から獲得したその他の土地からも、日本を追い出さなければならない旨を規定している。

1945年の『ポツダム宣言』はさらに日本の主権を「本州、北海道、九州及び四国並に吾等の決定する諸小島に局限せらるべし」としている。『カイロ宣言』と『ポツダム宣言』が確定した日本領土の範囲ははっきりしており、そこには釣魚島がもとより含まれていない（59、60）。

五、日本側の質問への回答

㈠日本の一部では中国は「かつて尖閣列島は日本の一部であると認めている」証拠はあると主張している。「中華民国」の馮冕領事から中国の漁民を救助したことに対して、1920年5月20日付けで沖縄県石垣村に送られた「感謝状」がその一つである（62）。

ただし、この「感謝状」は証拠たるものではない。というのは早くも1895年に日本は不平等な『馬関条約』で中国の台湾省を横取りし、釣魚島が台湾の付属島嶼だったわけで、その状態が1945年日本の敗戦降伏まで続いたからである。従って、その間の「感謝状」で述べた内容は、釣魚島が日本固有の領土だと証明できるものではないというのは非常に明白なのである。

(二)日本では、中国は1958年に出版した世界地図集の日本版図には日本語の通り「尖閣諸島」、しかも琉球群島の一部として扱っているのに、中国地図の台湾省の部分には釣魚島が見えないと、指摘する人がいる。

調べたところ、その地図集は、中国の部分的国境線は抗日戦争前の『申報』地図に基づいて作図されたものであると、はっきりと注記してある。その期間の『申報』出版の地図は、精々日本が台湾を統治した時期に釣魚島を琉球の管轄に編入した歴史の一面を反映したに過ぎず、正常な状況で領土主権の帰属を判別する証拠になるはずはない(63)。

(三)日本で『人民日報』が1953年1月8日に発表した「琉球人民のアメリカ占領に反対する闘争」の一文に「尖閣列島」を琉球群島に含んだことがあると指摘する人がいる。原文に当たったら、これは文末に作者名がなく「資料」と注記があるだけで、それに、嘉手納を「卡台那」(音訳)だと、どうやら編訳したものではないかと思われるもので、中国政府や新聞社の立場を代表できないのは明らかである(69)。

(四)2013年2月、安倍晋三首相はワシントンで講演した際、釣魚島について「1895年から1971年まで日本の主権に挑戦する者は誰もいなかった」と強調した。だが仮に上述の76年間を2段階に分けて分析すれば、以下の事実が難なく見てとれる。

第1段階は1895年から1945年までの50年間だ。釣魚島は甲午戦争（日清戦争）中の1895年1月に日本によって秘密裏に盗み取られた。さらにその後日本は不平等な馬関条約（下関条約）によって、台湾およびその全ての付属島嶼の割譲を清政府に強いた。その後日本は台湾を50年間植民地支配した。この期間の初めの十数年間、清政府は台湾に対する主権すら失っていたのだから、台湾の付属島嶼である釣魚島が日本に占拠されたからといって、どうして挑戦できようか？

そしてこれは腐敗した無能な清政府が覆された重要な要因でもあるのだ。その後、中国人民は日本軍国主義の侵略に断固として抵抗し、反撃を加え、1945年に日本が『ポツダム宣言』を受け入れて降伏するまでこれを続けた。日本が誰からも挑戦されなかったなどとどうして言えようか？

第2段階は1945年から1971年までの26年間だ。沖縄は米国に占領されて信託統治下にあり、日本の主権管轄下の領土ではなかった。ポツダム宣言とカイロ宣言によって、日本は釣魚島を含め中国から巻き上げた領土を返還しなければならない。

だが、この間、黄尾嶼と赤尾嶼は米軍によって不法に射爆撃場にされた。新中国政府はこれに断固たる反対を表明した。そしてこの間、日本は釣魚島の領有権問題において、中国から挑戦を受ける資格すらなかったのだ。

1960年代末に日本や米国が釣魚島周辺でエネルギー資源調査を行う動きがあった際には、人民日報が1970年12月4日付で激しく非難する記事を掲載した。同年12月29日付の人民日報論説員の記事は「釣魚島、黄尾嶼（日本名・久場島）、赤尾嶼、南小島、北小島などの島嶼は台湾と同じく、古来中国の領土だ」と指摘した。これでも日本は誰からも挑戦されたことがなかったなどと、どうして言えようか？

１９７１年に日米は「沖縄返還協定」に調印し、勝手に釣魚島を「返還区域」に組み入れた。同年12月30日、中国外交部（外務省）は「釣魚島などの島嶼は台湾の付属島嶼であり、台湾と同じく、古来中国領土の不可分の一部である。わが国の釣魚島などの島嶼を『返還区域』に組み入れるのは完全に不法だ」との厳正な声明を出した。

その後、中日両国は釣魚島係争を棚上げにして、国交正常化を実現した。

中国を訪問した鳩山由紀夫元首相は２０１３年1月16日に、尖閣諸島（釣魚島）が「係争地であると互いに認めることが大事だ」との考えを中国側に伝えたことを明らかにした。鳩山氏は田中角栄、周恩来両首相が１９７２年の国交正常化に当たり、「尖閣問題」（釣魚島）を「棚上げ」したとして、こうした「認識」に戻ることが必要だとの考えも述べた。

だが、まさに日本政府が「棚上げ」を否認し、領土係争の存在を認めず、さらには中国側の制止を顧みず島の購入を決定したことで、摩擦が激化する結果となったのである。

（講師の見解は自由な個人の見解である。）

1

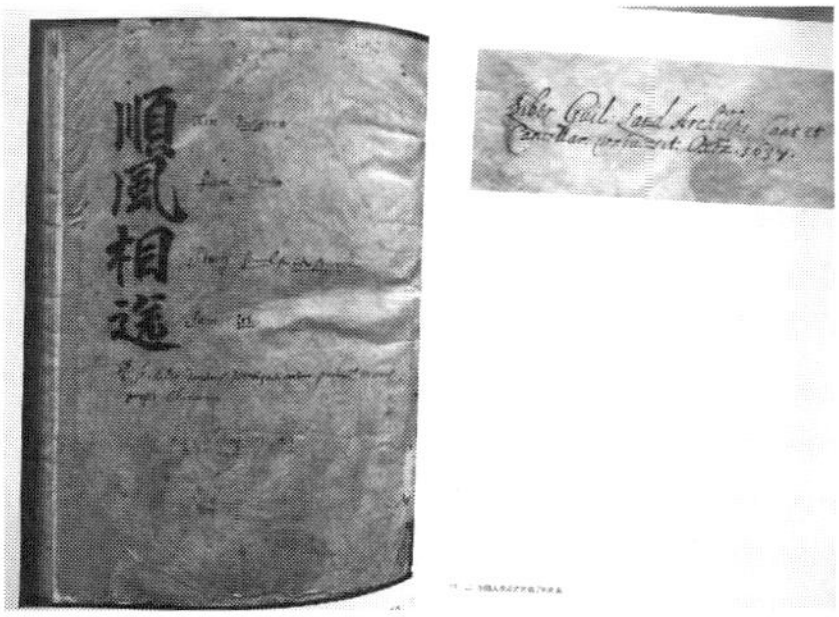

1403年のことを記録した『順风相送』

2

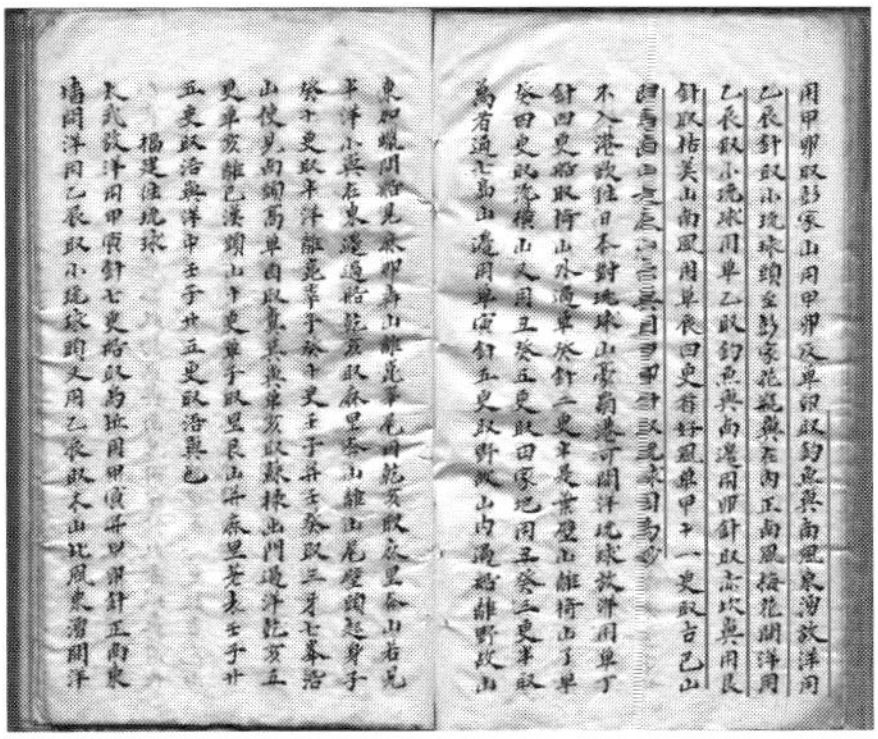

3

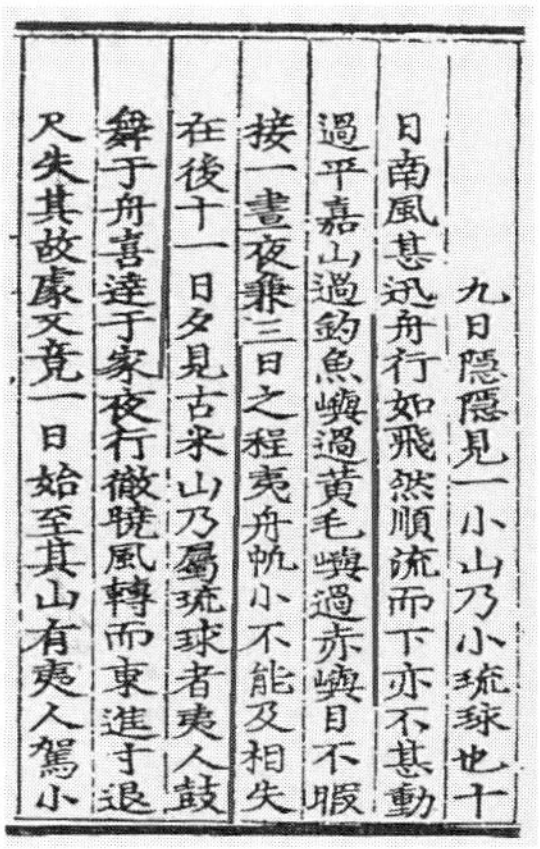
九日隱隱見一小山乃小琉球也十
日南風甚迅舟行如飛然順流而下亦不甚動
過平嘉山過釣魚嶼過黄毛嶼過赤嶼目不暇
接一晝夜兼三日之程夷舟帆小不能及相失
在後十一日夕見古米山乃屬琉球者夷人鼓
舞于舟喜達于家夜行徹曉風轉而東進寸退
尺失其故處又竟一日始至其山有夷人駕小

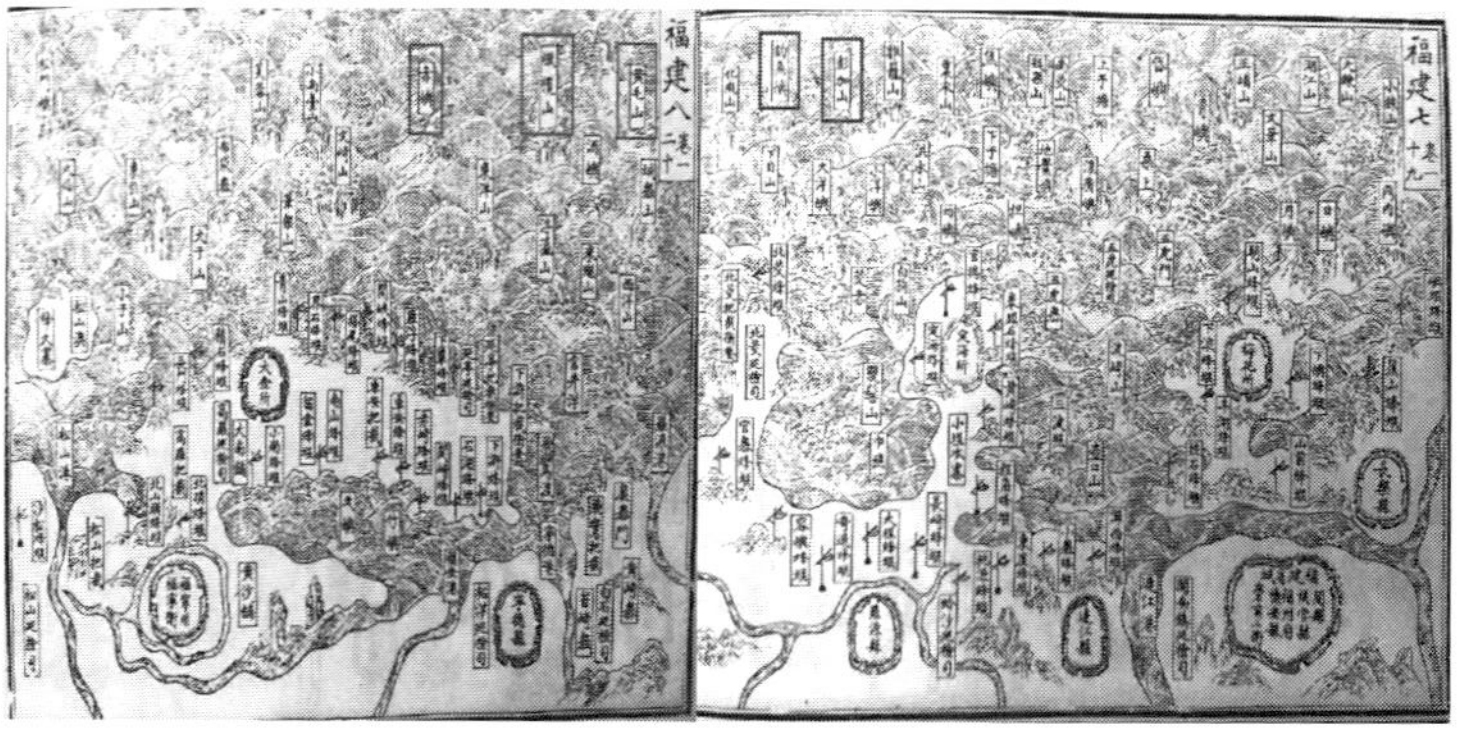

4　『籌海図編』巻一『沿海山沙図』七、八

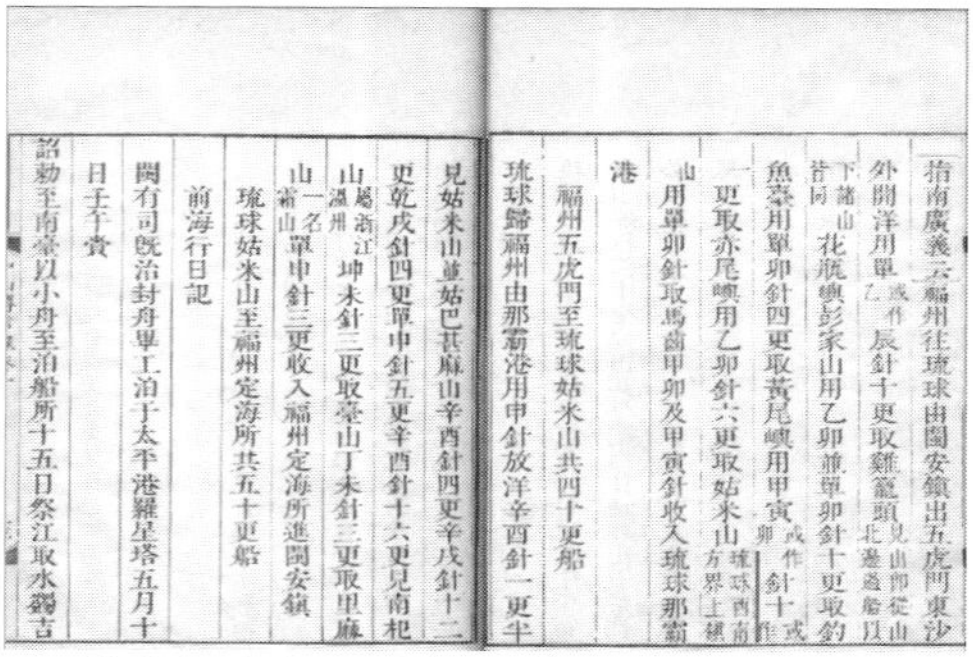

指南廣義云福州往琉球由閩安鎮出五虎門東沙
外開洋用單乙或作辰針十更取雞籠頭見山即從山北邊過船以
下諸山皆同花瓶嶼彭家山用乙卯並單卯針十更取釣
魚臺用單卯針四更取黃尾嶼用甲寅或作卯針十或作
一更取赤尾嶼用乙卯針六更取姑米山琉球西南方界上鎮
山用單卯針取馬齒甲卯及甲寅針收入琉球那霸
港
福州五虎門至琉球姑米山共四十更船
琉球歸福州由那霸港用申針放洋辛酉針一更半
見姑米山並姑巴甚麻山辛酉針四更辛戌針十二
更乾戌針四更單申針五更辛酉針十六更見南杞
山屬浙江溫州坤未針三更取臺山丁未針三更取里麻
山一名霜山單申針三更收入福州定海所進閩安鎮
琉球姑米山至福州定海所共五十更船
前海行日記
閏有司既治封舟畢工泊于太平港羅星塔五月十
日壬午賚
詔勅至南臺以小舟至泊船所十五日祭江取水覉吉

5　徐葆光氏（1719年）の『中山傳信録』による

6

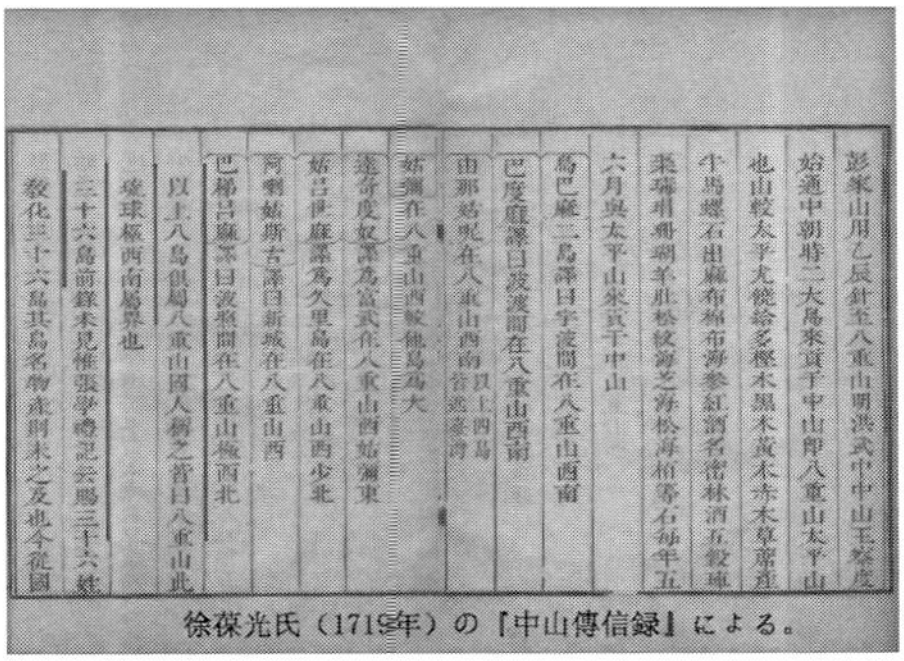

彭家山用乙辰針至八重山明洪武中中山王察度
始通中朝時二大島來貢于中山即八重山太平山
也山較太平尤饒給多櫻木黑木黃木赤木草席産
牛馬螺石出麻布棉布海參紅酒名密林酒五穀種
菜瑞珊瑚羊肚松紋海芝海松海柏等石毎年五
六月與太平山來貢于中山
烏巴麻二島譯曰宇波間在八重山西南
巴度麻譯曰波渡間在八重山西南
由那姑呢在八重山西南 以上四島皆近臺灣
姑彌在八重山西較他島爲大
達奇度奴譯爲富武在八重山西姑彌東
姑呂世麻譯爲久里島在八重山西少北
阿喇姑斯古譯曰新城在八重山西
巴梯呂麻譯曰波照間在八重山極西北
以上八島俱屬八重山國人稱之皆曰八重山此
琉球極西南属界也
三十六島前録未見惟張學禮記云賜三十六姓
教化三十六島其島名物產則未之及也今從國

徐葆光氏（1719年）の『中山傳信録』による。

7

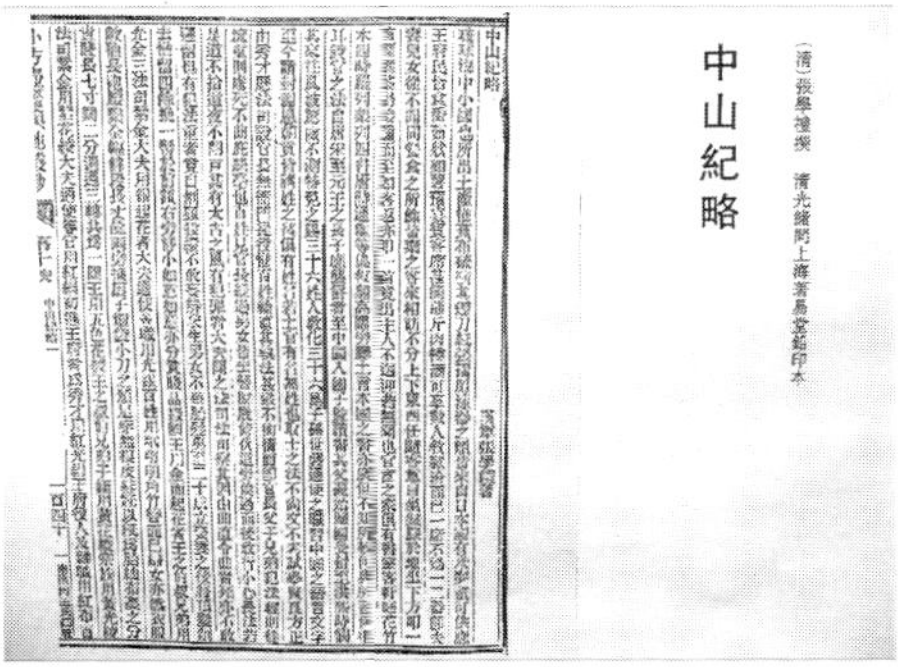

中山紀略
（清）張學禮撰　清光緒間上海著易堂鉛印本

8

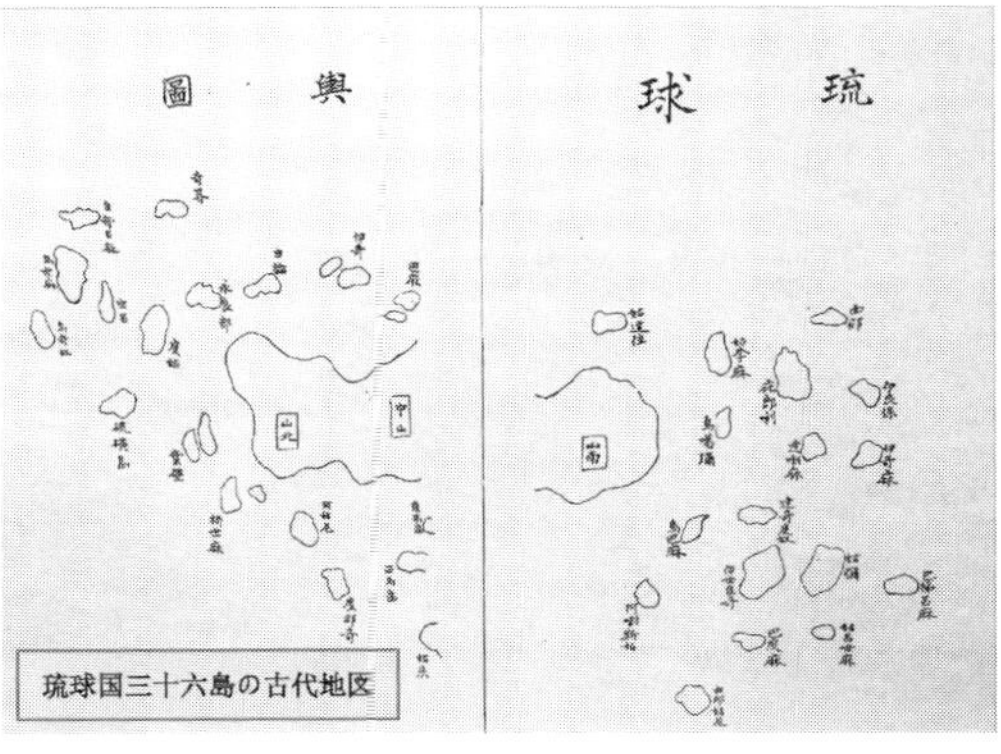

琉球国三十六島の古代地区

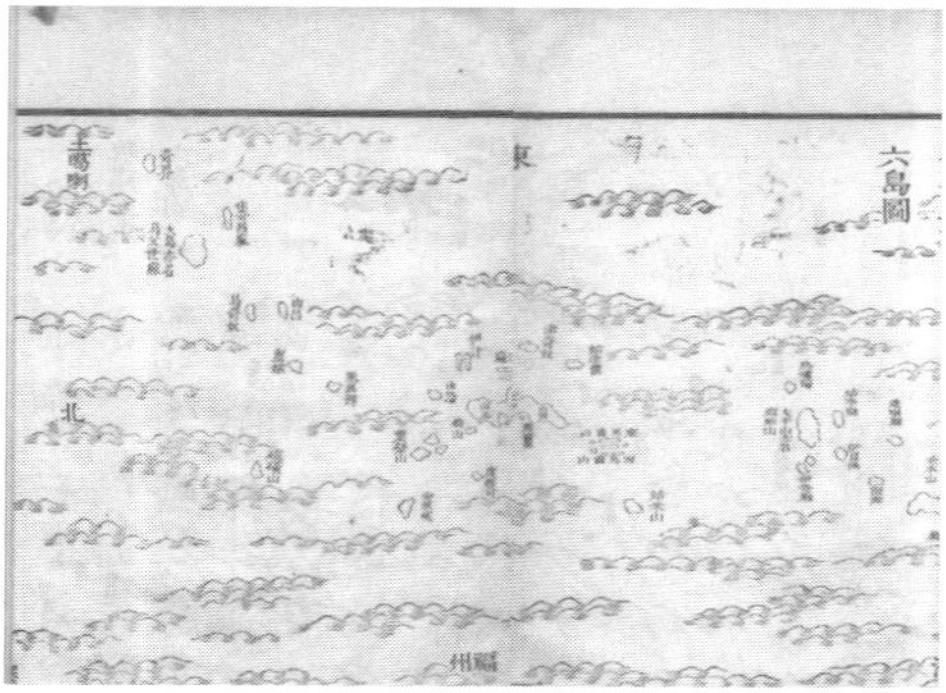
六島圖
東
北

9　徐葆光氏（1719年）の『中山傳信録』による

10

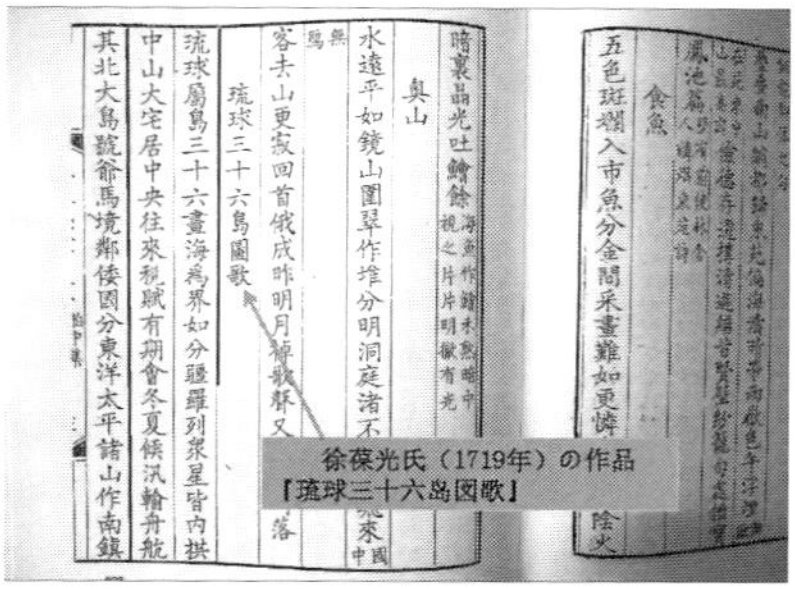
琉球三十六島圖歌
徐葆光氏（1719年）の作品
『琉球三十六島図歌』

12

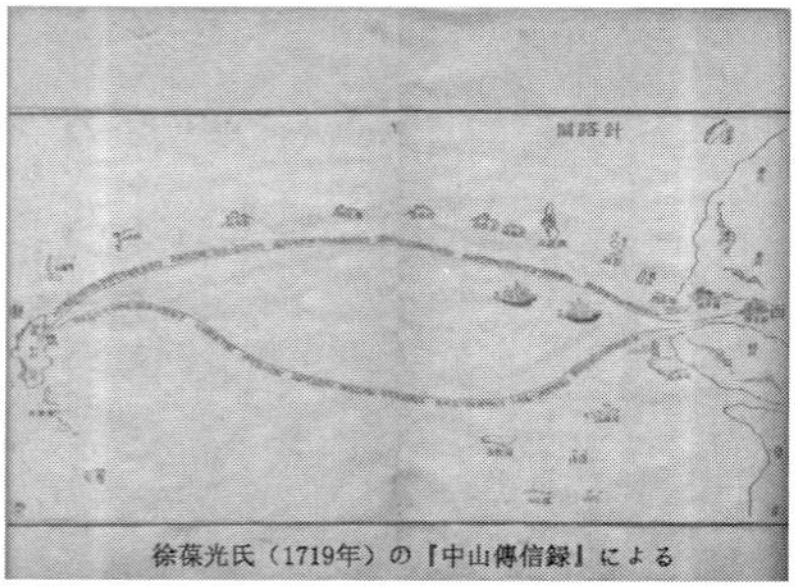
針路圖
徐葆光氏（1719年）の『中山傳信録』による

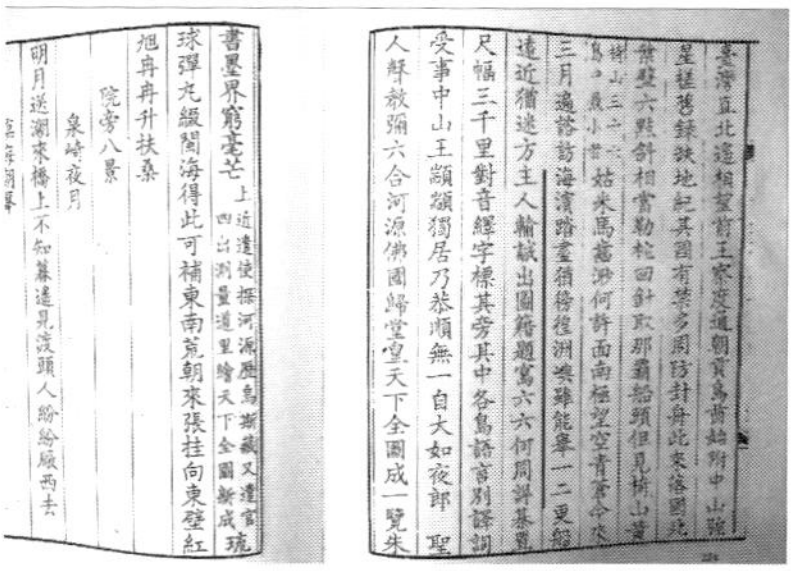

11

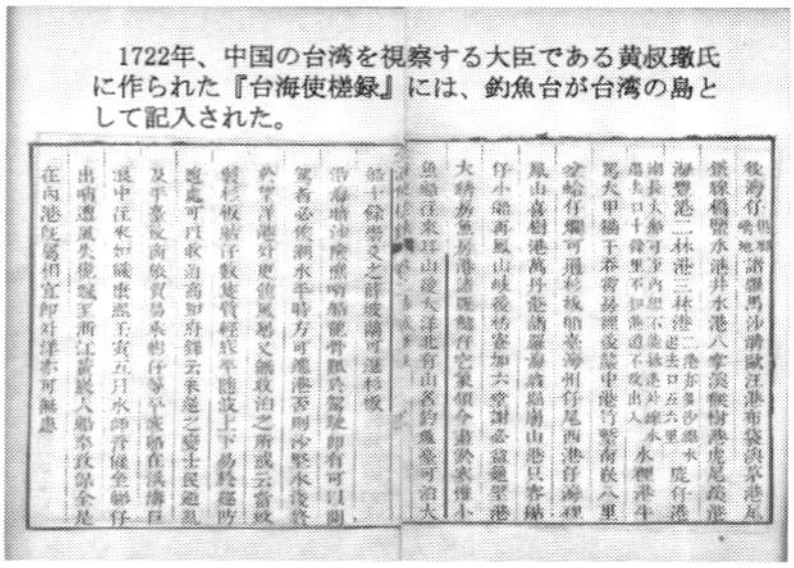
1722年、中国の台湾を視察する大臣である黄叔璥氏に作られた『台海使槎録』には、釣魚台が台湾の島として記入された。

13

14

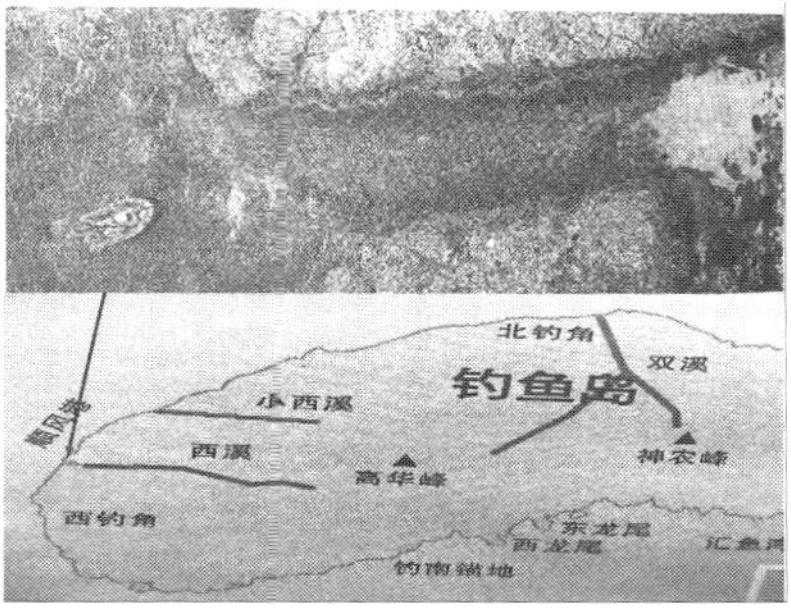

15

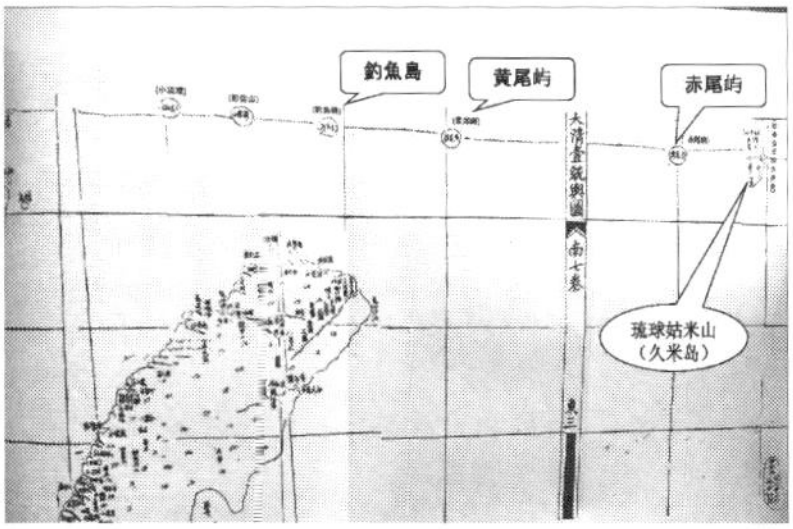

16

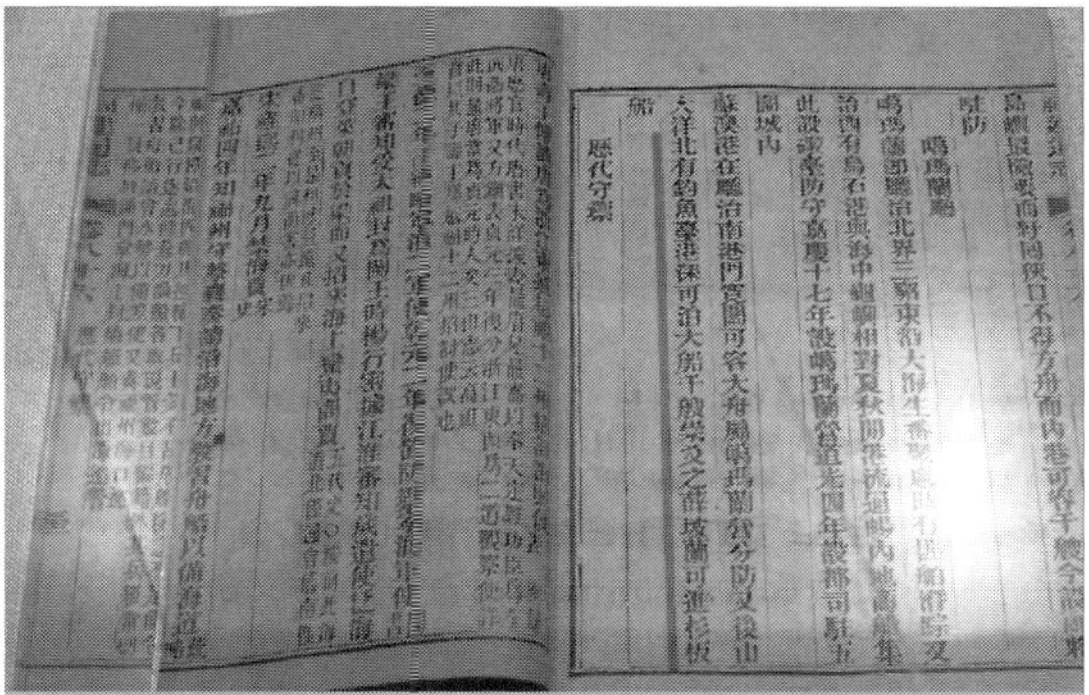

1871年《重纂福建通志》より、釣魚島が噶瑪蘭廳（台湾省宜兰县）に属した。

17

程順則氏が1708年に完成した『指南廣義』

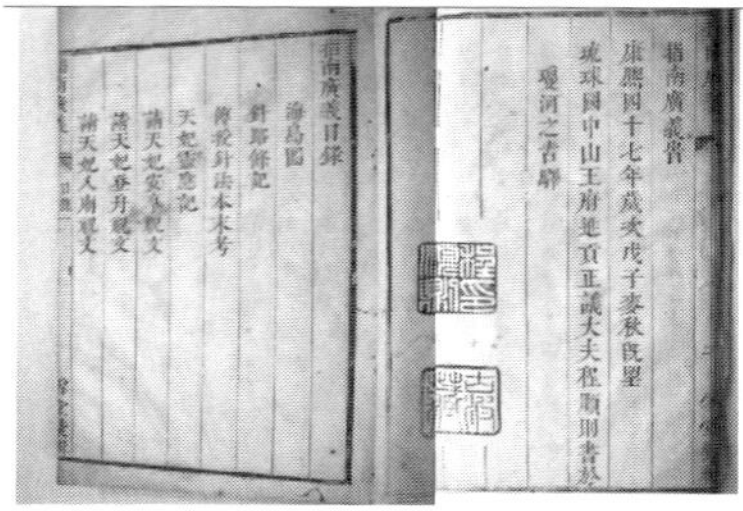

18

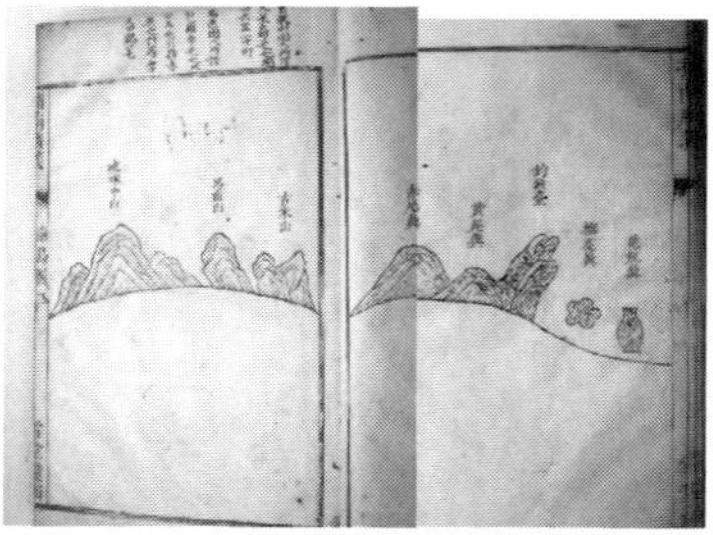

19

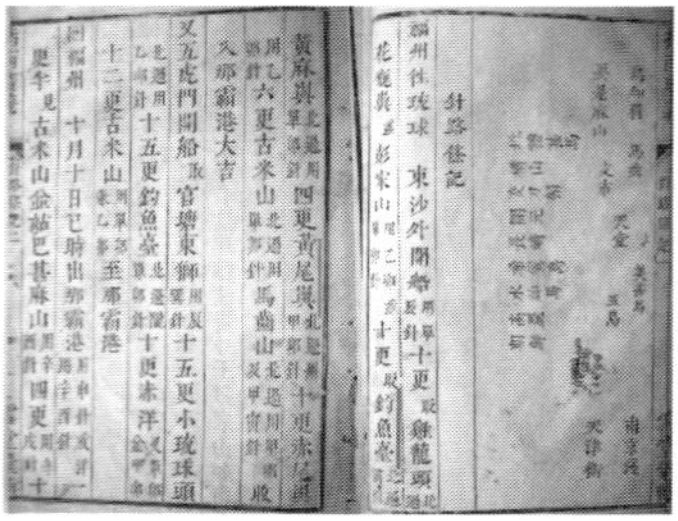

20

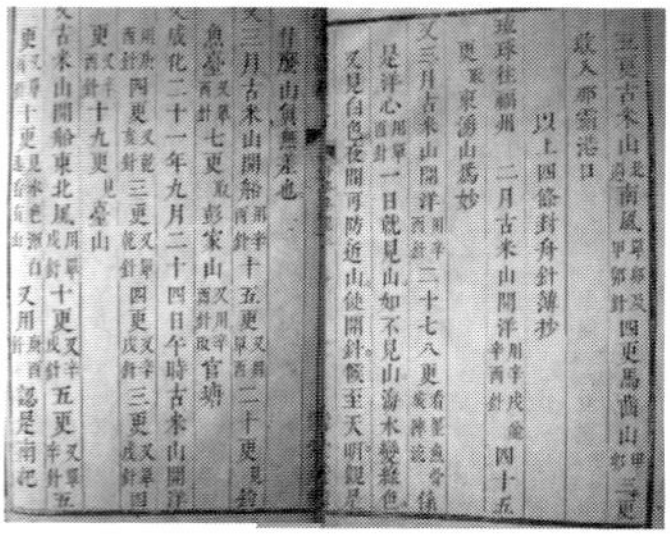

21

22

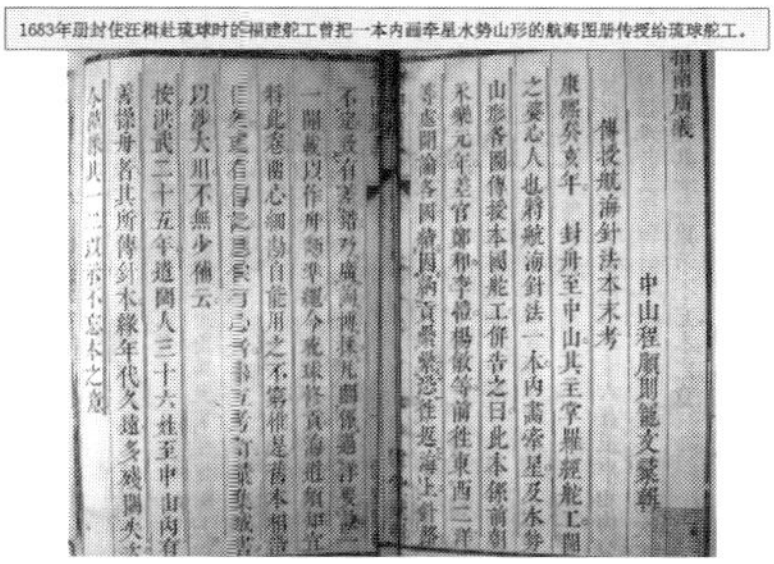

1683年册封使汪楫赴琉球时的福建舵工曾把一本内画牵星水势山形的航海图册传授给琉球舵工。

23　日本人山田聯1810年に作った「地球輿地全图」は、その色、形と文字の書き方によって、釣魚島、黄尾嶼、赤尾嶼などが中国のものであると。

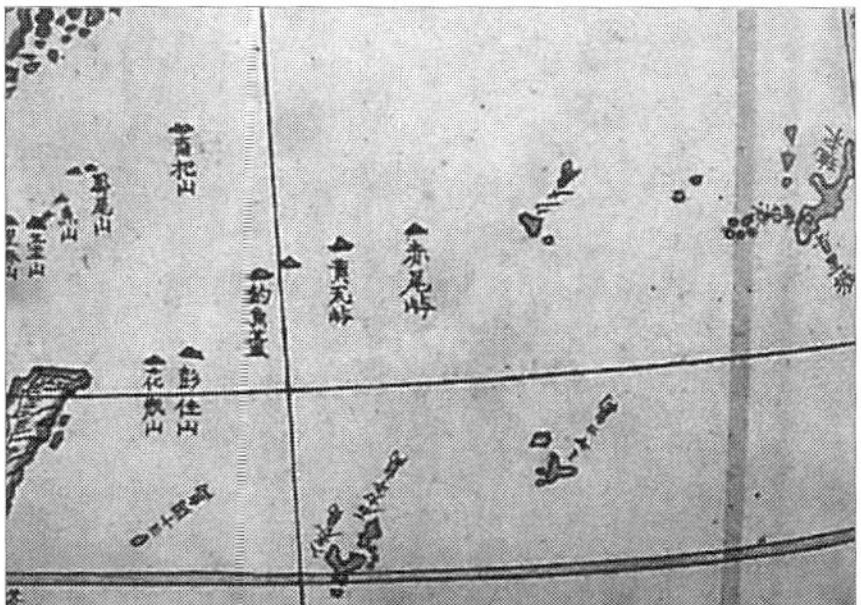

24

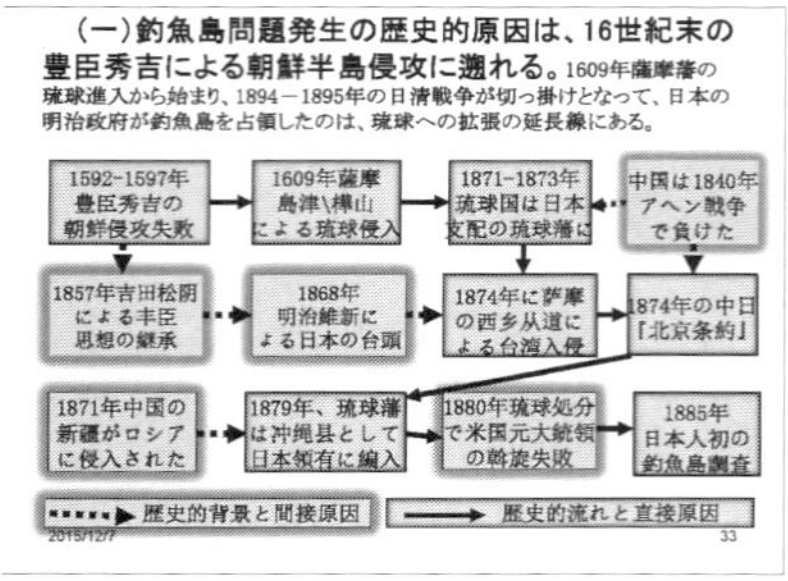

25

26

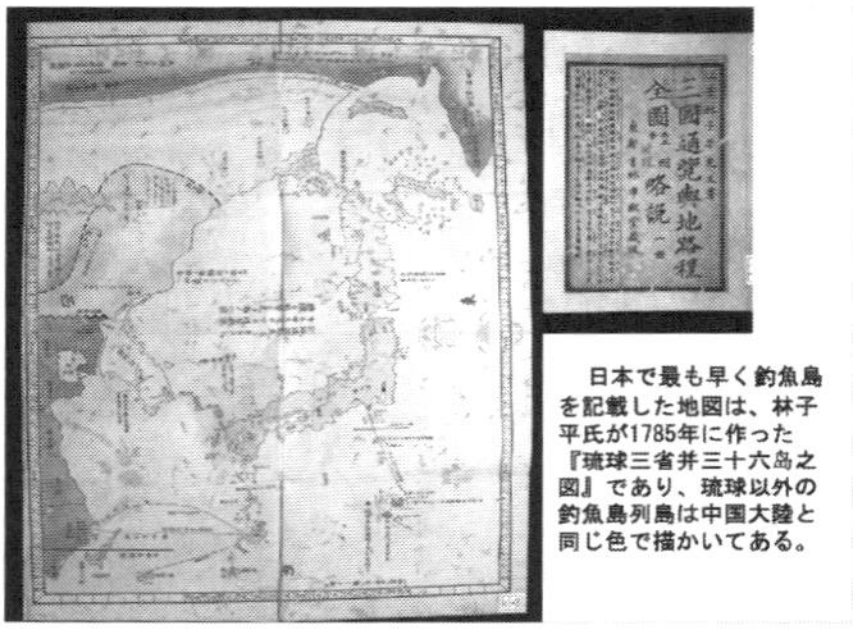

27

日本の明治政府関係者が1877年に出版した『冲绳志』と言う本の中に、沖縄は36島と認定された。その中には、釣魚島或は「尖閣諸島」が全くない。

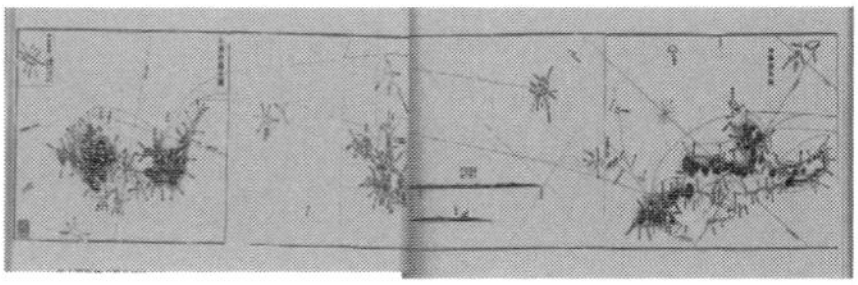

28

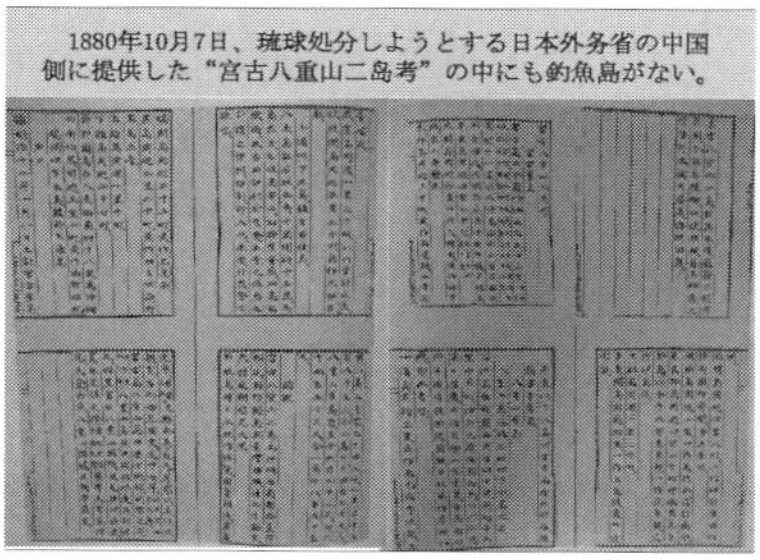
1880年10月7日、琉球処分しようとする日本外務省の中国側に提供した“宮古八重山二島考”の中にも釣魚島がない。

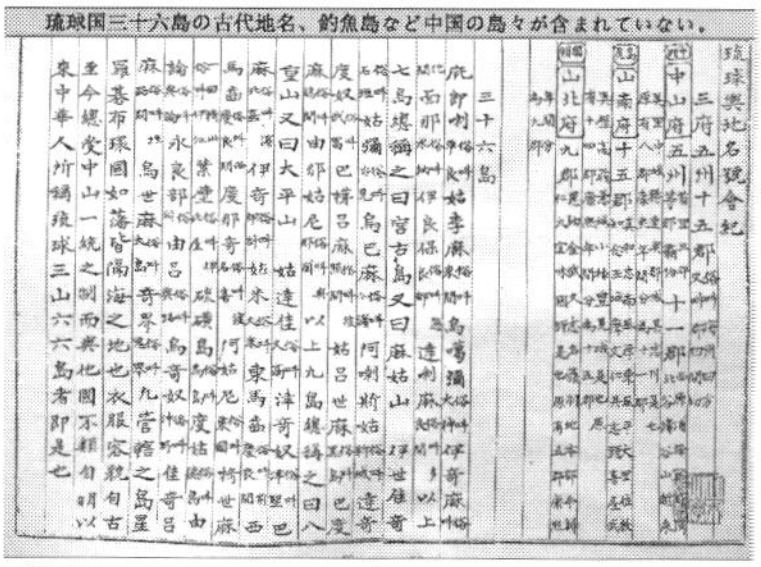
琉球国三十六島の古代地名、釣魚島など中国の島々が含まれていない。
琉球輿地名號會紀

29

30

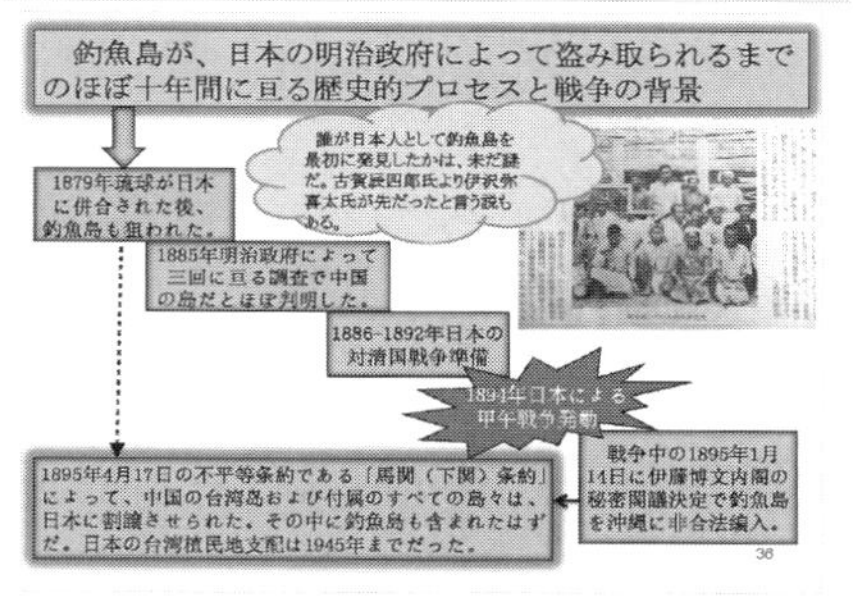
釣魚島が、日本の明治政府によって盗み取られるまでのほぼ十年間に亘る歴史的プロセスと戦争の背景
誰が日本人として釣魚島を最初に発見したかは、未だ謎だ。古賀辰四郎氏より伊沢弥喜太氏が先だったと言う説もある。
1879年琉球が日本に併合された後、釣魚島も狙われた。
1885年明治政府によって三回に亘る調査で中国の島だとほぼ判明した。
1886-1892年日本の対清国戦争準備
1894年日本による甲午戦争発動
戦争中の1895年1月14日に伊藤博文内閣の秘密閣議決定で釣魚島を沖縄に非合法編入。
1895年4月17日の不平等条約である「馬関（下関）条約」によって、中国の台湾島および付属のすべての島々は、日本に割譲させられた。その中に釣魚島も含まれたはずだ。日本の台湾植民地支配は1945年までだった。
36

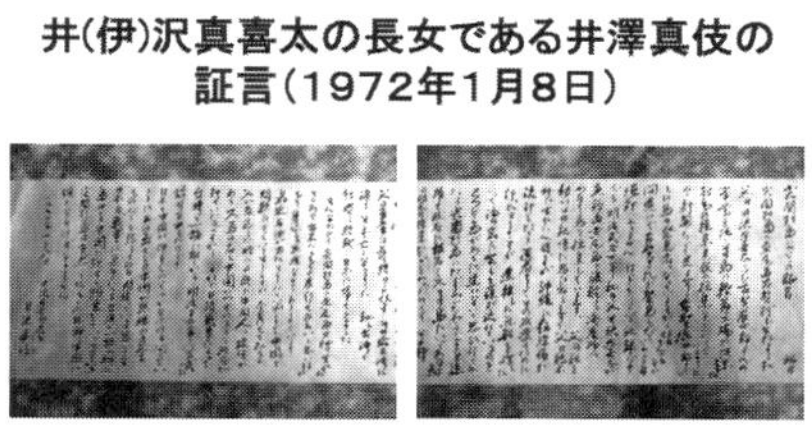
井(伊)沢真喜太の長女である井澤真伎の証言（1972年1月8日）

31

32

尖閣諸島「発見」に関する日本人民の証言

33

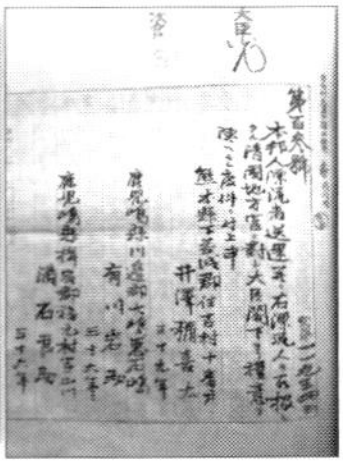

21

34

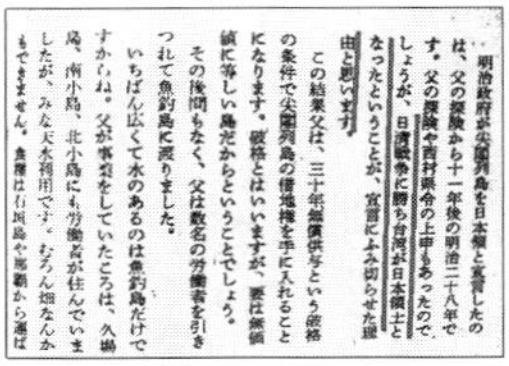
明治政府が尖閣列島を日本領と宣言したのは、父の探険から十一年後の明治二十八年です。父の探険や西村県令の上申もあったのでしょうが、日清戦争に勝ち台湾が日本領土となったということが、宣言にふみ切らせた理由と思います。

この結果父は、三十年無償供与という破格の条件で尖閣列島の借地権を手に入れることになります。破格とはいいますが、要は無価値に等しい島だからということでしょう。

その後間もなく、父は数名の労働者を引きつれて魚釣島に渡りました。

いちばん広くて水のあるのは魚釣島だけですからね。父が事業をしていたころは、久場島、南小島、北小島にも労働者が住んでいましたが、みな天水利用です。むろん畑なんかもできません。食糧は石垣島や那覇から運は

古賀辰四郎の息子である
古賀善次の証言
日本《現代》月刊 1972年6月号より

35

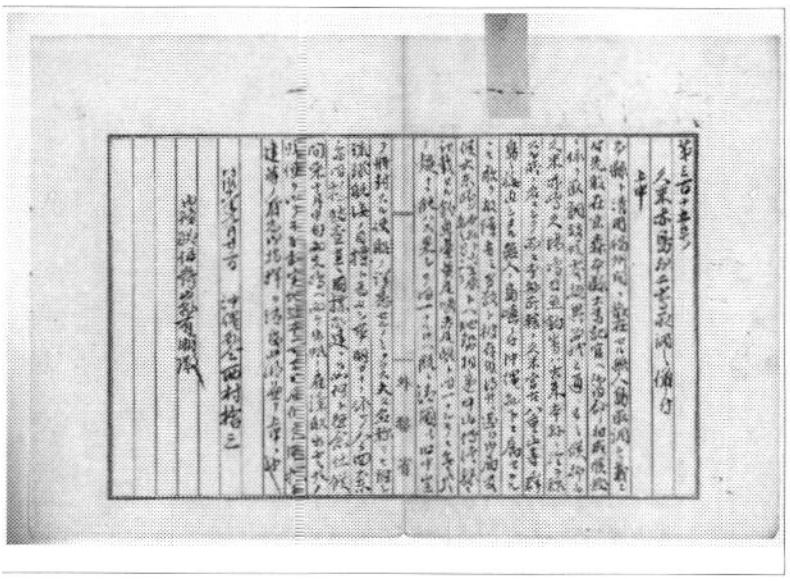

36

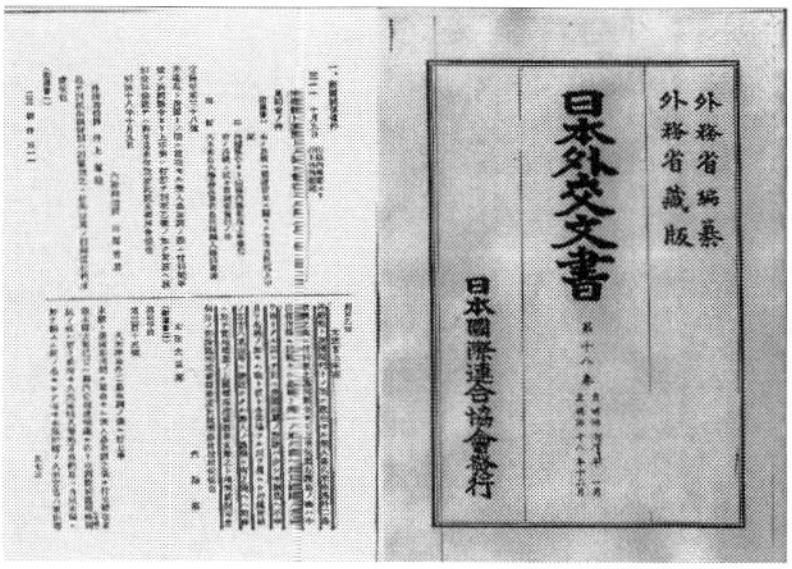
外務省編纂
外務省蔵版
日本外交文書
第十八巻
日本國際連合協會發行

37

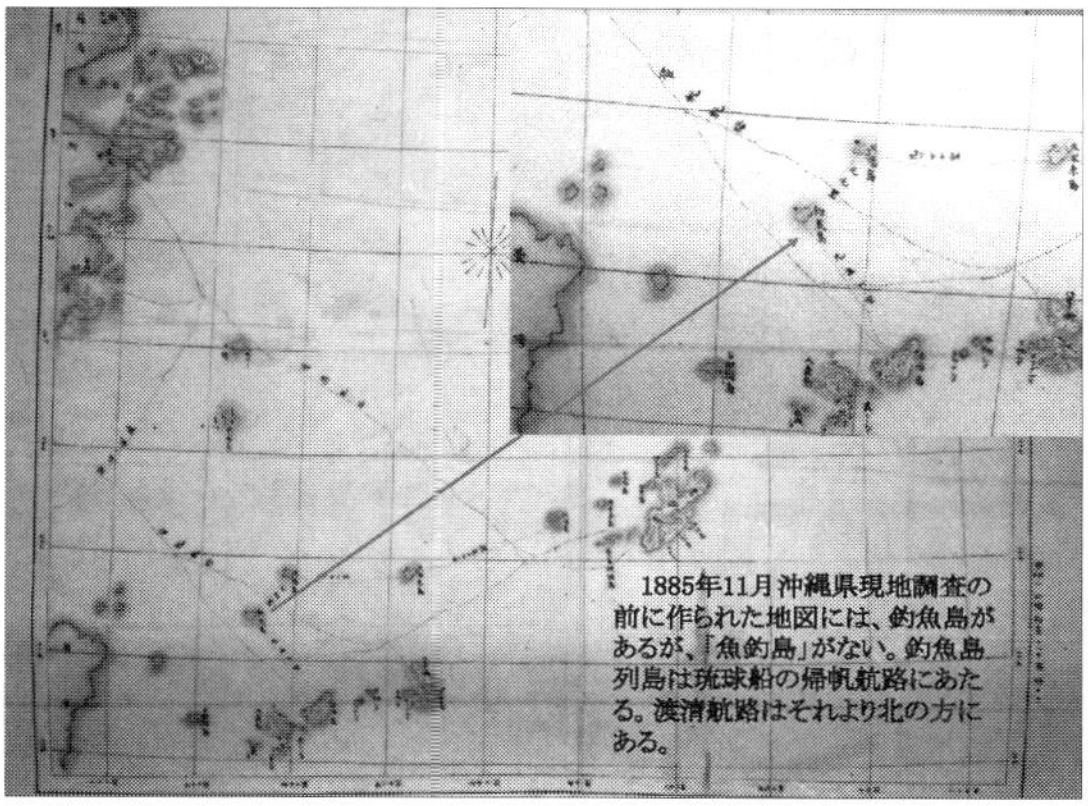
1885年11月沖縄県現地調査の前に作られた地図には、釣魚島があるが、「魚釣島」がない。釣魚島列島は琉球船の帰帆航路にあたる。渡清航路はそれより北の方にある。

38

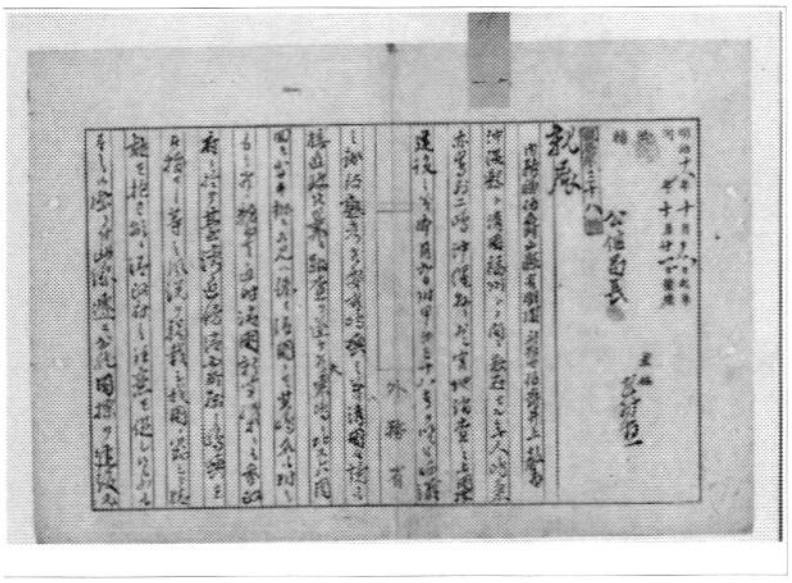

39

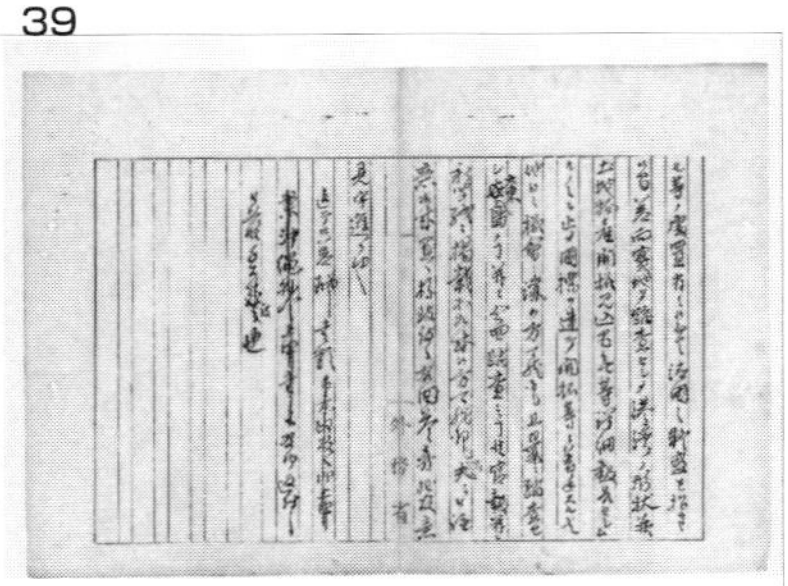

40

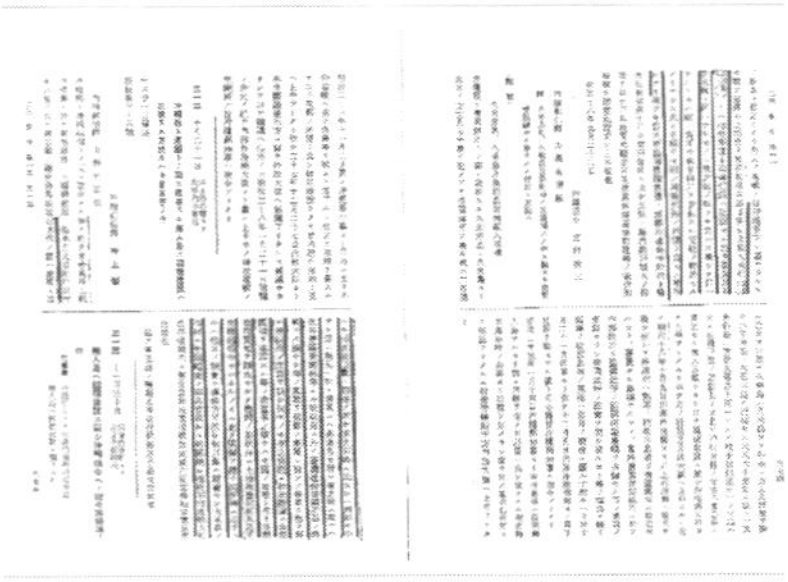

41

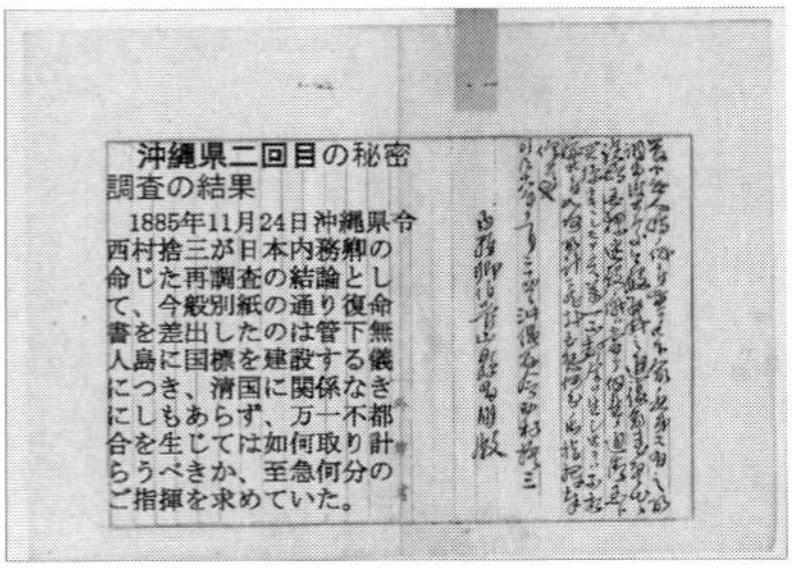

沖縄県二回目の秘密調査の結果

1885年11月24日沖縄県令西村捨三が日本内務卿の命じた再調査の結論として、今般別紙の通り復命書を差出したのは管下無人島に国標を建設する儀につき、清国に関係なきにしもあらず、万一不都合を生じては如何取り計らうべきか、至急何分のご指揮を求めていた。

42

1885年12月5日、山県有朋内務卿は外務卿と沖縄県令の報告に基づいて以下の結論を下した。「沖縄県令より上申された国標建設につき、清国との間の島嶼に関する帰属の交渉が絡み、双方にとって適宜な時期にこれを図るべきであって、目下の情勢では時宜に合わないと考える」

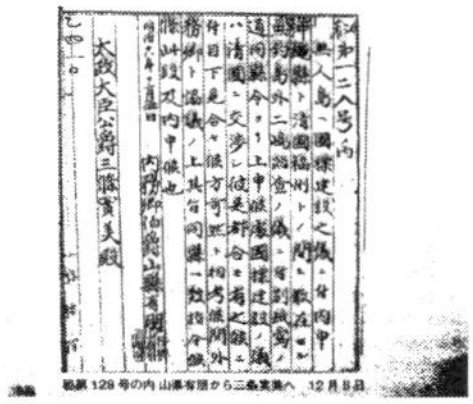

43

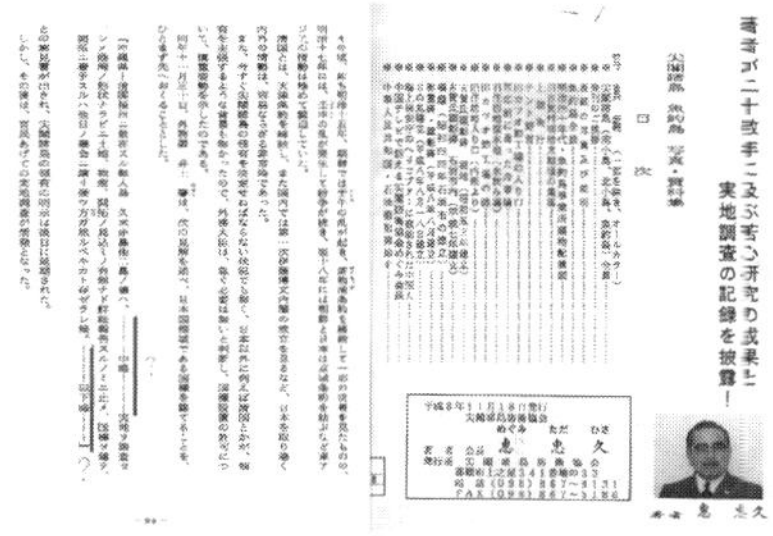

44

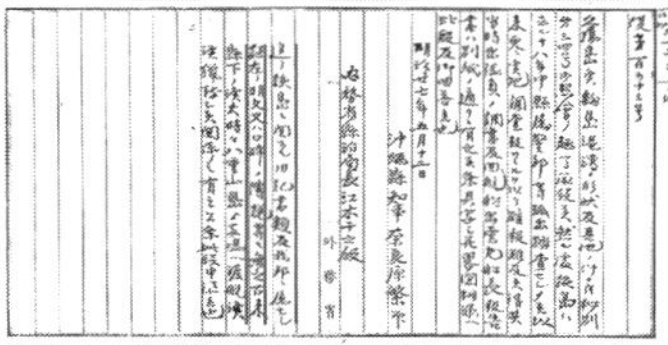

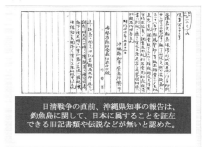

日清戦争の直前、沖縄県知事の報告は、釣魚島に関して、日本に属することを証左できる旧記書類や伝説などが無いと認めた。

45

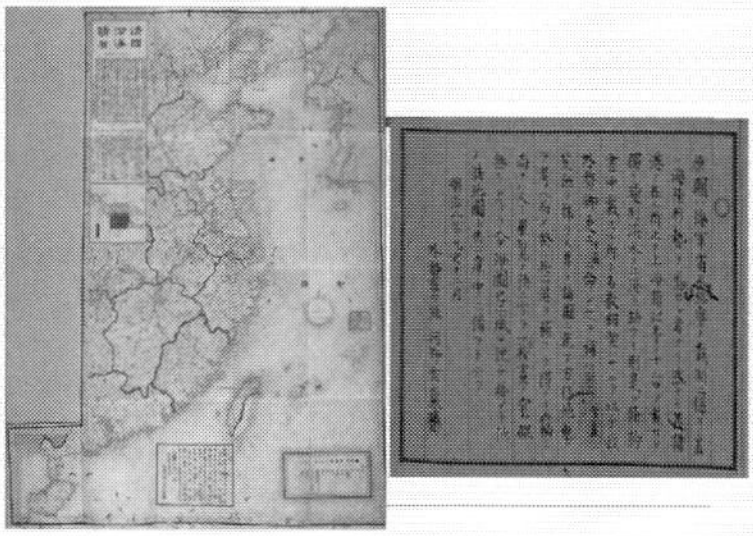

46

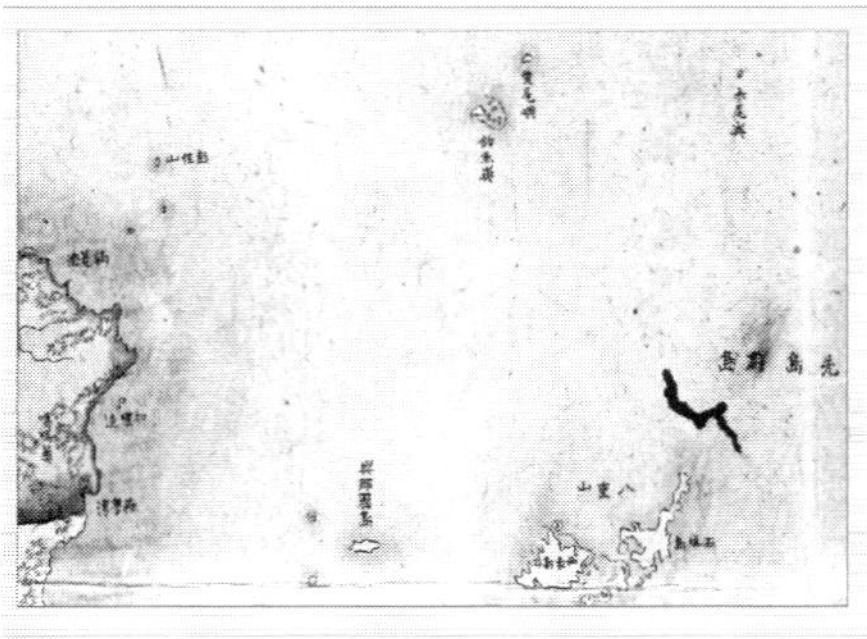

47

1892年日本海軍水路部編纂
《支那海水路志》

地名	位置	北緯	東經
臺灣島及臺灣北東諸島			
[illegible] …Formosa island	[illegible] (Sawo) [illegible] …	34°35′28″	121°49′27″
[illegible] …Samasana island	…	22 40 0	121 28 0
[illegible] …（赤尾嶼）..Raleigh rock	…	25 55 0	124 33 0
[illegible]（釣魚島） Hoa-pin-su island	…[illegible] …	25 47 7	123 28 0

48

日本の地図の刊行は、1883年日本陸軍測量局に統合された。
1894年3月刊行した『沖縄県管内全図』には釣魚島がない。

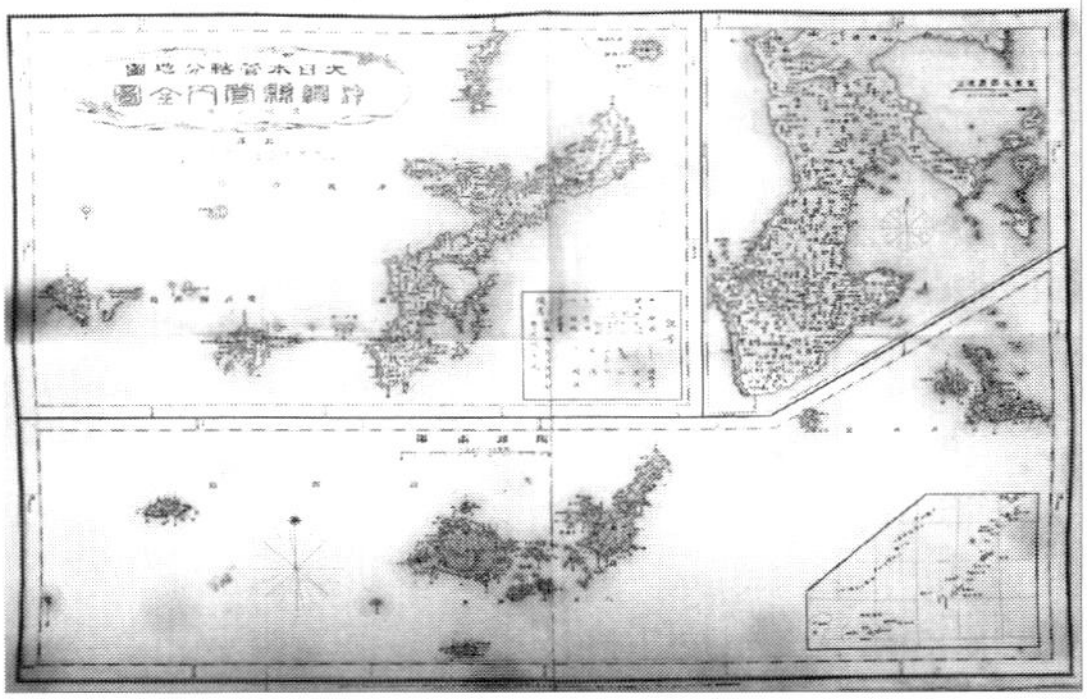

49

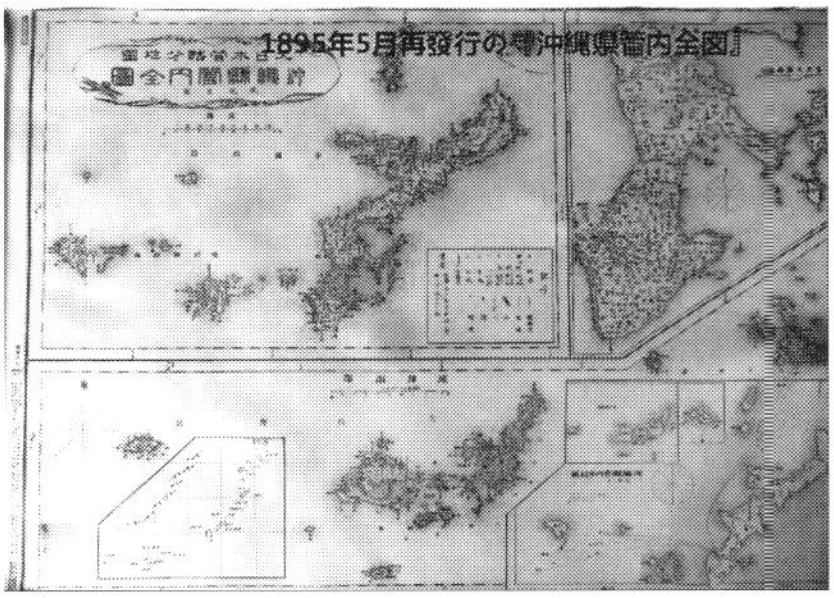

50　1895年5月再發行した『沖縄県管内全図』の管轄界

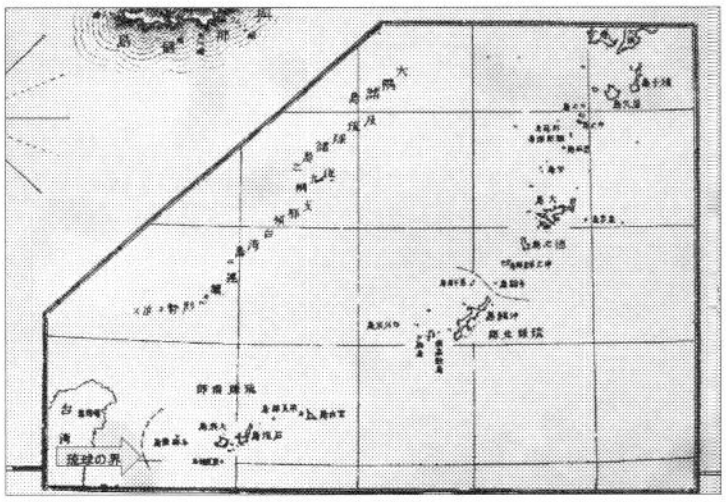

51

明治29年(1896)3月5日明治天皇による敕令第13号には、釣魚島或いは「尖閣列島」がない。

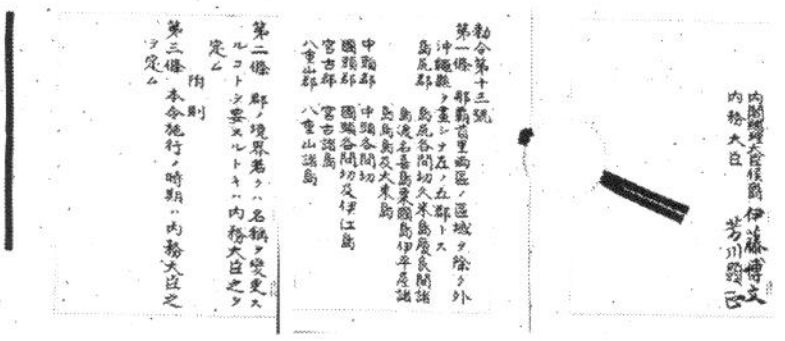
内閣總理大臣侯爵 伊藤博文
内務大臣 芳川顯正

勅令第十三號

第一條 那覇首里兩區ノ區域ヲ除ク外沖繩縣ヲ畫シテ左ノ五郡トス
島尻郡 島尻各間切久米島慶良間諸島渡名喜島粟國島伊平屋諸島鳥島及大東島
中頭郡 中頭各間切
國頭郡 國頭各間切及伊江島
宮古郡 宮古諸島
八重山郡 八重山諸島
第二條 郡ノ境界若クハ名稱ヲ變更スルコトヲ要スルトキハ内務大臣之ヲ定ム
附則
第三條 本令施行ノ時期ハ内務大臣之ヲ定ム

52

明治30年(1897) 明治天皇による敕令169号では、 中国の釣魚島を日本語の文法によって「魚釣島」と変えられただけで、「尖閣」、黄尾嶼、赤尾嶼がそこにはない 。そして、「久場島」というのも、今現在日本側の指す黄尾嶼ではなくて、慶良間列島の付属島のひとつである。

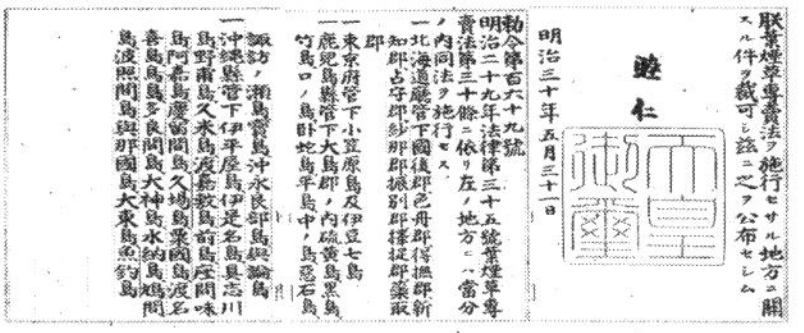
朕葉煙草專賣法ヲ施行セサル地方ニ關スル件ヲ裁可シ茲ニ之ヲ公布セシム

睦仁

明治三十年五月三十一日

勅令第百六十九號
明治二十九年法律第三十五號葉煙草專賣法第三十條ニ依リ左ノ地方ニハ當分ノ内同法ヲ施行セス
一 北海道廳管下國後郡色丹郡得撫郡新知郡占守郡紗那郡振別郡蘂取郡
一 東京府管下小笠原島及伊豆七島
一 鹿兒島縣管下大島郡ノ内硫黄島黒島竹島口ノ島臥蛇島平島中ノ島惡石島諏訪ノ瀬島寶島沖永良部島與論島
一 沖繩縣管下伊平屋島伊是名島具志川島野甫島久米島渡嘉敷島前島座間味島阿嘉島慶留間島久場島粟國島渡名喜島島多良間島大神島水納島鳩間島波照間島與那國島大東島魚釣島

53

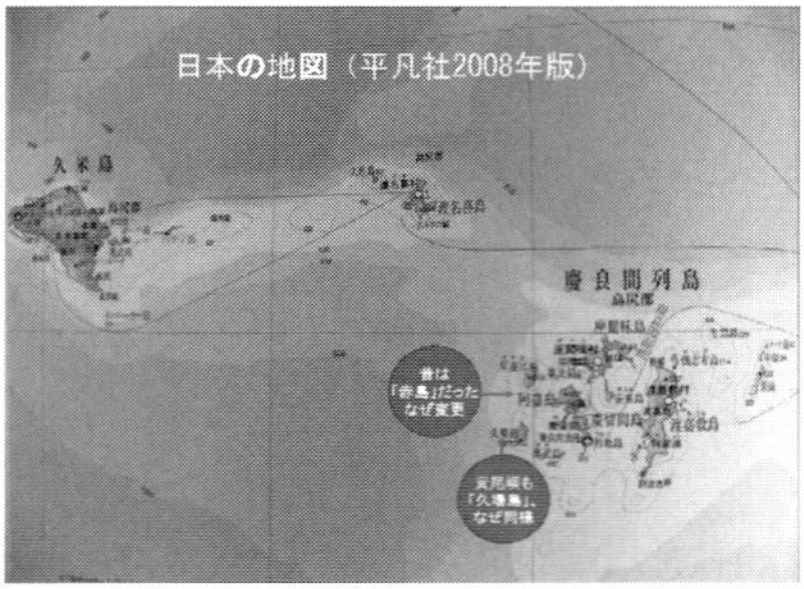

54

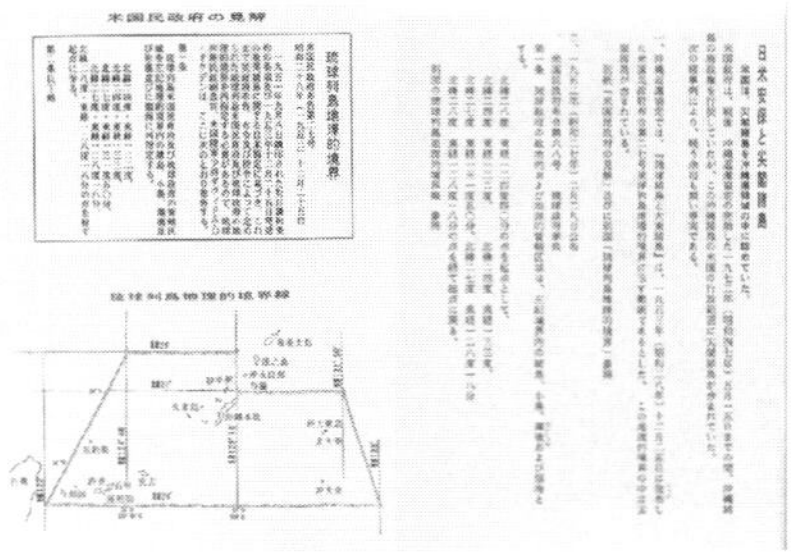
米国民政府の見解
琉球列島地理的境界
琉球列島地理的境界線
日本政府と尖閣諸島

55

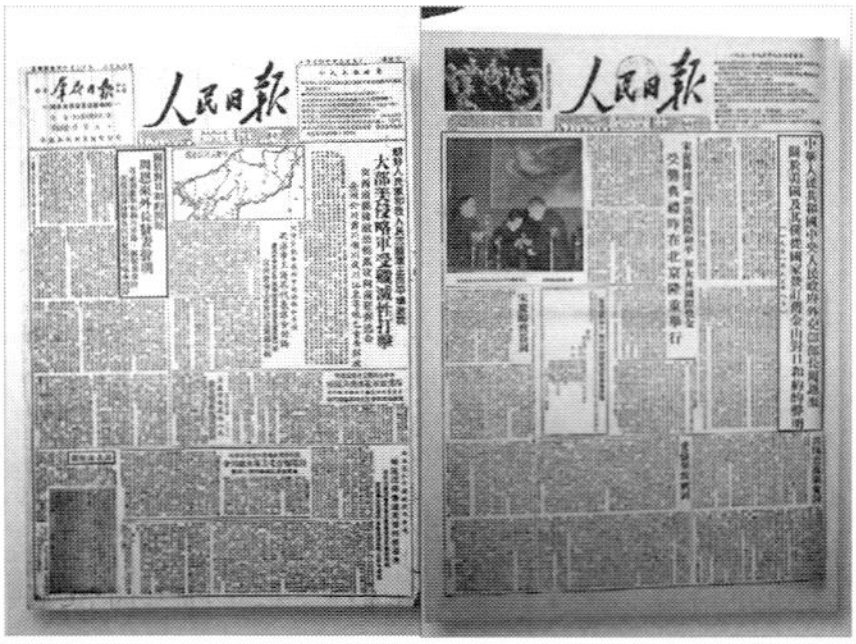

56

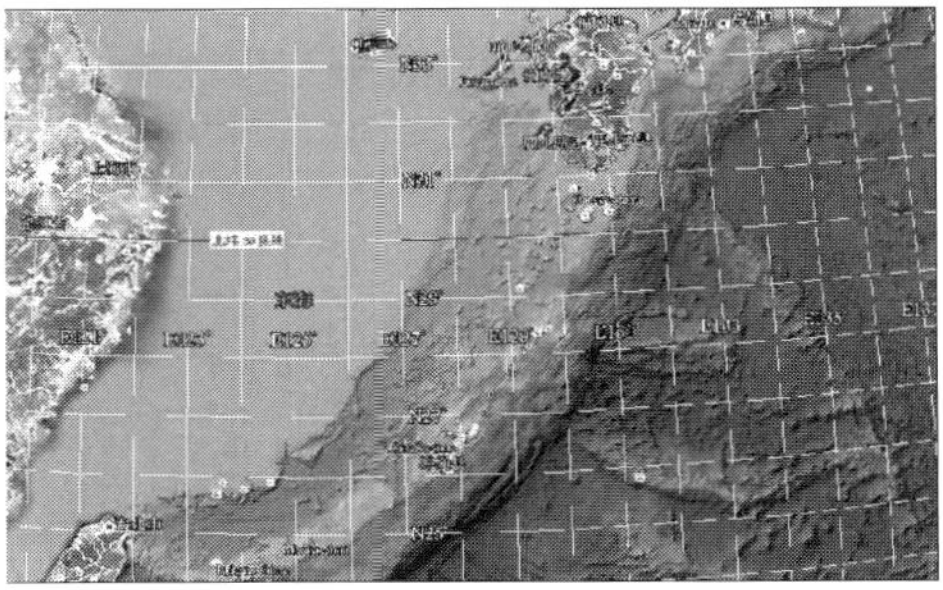

57

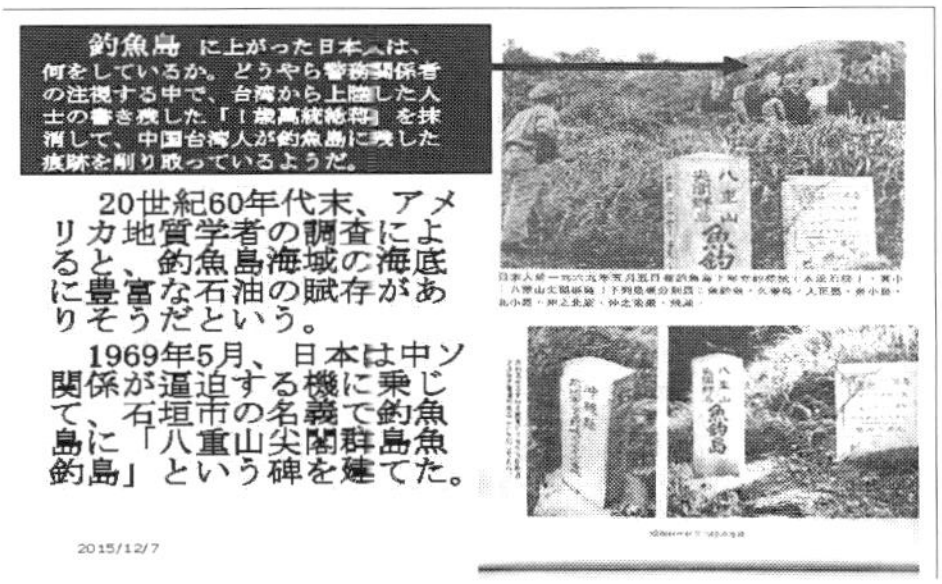
釣魚島 に上がった日本人は、何をしているか。どうやら警務関係者の注視する中で、台湾から上陸した人士の書き残した「」を抹消して、中国台湾人が釣魚島に残した痕跡を削り取っているようだ。
20世紀60年代末、アメリカ地質学者の調査によると、釣魚島海域の海底に豊富な石油の賦存がありそうだという。
1969年5月、日本は中ソ関係が逼迫する機に乗じて、石垣市の名義で釣魚島に「八重山尖閣群島魚釣島」という碑を建てた。
2015/12/7

58

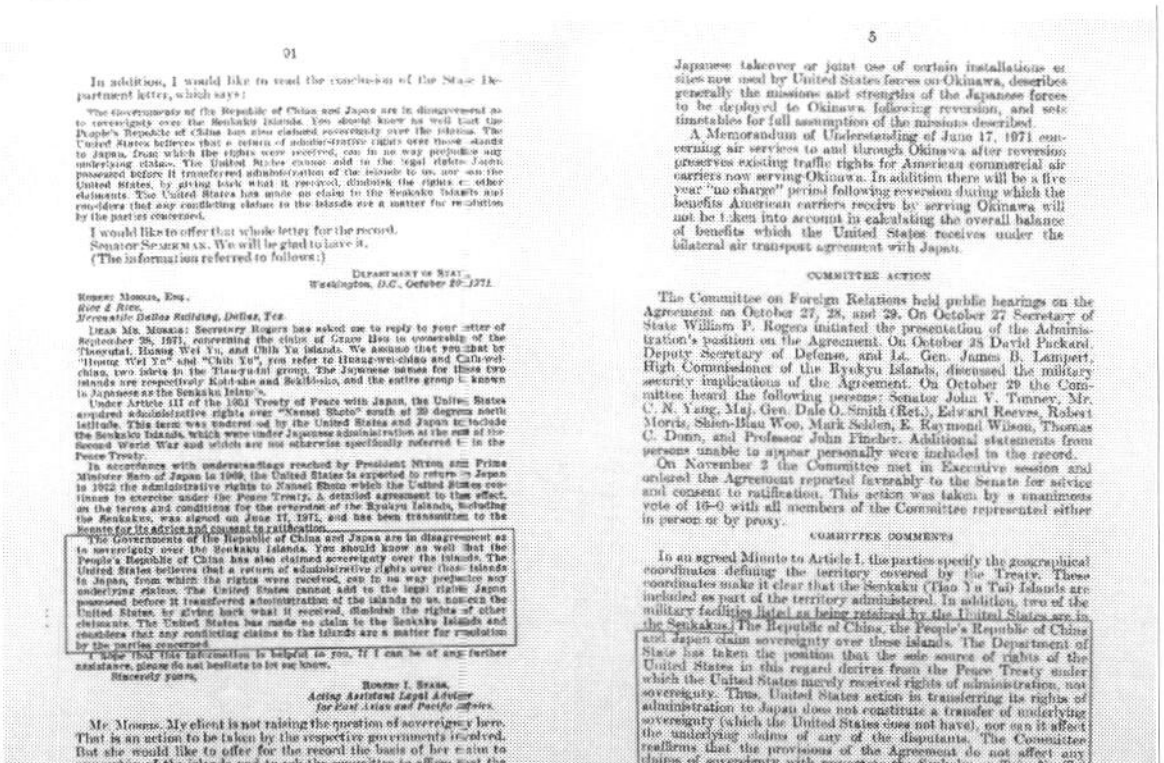

59

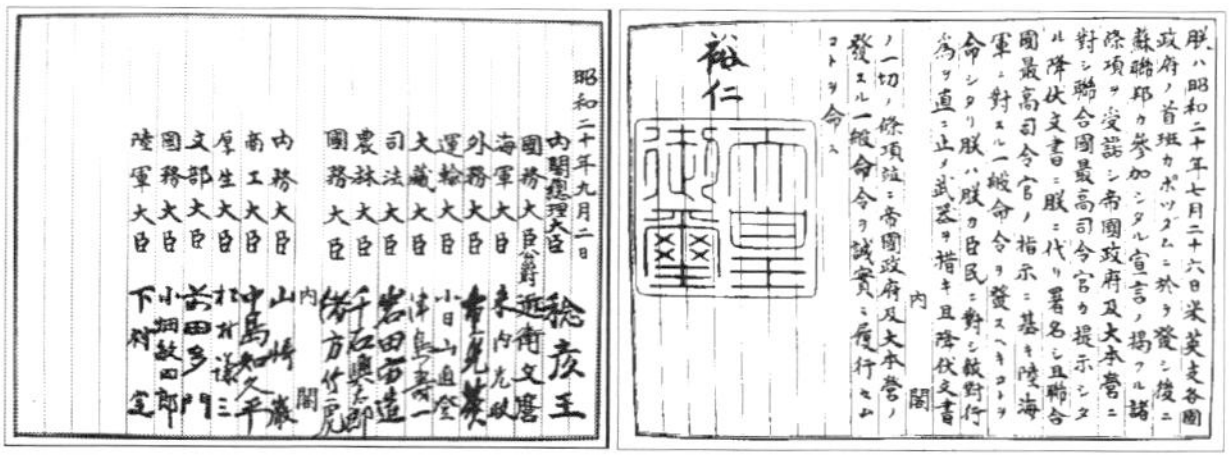

朕ハ昭和二十年七月二十六日米英支各國政府ノ首班カポツダムニ於テ發シ後ニ蘇聯邦カ參加シタル宣言ノ揭クル諸條項ヲ受諾シ帝國政府及大本營ニ對シ聯合國最高司令官カ提示シタル降伏文書ニ朕ニ代リ署名シ且聯合國最高司令官ノ指示ニ基キ陸海軍ニ對スル一般命令ヲ發スヘキコトヲ命シタリ朕ハ朕カ臣民ニ對シ敵對行爲ヲ直ニ止メ武器ヲ措キ且降伏文書ノ一切ノ條項並ニ帝國政府及大本營ノ發スル一般命令ヲ誠實ニ履行セムコトヲ命ス

裕仁

昭和二十年九月二日

内閣總理大臣 稔彦王

國務大臣 近衛文麿

海軍大臣 米内光政

外務大臣 重光葵

運輸大臣 小日山直登

大藏大臣 津島壽一

司法大臣 岩田宙造

農林大臣 千石興太郎

國務大臣 緒方竹虎

内務大臣 山崎巌

商工大臣 中島知久平

厚生大臣 松村謙三

文部大臣 前田多門

國務大臣 小畑敏四郎

陸軍大臣 下村定

60

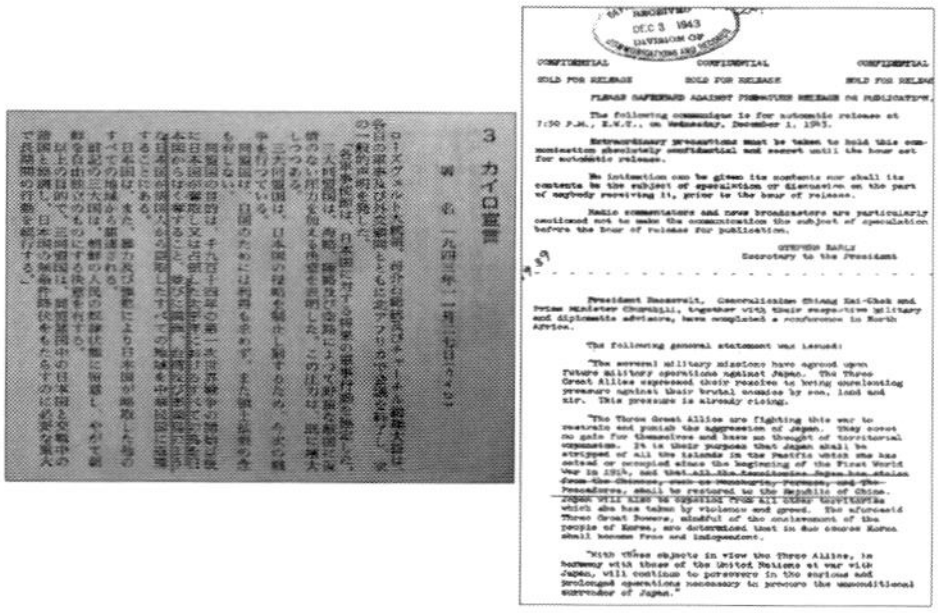

61

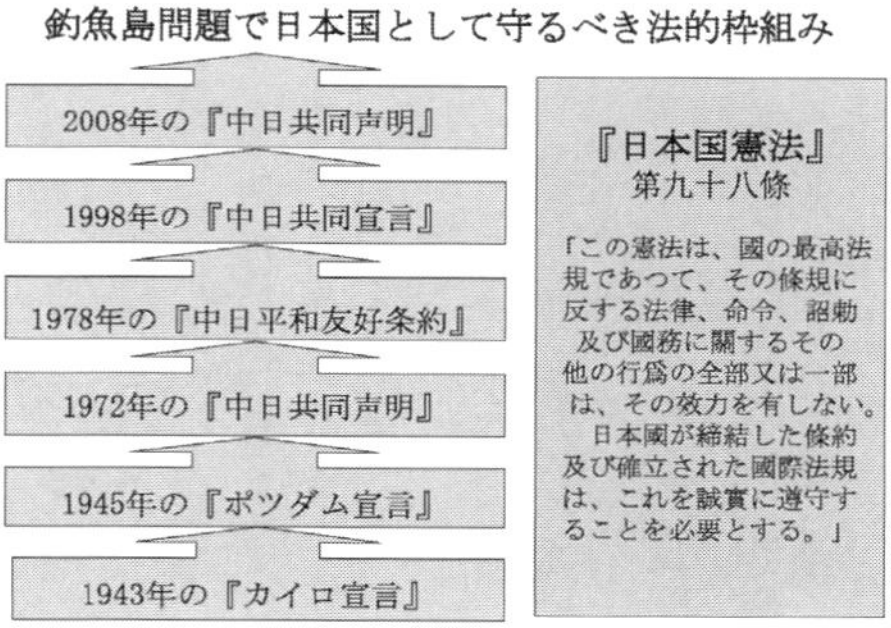

62

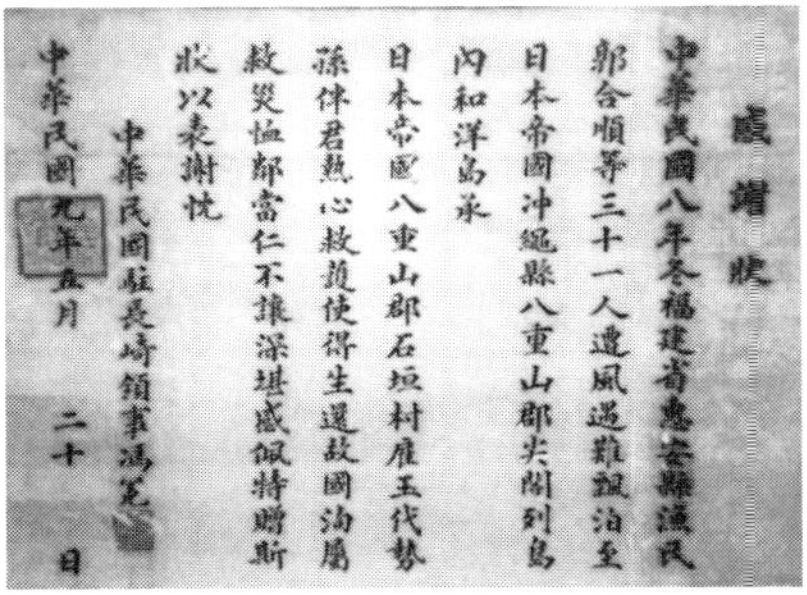

感謝狀

中華民國八年冬福建省惠安縣漁民
郭合順等三十一人遭風遇難漂泊至
日本帝國沖繩縣八重山郡尖閣列島
內和洋島承
日本帝國八重山郡石垣村雇玉代勢
孫伴君熱心救護使得生還故國洵屬
救災恤鄰當仁不讓深堪感佩特贈斯
狀以表謝忱
中華民國駐長崎領事馮冕
中華民國九年五月　二十　日

63

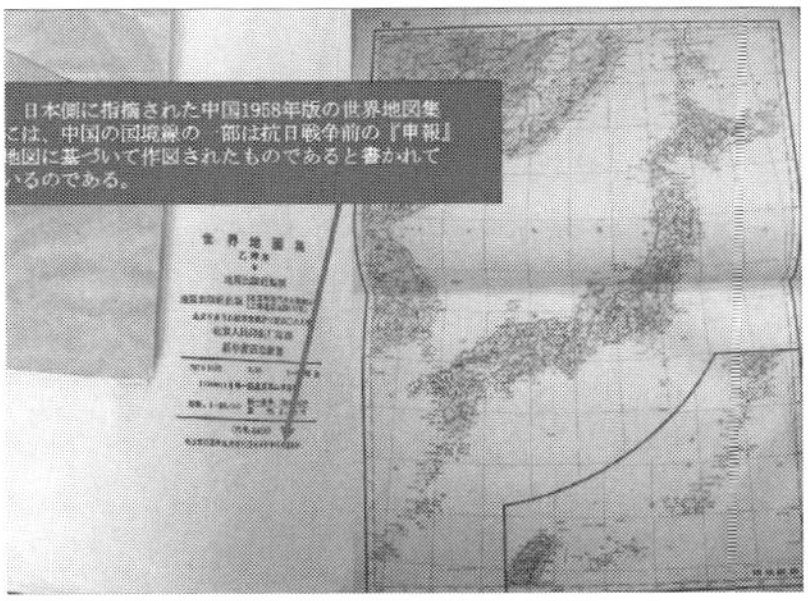

64

65

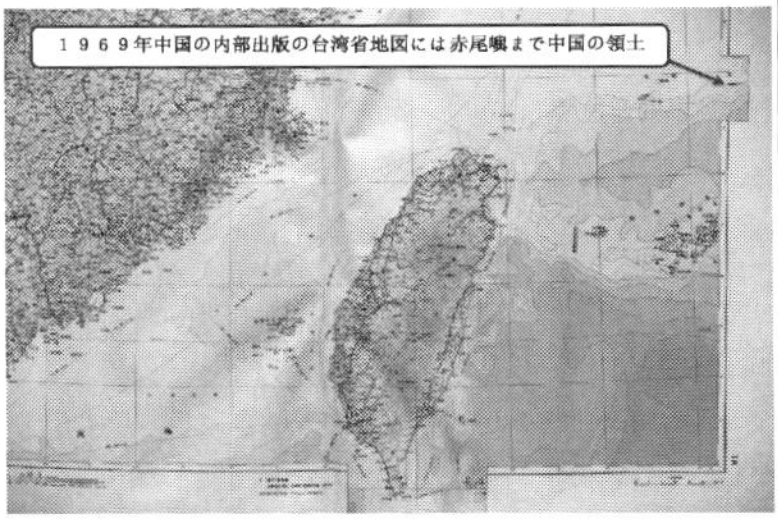

66

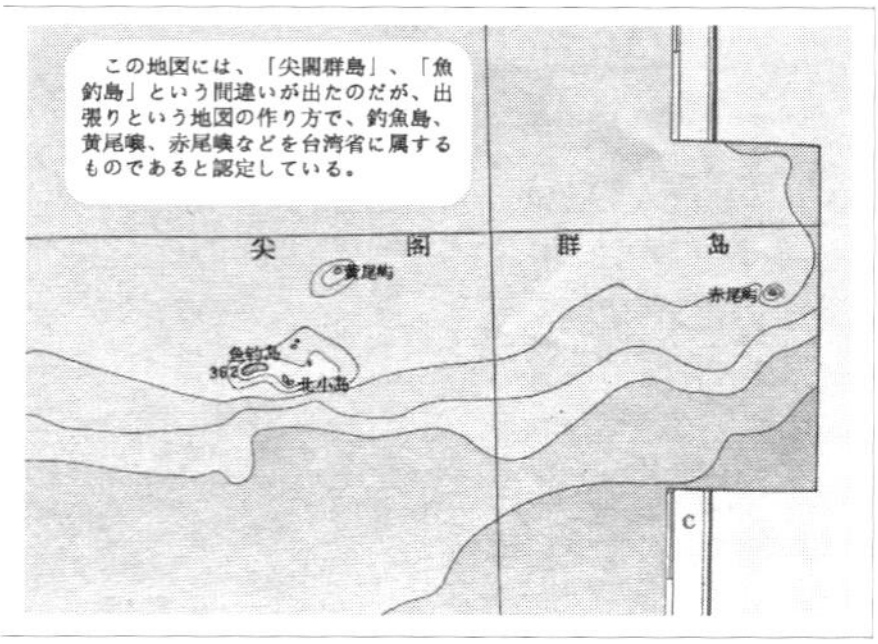

67

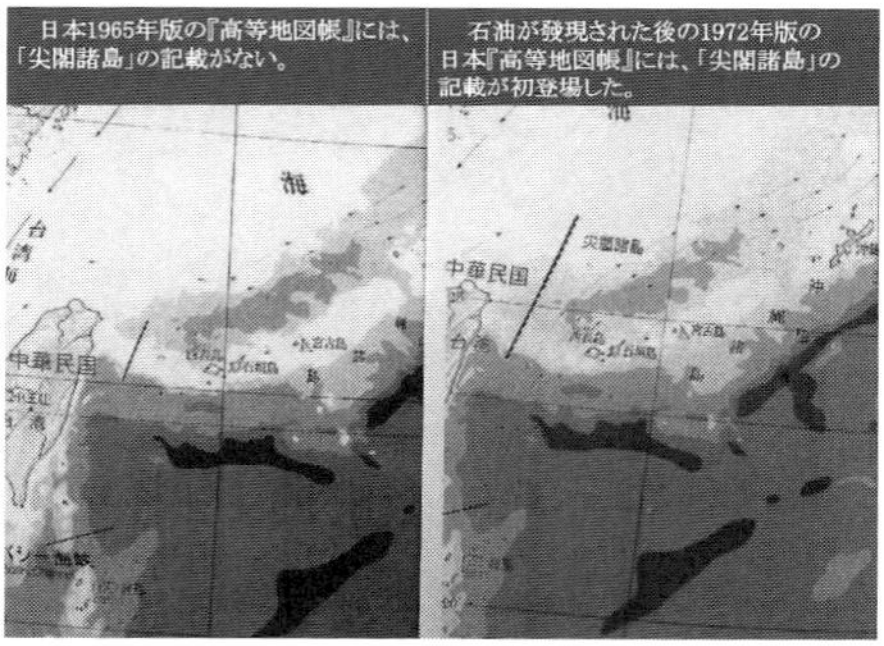

68

日本の地図（平凡社2008年版）無理に国境線を変更

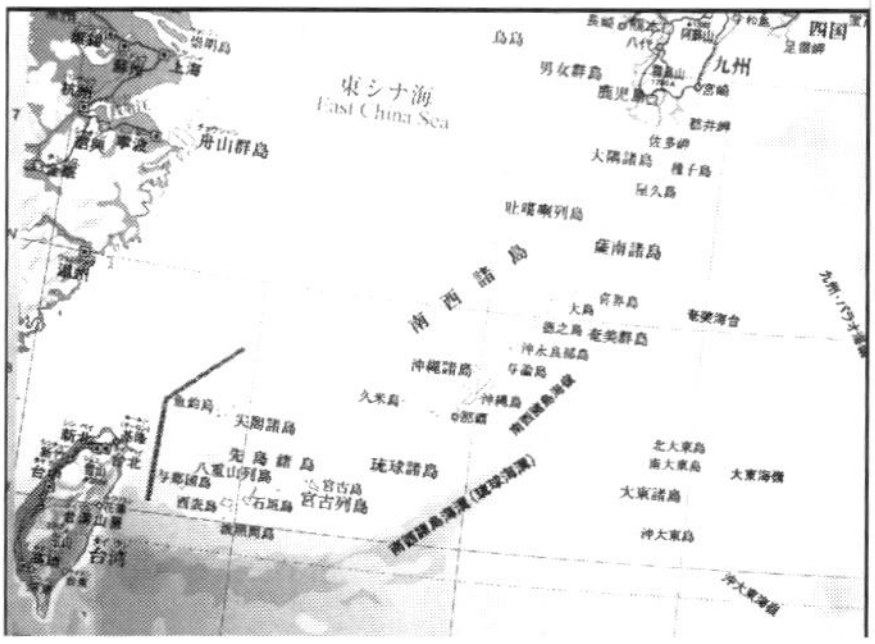

69

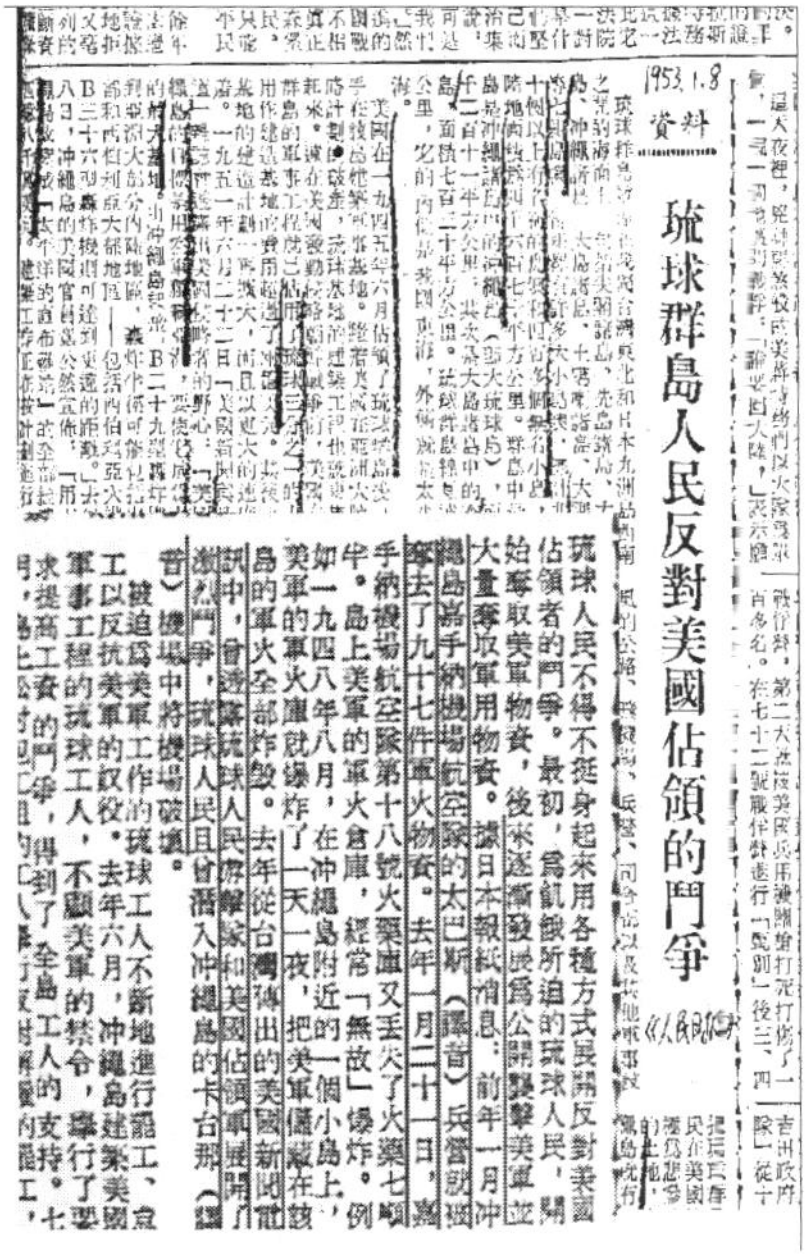

1953.1.8 資料

琉球群島人民反對美國佔領的鬥爭

《人民日報》

琉球人民不得不挺身起來用各種方式展開反對美國佔領者的鬥爭。最初，爲飢餓所迫的琉球人民，開始奪取美軍物資，後來逐漸發展爲公開襲擊美軍並大量奪取軍用物資。據日本報紙消息：前年一月沖繩島嘉手納機場航空隊的太巴斯（譯音）兵營就奪去了九十七件軍火物資。去年一月二十一日，嘉手納機場航空隊第十八號火藥庫又丟失了火藥七噸半。島上美軍的軍火倉庫，經常「無故」爆炸。例如一九四八年八月，在沖繩島附近的一個小島上，美軍的軍火庫就爆炸了一天一夜，把美軍儲藏在該島的軍火全部炸毀。去年從台灣傳出的美國新聞報訊中，曾透露琉球人民游擊隊和美國佔領軍展開激烈鬥爭，琉球人民且曾潛入沖繩島的卡台那（譯音）機場中將機場破壞。

被迫爲美軍工作的琉球工人不斷地進行罷工、怠工以反抗美軍的奴役。去年六月，沖繩島建築美國軍事工程的琉球工人，不顧美軍的禁令，舉行了要求提高工資的鬥爭，得到了全島工人的支持。[illegible]

70

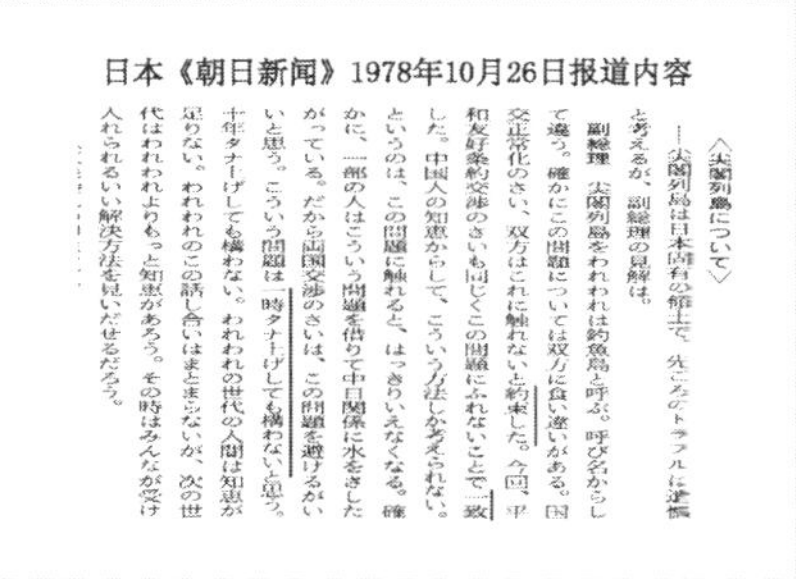

日本《朝日新闻》1978年10月26日报道内容

〈尖閣列島について〉

――尖閣列島は日本固有の領土で、先ごろのトラブルは遺憾と考えるが、副総理の見解は。

副総理　尖閣列島をわれわれは釣魚島と呼ぶ。呼び名からして違う。確かにこの問題については双方に食い違いがある。国交正常化のさい、双方はこれに触れないと約束した。今回、平和友好条約交渉のさいも同じくこの問題にふれないことで一致した。中国人の知恵からして、こういう方法しか考えられない。というのは、この問題に触れると、はっきりいえなくなる。確かに、一部の人はこういう問題を借りて中日関係に水をさしたがっている。だから両国交渉のさいは、この問題を避けるがいいと思う。こういう問題は一時タナ上げしても構わないと思う。十年タナ上げしても構わない。われわれの世代の人間は知恵が足りない。われわれのこの話し合いはまとまらないが、次の世代はわれわれよりもっと知恵があろう。その時はみんなが受け入れられるいい解決方法を見いだせるだろう。

71

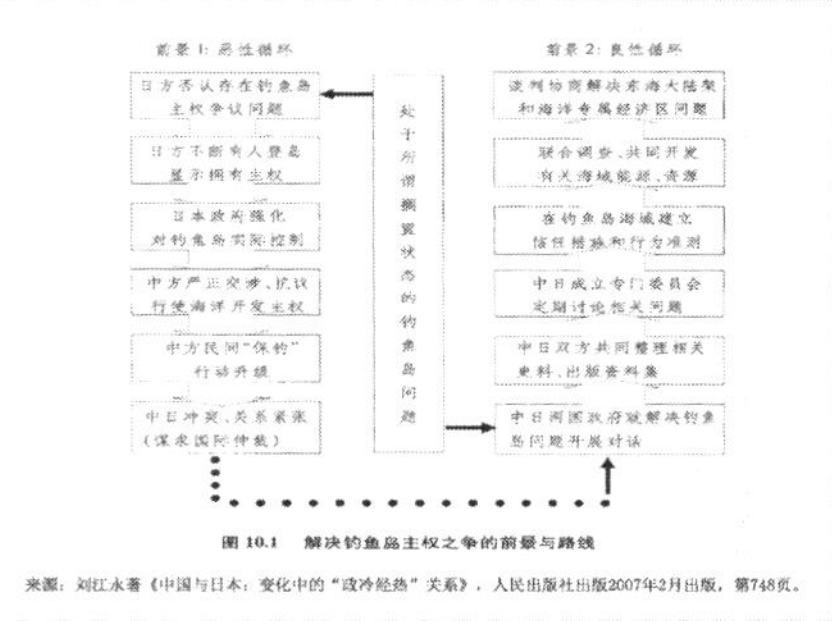

图 10.1　解决钓鱼岛主权之争的前景与路线

来源：刘江永著《中国与日本：变化中的"政冷经热"关系》，人民出版社出版2007年2月出版，第748页。

72

あとがき

本講義は、２０１４年に開かれた一般財団法人ワンアジア財団の寄付講座、『アジアの地域統合を考える――経済、平和、安全保障、和解』の講義を収録し、２年目、第２巻『アジアの地域協力――危機をどう乗り越えるか』としてまとめた講演集である。

２０１３年、２０１４年は、東アジアの安定にとって転機および危機の年であったといえよう。アジアの地域統合の構想については、２０００年に当時の経団連会長奥田碩氏が経済統合の重要性について触れ、２００２年に小泉純一郎首相が、シンガポールで、小文字の「東アジアの共同体」について打ち上げ、以後、経済界、学界、政界で「東アジア共同体」に関する関心が急速に広がった。

２００８年の民主党政権樹立で鳩山氏が総理大臣として「東アジア共同体」構想を具体的に打ち上げ、クーデンホーフ・カレルギーが目指した友愛精神に基づく地域の統合を推進しようとした。しかしアメリカの軍事的・政治的コントロールに対して明白に「自立」を目指そうとしたこともあり、「東アジア共同体」へのアメリカの警戒がたかまり、また国内でも「東アジア共同体」への認識が大きく変化したように思われる。その後民主党野田佳彦政権が、尖閣を国有化し買い上げたことは中国との修復し難い軋轢を生み、消費税導入と合わせて国民の政権不信を一挙に高め、民主党は総選挙で大敗した。

２０１４年のアジア地域統合・地域協力の講座はそうした中で始まり、尖閣や竹島、北方領土問題をめぐる対立が続く中での、学術・経済・文化交流を中心とする和解の打開策と、世界とアジアの経済発展をめぐっての分析と議論、話し合いの場となった。

本講義はメディア・リテラシーが極めて高いＢＢＣ方式に準じており、対立する双方の意見をできるだけ出しあって深く考えてもらい、判断は個々にゆだねるという形を取っている。今回、学会報告としてのジョセフ・ナイ教授、田中明彦教授の各講演や、劉江永教授「論争と史料」を掲載したのもそのためである。大学の施設の不調から劉教授その他何名かの先生の講義が録音されておらず極めて残念であったが、劉教授は詳細なパワーポイントを作っておられたので、この機会に中国側の史料を開示することにした。日本側の資料に比べて目に触れることがない希少なものであるが故である。

今後ぜひ日本側の資料をつきあわせて議論を続けていただく学術的端緒を提供したつもりである。本書はそれぞれの主張はそれぞれの自由意思に任せており、だからこそ、個々の政策決定者に近い重要な立場の方々から、きわめて政策提言に近い貴重な意見をお寄せいただいている。

ただ編者としての個人的立場は、２０１３年2月に岩波の『世界』『固有の領土論』の危うさ」で書いているとおり、固有の領土はそもそも論争的であり決着がつかないことが多いものである故、懐疑的である。欧州での固有の領土論争は、元々誰が住んでいたかという先住民の議論が多く、19世紀や20世紀に国家が抑えた領土を「固有の領土」ということは通常ありえないこと、また「固有の領土」を言い始めれば、アメリカ大陸やオーストラリアなど「移民の国」では白人の入植者は出ていかねばならなくなる。そもそも欧州史は戦争により国境を書き変えていく歴史であったこと、それを反省して欧州では「国境の凍結」と地域統合が始まったことを記し、「固有の領土論」の危うさを論じている。

本書のシリーズが、大学の講義を超えて、学術論争と史料精査の場、また究極的にはアジアと世界の平和と発展につながる真摯な思考の場となることを記し、皆さまへのお礼に変えたい。

ありがとうございました。

編者　羽場　久美子

【講演者紹介】

東アジア共同体シリーズ第 **2** 巻講演者：

羽場久美子（はば　くみこ）：［第 1 章］
編著者紹介参照

西原春夫（にしはら　はるお）：［第 2 章］
早稲田大学元総長、アジア平和貢献センター理事長

篠原尚之（しのはら　なおゆき）：［第 3 章］
IMF（国際通貨基金）元副専務理事、東京大学教授

谷口　誠（たにぐち　まこと）：［第 4 章］
岩手県立大学前学長、OECD 事務局元事務次長、国連元次席大使

河合正弘（かわい　まさひろ）：［第 5 章］
東京大学公共政策大学大学院特任教授、アジア開発銀行（ADB）研究所前所長

佐藤洋治（さとう　ようじ）：［第 6 章］
一般財団法人ワンアジア財団理事長

王　敏（おう　びん）：［第 7 章］
法政大学日本学研究所教授

青木　保（あおき　たもつ）：［第 7 章］
文化庁元長官、国立新美術館館長

＊　　＊　　＊

ジョセフ・ナイ（Joseph Samuel Nye, Jr.）：［第 8 章］
ハーバード大学ケネディスクール特別功労教授

田中明彦（たなか　あきひこ）：［第 9 章］
国立大学法人政策研究大学院大学学長、国際協力機構前理事長（ＪＩＣＡ）

K・V・ケサヴァン（K.V. Kesavan）：［第 10 章］
オブザーバー研究財団（ニューデリー）名誉フェロー

劉　江永（りゅう　こうえい）［第 11 章］
清華大学当代国際関係研究院副院長

＊　　＊　　＊

清水　聡（しみず　そう）［だい 8、9、10 章翻訳］
青山学院大学非常勤講師、明治大学兼任講師

【編著者紹介】

羽場　久美子（はば　くみこ）

青山学院大学大学院　国際政治経済学部教授。世界国際関係学会前副会長、東アジア共同体評議会副議長。

《最近の主要著作》
『アジアの地域統合を考える―戦争をさけるために』（明石書店、2017 年）、『ヨーロッパの分断と統合―拡大 EU のナショナリズムと境界線―包摂か排除か』（中央公論新社、2016 年）、『拡大ヨーロッパの挑戦―グローバル・パワーとしてのＥＵ』（中公新書 、2 版 2014 年）、『EU（欧州連合）を知るための 63 章』（明石書店、2015 年〔5 刷、2015 年）、『ハンガリーを知るための 60 章【第 2 版】 ドナウの宝石』（明石書店、2018 年）、「国家越え「知」結集の場を」（朝日新聞、Opinion、2012 年 9 月 14 日）、『グローバル時代のアジア地域統合』（岩波ブックレット、2012 年〔中国語にも翻訳〕）、『国際政治から考える東アジア共同体』（ミネルヴァ書房、2012 年）、『ロシア・拡大ＥＵ』（ミネルヴァ書房、2012 年）、『グローバリゼーションと欧州拡大―ナショナリズム・地域の成長か』（御茶ノ水書房 、2002 年）、『拡大するヨーロッパ　中欧の模索』（岩波書店、1998-2005 年〔4 刷〕）、『統合ヨーロッパの民族問題』（講談社現代新書、1994-2004 年〔7 刷〕）、『ヨーロッパの東方拡大』（羽場久美子・小森田秋夫・田中素香編、岩波書店、2005-2007 年〔3 刷〕）、『21 世紀　国際社会への招待』（羽場久美子・増田正人編 、有斐閣 、2003 年〔4 刷〕）、*Great Power Politics and Asian Regionalism*, at Harvard University, Ed. by Kumiko Haba, Tokyo, 2013〔2 刷〕.; *The Regional Integration in Asia and Europe*, Ed. Shoukado, Kyoto, 2012.

東アジア共同体シリーズ　第２巻
アジアの地域協力
―危機をどう乗り切るか

2018年３月31日　初版 第１刷発行

編著者　羽　場　久美子
発行者　大　江　道　雅
発行所　株式会社 明石書店
〒 101–0021 東京都千代田区外神田 6-9-5
電話 03（5818）1171
FAX 03（5818）1174
振替　00100-7-24505
http://www.akashi.co.jp/

組版／装丁　明石書店デザイン室
印刷／製本　モリモト印刷株式会社

（定価はカバーに表示してあります）　ISBN978-4-7503-4628-1

アジアの地域統合を考える
戦争をさけるために

羽場久美子 編著

■四六判／並製／264頁　◎2800円

グローバル化時代の現代において東アジアを取り巻く状況は、アメリカの絶対的パワーに陰りが見られる一方、中国の台頭という新たな段階を迎えている。本書は変動するアジアの未来像を描くべく、多士多彩な賢人たちが優しく語り説く一冊。

内容構成

「アジア地域統合を考える」講義Ⅰ

アジアの地域統合と共同シンクタンク構想〔羽場久美子〕／アジア共同体の現状と課題〔鳩山由紀夫〕／アジアにおける大国間での日本の役割〔藤崎一郎〕／アジア地域統合における中国の役割〔程永華〕／中国と非伝統的安全保障の役割〔天児慧〕／韓国とアジアの地域統合〔申珏秀〕／東アジアの地域統合と朝鮮半島〔李鍾元〕／アジア地域統合と知識共同体の役割〔伊藤憲一〕／アジア地域の課題と国連〔明石康〕／いま、なぜアジア共同体なのか〔鄭俊坤〕／アジアの文化交流の意義〔青木保〕

「アジアの地域統合を考える」講義Ⅱ

アジアにおけるアメリカのパワーの未来〔ジョセフ・ナイ〕／アジア地域主義におけるASEANの役割〔スリン・ピッツワン〕／アジア太平洋地域において新たに出現する二重リーダーシップ構造〔趙全勝〕／パネルディスカッション――アジアの未来統合〔司会、青木保／北岡伸一、パクチョルヒ、天児慧、羽場久美子〕

アジアの地域共同
未来のために

羽場久美子 編著

■四六判／並製／400頁　◎2800円

ますます不透明さを増す東アジアの現状を踏まえ、これからのこの地域をどう考えていくのか。表面に現われる現象にだけとらわれず、その意味を検証しながら、将来を展望する視点を提示する。と同時に日本の採るべき方向性を指し示す一冊。

内容構成

第1章　アジアの信頼醸成と和解をどう作るか――アメリカの対アジア戦略〔羽場久美子〕
第2章　東アジアの共同体をどう再構築するか〔鳩山由紀夫〕
第3章　米国の戦略とアジアインフラ投資銀行〔谷口誠〕
第4章　アメリカと世界から見たアジアの地域協力〔藤崎一郎〕
第5章　過去の清算――戦後70年の今年が最後の機会〔西原春夫〕
第6章　アジアの経済統合〔河合正弘〕
第7章　アジアの経済発展とIMF（国際通貨基金）〔篠原尚之〕
第8章　東アジアの安全保障とアメリカ〔孫崎享〕
第9章　日本及びアジアの金融〔竹田憲史〕
第10章　EUの経験、アジアはEUから何を学べるか？〔田中俊郎〕
第11章　中国から見たアジアの安全保障〔朱建栄〕
第12章　東アジアにおける日中韓三国協力の現状と課題〔岩谷滋雄〕

〈価格は本体価格です〉